Guide de la communication écrite

Madeleine Griselin • Chantal Carpentier
Joëlle Maillardet • Serge Ormaux

Guide de la communication écrite

DUNOD

Les auteurs

Madeleine GRISELIN : chargée de recherche au CNRS, laboratoire Environnement et paysages de l'université de Franche-Comté. Auteur de *Huit femmes pour un pôle*, Albin Michel, 1988, et de la *La Classe paysage*, Armand Colin, 1996.

Chantal CARPENTIER : ingénieur commercial.

Joëlle MAILLARDET : graphiste-cartographe à l'université d'Orléans.

Serge ORMAUX : professeur à l'université de Franche-Comté.

Tous nos remerciements à

Thierry BROSSARD et Dominique LAFFLY, nos conseillers en informatique,
Jean-Christophe GRISELIN, pour l'élaboration des pictogrammes,
Christine LARCHER, Joëlle ORMAUX, Nathalie ROBIN et Andréas STREIFF, nos ultimes correcteurs.

Cet ouvrage a été entièrement réalisé par les auteurs sur micro-ordinateur.
Maquette intérieure : Pierre-André GUALINO.

Illustration de couverture :
40° sur la banquise

ISBN 2 10 005719 7

SOMMAIRE

AVANT-PROPOS

"C'est quand on a fini quelque chose qu'on est prêt pour le commencer."

Nous sommes nombreux à penser cette maxime quand nous venons à bout de nos propres créations. Loin d'être des chefs-d'œuvre, les écrits que les quatre auteurs de ce livre ont façonnés tout au long de leurs parcours variés leur ont appris ce qu'il ne fallait pas faire.

Pour rédiger cet ouvrage, nous avons confondu les compétences d'une littéraire convertie au commerce international, d'une artiste graphiste et cartographe, d'un professeur de géographie à l'université et d'un chercheur CNRS en hydrologie polaire. Las de voir l'immense décalage de qualité entre les moyens techniques actuels de publication et le message qui passait finalement dans les écrits de nos environnements de travail respectifs, nous nous sommes interrogés. Nous avons mis en commun nos expériences et nos progrès individuels. Si, en vous racontant les pièges dans lesquels nous sommes tombés et les astuces qui nous ont permis d'en sortir, nous vous faisons gagner quelques étapes dans l'amélioration de vos écrits, alors notre but sera atteint.

C'est au sein de l'Institut de géographie de l'université de Franche-Comté qu'est née cette idée. À tous ceux qui y ont subi la virulence de nos stylos rouges, nous dédions cet ouvrage, espérant que, contrairement à ce que dit le proverbe, l'expérience des uns, pour une fois, servira aux autres.

Ce livre aurait pu s'appeler *Sans fautes, sans reproches*, sous-entendu *Rédigez, illustrez, présentez, sans fautes pour être lu sans reproches.* Nous l'aurions alors débuté par cette épigraphe, toujours d'actualité :

> "Faites ce qu'ils disent, pas ce qu'ils font."
>
> Parce qu'ils n'auront pas rédigé sans fautes, les auteurs vous remercient de leur adresser vos reproches.

Madeleine GRISELIN

INTRODUCTION

À l'aube du XXIe siècle, tout auteur peut disposer d'un moyen lui permettant de passer directement de la création à la publication : le micro-ordinateur. Il doit alors assumer seul les huit étapes de la chaîne traditionnelle de l'édition.

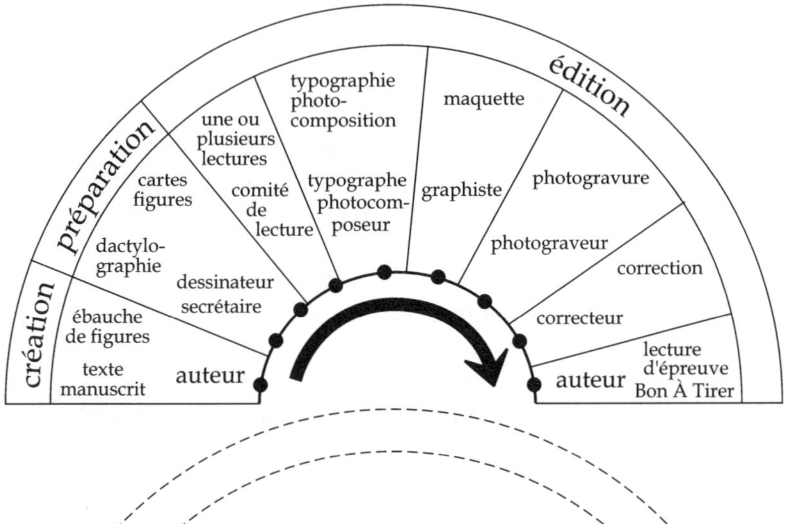

Notre ouvrage, recueil de méthodologie, regroupe en un seul volume les bases de chaque métier de l'édition.

Vous écrivez ? Vous voulez être lu ? Adepte de l'ordinateur ou inconditionnel du stylo à plume,vous trouverez dans ce *Guide de la communication écrite* une aide précieuse : du maniement de la langue à la mise en page, de la composition d'une image aux règles typographiques, de la correction à la post-production, en sept chapitres cet ouvrage vous incite à œuvrer sur la qualité du message écrit afin que, composé sans fautes, votre document soit lu sans reproches.

• Pour écrire, il vous faut des **outils** : bibliothèque de base, outils traditionnels de l'écriture et du dessin, outil ordinateur pour les plus chanceux.

• Votre matière, ce sont les **mots**... vous connaissez déjà les charmes de notre langue, nous vous en montrerons une partie des difficultés.

• Votre matière, ce sont les **images** que vous allez créer : sauf exception, vous avez tout à apprendre de la graphique et du graphisme.

• Quant à la **mise en page**, comme tout auteur moyen, vous n'en avez sans doute jamais rien appris et pourtant, macro- et microtypographie sont les clefs de la communication.

• Vous devenez auteur-éditeur, il vous faut donc découvrir, pour les respecter, les **règles et codes typographiques**.

• Il vous faudra réaliser seul les **corrections** de votre document.

• Enfin, quelques astuces vous permettront d'aborder dans les meilleures conditions la **post-production** de votre travail.

Guide à double entrée, ce recueil peut se parcourir au fil des pages ou point par point selon les renvois de l'index aux sujets qui vous concernent plus particulièrement.

Pour vous aider à naviguer dans notre ouvrage, nous avons ponctué notre propos de remarques précédées de pictogrammes. Vous apprendrez très vite à les reconnaître et, même si vous avez oublié que les deux vieux assis sur un banc radotent des **maximes**, que le bicorne d'académicien signifie **règle**, **obligation** ou **interdiction**, vous saurez que derrière chaque pictogramme se trouve une idée importante, un **piège,** une **astuce**, ou un simple **clin d'œil**.

À la fin de chaque chapitre, vous trouverez enfin les quelques points à retenir ; essayons :

Introduction
si vous deviez ne retenir que 3 points

- Adepte de l'ordinateur ou inconditionnel du stylo à plume, pour être lu, il vous faudra œuvrer sur la qualité du message écrit.
- Le micro-ordinateur fait de vous un auteur-éditeur.
- Ce guide va vous apprendre les rudiments de chaque métier de l'édition.

PICTOGRAMMES

 **rappel** ... notion déjà vue dans votre cursus scolaire, mais peut-être oubliée.

 **maxime** ... les vieux adages qu'il est utile de radoter.

 **règle** ... académique ou autre, plus qu'un conseil, elle indiquera souvent une obligation ou une interdiction.

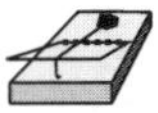 **piège** ... attention ! danger ! piège… à éviter, bien sûr.

 **astuce** ... les ficelles qui vous permettront de sortir des principaux pièges.

 **typographie** ... comment composer selon les règles des typographes.

 **approfondir** ... la question est complexe, pour plus ample information, plongez-vous vite dans votre bibliothèque de base.

 **clin d'œil** ... ou, ne perdons pas notre sens de l'humour.

 **cohérence** ... les Dupont se ressemblent comme deux gouttes d'eau, il en va de même pour les options que vous prendrez qui doivent être identiques d'un bout à l'autre du document.

CHAPITRE 1
VOS OUTILS

Vous avez amassé les informations relatives au sujet que vous traitez. Vous avez classé vos idées, élaboré votre plan, envisagé le contenu de vos figures. Très bien, car ce guide n'aborde pas ces domaines.

À présent vous rédigez, vous composez ; il vous faut des outils : une bibliothèque de base ainsi que des instruments d'écriture, de graphisme et de reproduction, traditionnels ou informatiques.

LA BIBLIOTHÈQUE DE BASE

Texte et images sont régis par des codes. Rédiger vous amènera donc à vous poser des questions sur :
- la sémantique ou sens des mots ;
- l'orthographe ou écriture des mots ;
- la grammaire (morphologie, syntaxe) et la ponctuation ;
- la typographie ou composition du texte et des images pour impression.

La sémantique

Les dictionnaires sémantiques

Ils sont de deux sortes selon leur organisation :
- classement par ordre alphabétique strict. Chaque mot est défini à sa place alphabétique :
  "couperet" est entre "coupe-racines" et "couperose" ;
- classement par familles de mots :
  "couperet" est à "couper".

Le classement par familles facilite le travail sur la sémantique. Si vous cherchez, par exemple, un substantif correspondant à l'adjectif "concret", dans un dictionnaire par familles de mots, vous trouverez à "concret" : concrétisation, concrétion, concrétionnement, avec leur(s) définition(s) respective(s), ce qui vous permettra de choisir le mot juste.

L'idéal serait de disposer de deux dictionnaires sémantiques, l'un alphabétique, l'autre par familles de mots. Pensez-y si vous devez rénover votre bibliothèque : achetez le type de dictionnaire qui diffère de celui que vous avez déjà.

Quelle que soit leur organisation, les dictionnaires sémantiques donnent :

- le mot en capitales (ce qui pose problème pour l'emploi éventuel de la majuscule) ;
- la prononciation en phonétique internationale ;
- l'origine du mot (grecque, latine, étrangère) ;
- la date d'apparition dans la langue ;
- la ou les définitions ponctuées ou non d'exemples ;
- des synonymes, des contraires ou antonymes ;
- parfois des renvois à d'autres mots (analogie).

Ces dictionnaires sémantiques possèdent aussi quelques pages plus ou moins élaborées de grammaire, de conjugaison, de locutions étrangères.

- *Lexis*, Larousse ;
- *Robert 1*, Le Robert ;
- *Le petit Littré abrégé*, dictionnaire de la langue française, Le livre de poche ;
- *Le dictionnaire pratique du français*, Hachette.

Prenez l'habitude de regarder l'origine des mots : vous augmenterez votre capacité à comprendre les mots nouveaux et vous distinguerez mieux les mots qui se ressemblent.

"Caparaçonner" n'a rien à voir avec "carapace", mais a pour origine "caparaçon", housse d'ornement d'un cheval.

"Filigrane" vient de l'italien "filigrana", fil de grain, et ne s'écrit donc pas (ni ne se prononce) filigramme.

Les dictionnaires en plusieurs volumes

Publiés par les mêmes maisons d'édition, les dictionnaires sémantiques en plusieurs volumes ne sont pas forcément plus riches en mots ; cependant, le foisonnement de citations étayant les différents sens de chaque mot en fait des ouvrages très complets, certes peu maniables, mais utiles et plaisants à compulser dans une bibliothèque publique, si vous n'avez pas la chance d'en posséder.

- *Robert* en 9 volumes ;
- *Larousse* en 5 volumes ;
- *Littré* en 7 volumes.

Les encyclopédies

Selon les collections, ce sont des encyclopédies au sens strict ou des dictionnaires encyclopédiques : leur organisation est plus ou moins thématique ou alphabétique. Chaque article fait une synthèse du sujet et offre une documentation élaborée. Si les sujets sont traités par grands thèmes, c'est dans l'index (ou thésaurus) - qui constitue un ou plusieurs volumes - que vous chercherez, à l'ordre alphabétique du mot, le renvoi au sujet général. Avant la rédaction, les encyclopédies vous fourniront de la documentation sur votre sujet ; lors de la rédaction, vous y retrouverez, sans aucun doute, au fil d'un article bien ciblé, le mot commun ou le nom propre qui vous échappent. Toutes les encyclopédies peuvent être utilisées avec efficacité : dans les bibliothèques publiques, elles sont à consulter sur place.

- *Encyclopedia Universalis ;*
- *Grande Encyclopédie Larousse.*

Prenez l'habitude de noter les sujets qu'il vous faudra consulter dans une encyclopédie, pour rechercher un mot ou une information. De temps à autre, consacrez quelques heures aux vérifications.

Comme dans les dictionnaires, un article d'encyclopédie renvoie à un autre ; esprits distraits et curieux, prenez garde : plongé dans une encyclopédie, à la recherche d'un seul mot, on peut y vagabonder toute une journée.

Les dictionnaires analogiques

Selon P. Boissière, rédacteur du premier ouvrage du genre chez Larousse (1862), un dictionnaire analogique est un "répertoire des mots par les idées et des idées par les mots".

Il vient à votre secours lorsqu'un mot vous manque. Il est à double entrée : un classement alphabétique des idées et un index global qui renvoie aux mots de base.

À "eau", dans le classement par idées, vous trouvez près de 500 mots, organisés en rubriques allant de "l'emploi thérapeutique de l'eau" à "sciences de l'eau", etc.

Si vous cherchez "aqueux" dans l'index, le dictionnaire analogique vous renvoie à "eau" et "humide" dans le classement par idées.

Les dictionnaires des synonymes

Ils vous rendront de grands services pour éliminer les répétitions et trouver le mot juste : gardez en tête cependant que deux synonymes n'ont jamais exactement le même sens ou ne correspondent pas au même niveau de langage.

À la rubrique "eau", vous trouverez : "aqua simplex", "onde", "flotte". Chaque mot et ses synonymes comportent une ou plusieurs définitions étayées d'exemples.

À "aqueux", vous trouverez "eau".

Les maisons d'édition ont groupé - ou non - dans un même ouvrage synonymes et analogies :

- *Dictionnaire des synonymes,* Hachette ;
- *Dictionnaire des synonymes,* Le Robert ;
- *Dictionnaire des synonymes,* Larousse ;
- *Nouveau dictionnaire analogique,* Larousse ;
- *Le grand dictionnaire des synonymes,* Nathan ;
- *Dictionnaire Bordas des synonymes, analogies et antonymes,* Bordas.

L'orthographe

Les ouvrages déjà cités vous permettent de vérifier l'orthographe des mots ; cependant, la bible des correcteurs, typographes et professionnels de l'édition est le **dictionnaire orthographique.**

- *Dictionnaire de l'orthographe,* Nathan ;
- *Dictionnaire d'orthographe,* Hachette ;
- *Mémento d'orthographe,* Larousse.

Sauf exception (mots récents ou peu usités), ils ne donnent pas le sens des mots. En revanche, ils sont très explicites en ce qui concerne leur graphie : dans les dictionnaires d'orthographe, les mots sont composés en **minuscules ET en majuscules**, alors que dans la plupart des dictionnaires sémantiques, ils le sont en capitales.

Ainsi, comment écrivez-vous Coca-Cola ? coca-cola ou encore Coca-cola ? Faut-il une ou des majuscules ? Vous ne trouverez pas le renseignement dans un dictionnaire classique qui propose COCA-COLA, mais dans un dictionnaire orthographique car il indique Coca-Cola.

Cherchez, cherchez, cherchez, jusqu'à ce que vous trouviez.

Les dictionnaires spécifiques à la matière

Chaque discipline a son propre vocabulaire - voire son jargon - extrêmement spécialisé. Il existe des dictionnaires propres à chacune d'elles : médecine, mathématiques, droit, économie, politique, informatique, géographie, musique, et tant d'autres.

Lorsqu'un mot vous résiste, que vous ne le trouvez dans aucun dictionnaire ou encyclopédie (car très spécialisé), cherchez dans des livres traitant de votre spécialité, ouvrages édités donc déjà corrigés par des professionnels de l'édition.

Évitez de colporter les fautes d'un mémoire à l'autre, d'un rapport à l'autre, en vous référant au travail dactylographié d'un collègue. Bannissez le "Comment t'écris ça ?" lancé à la cantonade.

Doutez, doutez, doutez, et vérifiez vous-même. Vous ne trouvez pas ? Demandez-vous tout simplement si le mot recherché existe vraiment.

En ce qui concerne les **noms propres**, le vieux dictionnaire de votre scolarité a sans doute une partie "noms propres". Certains ouvrages ne traitent que de noms propres et sont le complément obligé des dictionnaires sémantiques cités plus haut.

- *Petit Robert 2 des noms propres* (en 1 volume), Le Robert ;
- *Robert Universel des noms propres* (Histoire, géographie, art, littérature, sciences) en 5 volumes, Le Robert.

En géographie et en histoire, un atlas (avec index) et des cartes éditées lèveront vos doutes sur la graphie d'un grand nombre de noms propres.

En botanique, une bonne flore est indispensable comme référence orthographique, particulièrement pour les noms latins.

La grammaire

Si votre profession vous appelle à rédiger souvent, investissez dans **une bonne grammaire**, volume de 1 000 à 2 000 pages, à deux entrées (table des matières, index alphabétique des difficultés). Vous y trouverez réponse à presque tous vos problèmes de grammaire, de syntaxe, d'orthographe grammaticale, de ponctuation, d'accords, de conjugaison, etc., le tout avec de nombreux exemples et des renvois à d'autres rubriques.

- *Le Bon Usage*, de Maurice Grévisse, Duculot ;
- *Grammaire du français contemporain*, Larousse ;
- *Nouvelle grammaire française*, Larousse.

Si vous souhaitez simplement réviser les notions de grammaire, d'orthographe, de conjugaison et de ponctuation, oubliées depuis votre classe de 3e, plongez-vous dans le célébrissime ***Petit Bled****, Cours supérieur d'orthographe* de E. et O. Bled, Hachette.

En près de 300 pages à double entrée (table des matières et index), il aborde de façon simple et pédagogique la plupart des problèmes grammaticaux, en donne les règles de base et propose des exercices d'application. Cet investissement modeste vous permettra une remise à flot efficace.

Régulièrement actualisé, le *Petit Bled* existe en trois niveaux de cours (élémentaire, moyen et supérieur), destinés aux différentes classes de l'enseignement ; si vous vous lancez dans cet ouvrage, choisissez le cours supérieur.

On serait tenté de ranger dans les "astuces" les petits futés grammaticaux que sont les **"Difficultés du français"**, ouvrages publiés par plusieurs maisons d'édition.

Maniables, discrets, surtout dans leur format de poche, ils ne devraient jamais vous quitter. Ils abordent, dans l'ordre alphabétique (une seule entrée), tous les pièges grammaticaux et orthographiques de la langue.

Ces petits recueils (400 pages, tout de même) sont plus conviviaux et quatre fois moins chers que les grosses grammaires un peu rebutantes. Ils vous tireront d'affaire à coup sûr ou presque.

- *Nouveau dictionnaire des difficultés du français moderne*, Duculot ;
- *Dictionnaire des difficultés du français*, Larousse ;
- *Dictionnaire des difficultés du français*, Le Robert ;
- *Pièges et difficultés du français*, Nathan ;
- *Dictionnaire Bordas des pièges et difficultés de la langue française*, Bordas ;
- *Dictionnaire des difficultés du français*, Hachette.

Vous devez posséder un *Difficultés du français* et l'avoir toujours près de vous lorsque vous rédigez.

Il existe des ouvrages spécifiques de **conjugaison** (*Le nouveau Bescherelle "L'art de conjuguer"*, Hatier). En général, les grammaires consacrent quelques chapitres à leur sujet.
Par ailleurs, vous trouverez presque toutes les réponses dans les pages "conjugaison" des dictionnaires sémantiques, lesquels donnent aussi des éléments de grammaire et de ponctuation.

La typographie

Étant rédacteur-éditeur grâce à votre micro-ordinateur, vous devez vous soumettre aux règles de la typographie.

Initialement, le mot "typographie" renvoyait au procédé d'impression s'effectuant à partir d'éléments gravés en relief, tous de même hauteur. Le sens de ce mot s'est élargi pour englober - en édition classique - la composition du texte, la mise en page, le tirage.

Avec les procédés récents de reproduction, la photocomposition a détrôné la typographie. Si le métier de typographe a quasiment disparu, les codes typographiques se sont transmis aux nouvelles techniques d'impression et se perpétuent.

Votre bibliothèque de base devrait donc comporter un **recueil des codes typographiques**.

Notre livre aborde les problèmes principaux et vous apprendra les bases et quelques ficelles pour bien composer un texte, savoir user de l'italique et des lettres capitales, écrire les nombres, les abréviations, la ponctuation, maîtriser la césure des mots, etc. Ce guide ne peut répondre à toutes les questions ; il faudra vous reporter à l'ouvrage de référence, la bible des typographes et des professionnels de l'édition, qui reste :

- *Le lexique des règles typographiques en usage à l'Imprimerie nationale* (édité et vendu à l'Imprimerie nationale).

En librairie, vous trouverez plus facilement l'abrégé de ces codes :

- *Abrégé du Code typographique à l'usage de la presse,* CFPJ.

Les images

Composer et insérer des images dans un texte - figures, tableaux, schémas, graphiques, photographies - est un exercice qui répond à des règles et des usages.

Comme pour l'orthographe, la grammaire, la typographie, il existe des codes en ce qui concerne l'image. Les spécialistes recourent au "Bertin" qui, malgré son grand âge, vous apprendra beaucoup de choses sur la question.

- *Sémiologie graphique : les diagrammes, les réseaux, les cartes,* Jacques Bertin, Gauthier-Villars, Paris, 1967.

Moins facile à utiliser qu'une grammaire ou un dictionnaire, il reste réservé aux professionnels de la graphique (les graphiciens). Comme pour la typographie, notre livre consacre une bonne partie de ses pages à vous enseigner les rudiments des codes qui vous permettront de réaliser et présenter des images correctes et esthétiques, dans les règles de l'art.

L'acquisition de votre bibliothèque de base

Il vous faut acquérir de toute urgence, pour n'importe quel type d'écrit, un **minimum obligatoire** de bibliothèque de base :

- un bon dictionnaire sémantique avec grammaire et conjugaisons ;
- un dictionnaire des difficultés du français.

Ce minimum obligatoire serait à compléter, dans l'ordre d'importance et d'urgence par :

- une grammaire (*Le Bon Usage*) ;
- un dictionnaire des noms propres ;
- un dictionnaire analogique et/ou des synonymes ;
- un dictionnaire de l'orthographe ;
- un code typographique.

Lorsque vous n'avez pas votre bibliothèque de base avec vous, notez dans la marge (et sur une feuille) tous les mots qui vous posent problème afin de les vérifier plus tard : mots dont le sens ou l'orthographe posent problème, mot que vous ne trouvez pas, etc.

Déplacez-vous régulièrement dans une bibliothèque où vous trouverez dictionnaires, encyclopédies et documents spécialisés divers. Effectuez vos recherches sur les points douteux que vous aviez annotés dans la marge et sur vos pense-bêtes.

Quand vous ne trouvez pas le mot juste, alors que vous savez qu'il existe, surtout ne démissionnez pas. En période de rédaction, ayez toujours sur vous de quoi noter. La mémoire est une grande dame capricieuse : elle vous rendra très certainement ce mot que vous cherchez lorsque vous vous y attendrez le moins.

Évitez cependant de laisser un blanc, qui pourrait rester dans la version finale : écrivez dans le texte le mot (ou plusieurs mots en une périphrase) qui vous satisfait le plus (ou vous déplaît le moins) et notez dans la marge "à changer" ou "trouver mieux". Surlignez au marqueur fluo ce mot ou passage insatisfaisant.

Que ce soit pour le sens d'un mot, son orthographe ou n'importe quel problème rencontré à la rédaction, si vos vérifications n'ont pas levé le doute, écrivez dans la marge une annotation à l'attention de vos correcteurs : peut-être auront-ils la solution (voir chap. "Les corrections").

LES OUTILS TRADITIONNELS DE L'ÉCRITURE ET DU GRAPHISME

La micro-informatique est une aide précieuse à la publication-édition mais, quel adepte de l'ordinateur affirmerait qu'il n'utilise jamais plus ni colle, ni ciseaux, ni calque, ni lettres-transfert ?

Où s'arrête la tradition, où commence l'ère nouvelle dans l'équipement de base du rédacteur ?

Que vous écriviez au brouillon avec crayon et gomme, que vous réserviez à l'écriture un et un seul stylo favori, que vous ne rédigiez que sur votre papier de prédilection ou que vous composiez directement à l'écran, il vous faut des instruments, à un moment donné, pour passer du manuscrit à la publication.

Dans ce cheminement, les manies d'écriture cèdent forcément le pas aux contraintes de la frappe. Les machines à écrire de plus en plus perfectionnées et, mieux encore, les micro-ordinateurs et les logiciels de traitement de texte deviennent, à un stade plus ou moins avancé de votre travail, vos compagnons d'écriture.

Il en va tout autrement de la réalisation des images. Pris par le temps, vous serez souvent contraint de vous en remettre au papier calque et à l'encre de Chine. Aussi, même si vous possédez un micro-ordinateur et un logiciel de dessin, **ne jetez ni vos Rotring ni votre compas**. Au contraire, ayez toujours à votre disposition quelques outils indispensables.

Quel que soit le matériel de base d'écriture, pour vos corrections, à quelque stade que ce soit, il vous faut un stylo rouge.
Le surligneur fluorescent peut être utile pour mettre en valeur un doute, une question à approfondir, un passage à reprendre, etc.

Les supports du dessin

- **Les supports végétaux**

Inconvénient : ils sont sensibles à l'humidité de l'air et se déforment ;
Avantage : l'encre pénètre et sèche vite.

Le papier calque : préférez du 90 g ; plus fin, il serait fragile.

Le papier opaque, blanc ou coloré : utilisez des papiers lisses, de préférence encollés (bristol, chromolux) ; ils peuvent subir un léger grattage pour correction. Gardez les papiers granités pour la fantaisie.
Pour la photocopie et l'impression, prenez des **papiers à grain lisse**, 80 g, de bonne qualité, bien blancs et pas trop absorbants.

• **Les supports synthétiques**

Inconvénient : l'encre met longtemps à sécher (3 à 10 minutes) ; Avantage : ils sont stables à la chaleur et à l'humidité.

Lisses, comme le Rhodoïd : ils sont bien adaptés à la rétroprojection, mais ils nécessitent l'emploi d'encres spéciales.

Mats, comme certains supports en acétate ou polyester (stabiphane) : l'encre ordinaire peut être utilisée, mais le temps de séchage est long.

Les outils du tracé

• **Des crayons** ou **portemines** (tubulure métallique ou plastique contenant une mine d'épaisseur constante) ; les numéros et lettres indiquent la graisse du trait : choisissez 2H pour le calque, HB pour le papier.

• **Des pointes tubulaires** (marque Rotring, Staedler, Graphoplex, etc.) qui assurent au trait une épaisseur constante.
Une gamme de trois pointes tubulaires est un minimum : 0,20 à 0,30 mm - 0,50 mm - 0,80 mm.

• **Des encres pour pointes tubulaires** sous forme de cartouches, noires et de couleur : normales pour support végétal, spéciales pour support synthétique.

Ne travaillez jamais avec les pointes tubulaires sans avoir à proximité un chiffon de tissu (évitez le papier buvard ou le Sopalin qui peluchent) et un papier d'essai (bien entendu de mêmes caractéristiques que celui sur lequel vous travaillez).

Contrairement au stylo, la pointe tubulaire s'utilise verticalement pour donner un flux constant, donc un trait régulier.

Les pointes tubulaires sont chères et fragiles. Moins on s'en sert, moins elles sont efficaces ; l'encre sèche d'une utilisation à l'autre, donc les pointes se bouchent. Si vous les utilisez de façon épisodique, après chaque séance de dessin, sacrifiez la cartouche d'encre entamée et lavez vos pointes.

L'encre des pointes tubulaires est une encre qui se dépose sur le support papier, c'est ce qui autorise le grattage au cutter. L'encre des **stylo-feutres** pénètre dans le papier, bave et ne permet aucune netteté. Certains feutres peuvent vous paraître d'une qualité équivalente à vos pointes tubulaires, malgré cela, **proscrivez-les** pour un graphique. Même si sa pointe est baguée - ce qui donne une certaine homogénéité au trait - le stylo-feutre n'atteindra jamais la qualité de l'encre de Chine. C'est surtout à la photocopie qu'on en prend conscience : l'encre du feutre n'est pas couvrante, elle ne donne pas une teinte homogène à la reproduction.

Dans le même ordre d'idée, les **buvards** sont **à proscrire** pour le travail graphique : ils absorbent l'encre en la pompant, donc la clarifient. **Laissez toujours sécher à l'air.** Pour protéger la feuille de calque sur laquelle vous dessinez, glissez un papier blanc entre votre main et le support de votre figure : vous éviterez ainsi les taches et les déformations du papier dues à l'humidité inévitable de votre main.

Les guides du tracé

Ils doivent tous être de qualité et, si possible, à **rebord antitache**.

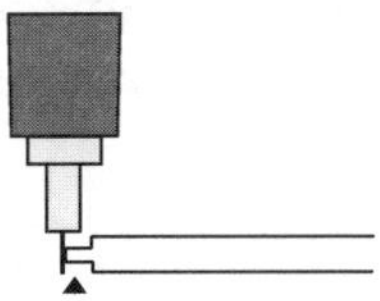

rebord antitache

- Une **règle graduée.**
- Une **règle métallique** pour les découpages au cutter. Évitez d'utiliser vos règles en plastique, vous y feriez des entailles.
- Une **équerre**.
- Un **rapporteur** (si possible de 360° = cercle complet).
- Une **règle souple** (caoutchouc armé de métal) se modelant à la forme désirée ou des **pistolets**, gabarits de courbes en plastique, d'usage plus complexe.

règle souple

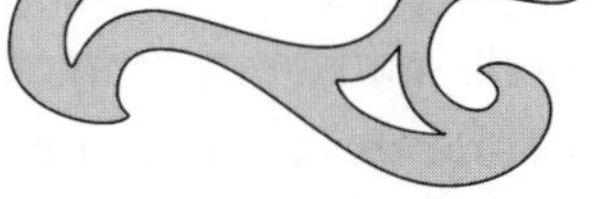

pistolet gabarit

N'espérez cependant pas modeler une courbe complète avec votre règle souple ; il faut travailler portion de courbe après portion de courbe, comme avec un pistolet gabarit.

• Un **compas à pointe mixte** : mine et pointe tubulaire (éviter le compas d'écolier à plume, source de catastrophes). Choisissez un compas à balustre qui permet une plus grande précision de l'ouverture et évite les accidents de parcours dus aux branches qui s'écartent ou se resserrent en cours de tracé.

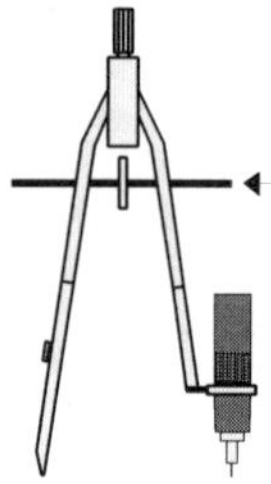

Les correcteurs

• Une **bonne gomme à crayon** pour papier et film ; évitez les gommes de couleur et celles d'extrémité de crayon.

• Un **cutter fin** (à préférer à la dangereuse lame de rasoir) pour gratter l'encre sur le calque ou le support synthétique, par exemple Art knife (AK1) de Olfa.

• Du **"blanc" de dactylo** avec son diluant.

Si vous utilisez le flacon traditionnel de blanc, n'essuyez pas le pinceau sur le bord mais à l'intérieur du flacon. Vous éviterez que le produit ne sèche sur le col de la bouteille, empêchant ainsi la fermeture efficace du bouchon.

Ce correcteur existe désormais en stylo et en bouteille à bille : si le tracé est moins précis, les risques de dessèchement du produit sont considérablement réduits.

Les trames

Elles permettent de réaliser des fonds noir et blanc ou de couleur.

• **Trames autocollantes** : elles se présentent sous forme de planches comprenant la trame et son support.

Vous devez découper un morceau de trame un peu plus grand que la surface que vous voulez tramer. Attention, ne découpez que la trame, pas son support. Prélevez ce morceau et placez-le sur votre figure à l'endroit désiré. C'est alors seulement que vous ferez la découpe fine au cutter, en suivant le tracé de la figure par transparence.

• **Trames de transfert** : elles s'appliquent au stylus comme les lettres-transfert (voir ci-dessous).

Les trames ont un sens :

 en quinconce ou  en ligne

dans une même figure, elles doivent toujours être orientées de façon identique.

Le texte

• Éviter les **normographes** (règles-alphabet en plastique), réelles sources de problèmes (taches, alignement), détrônés par les lettres-transfert et les titreuses qu'il faut leur préférer. Certains gabarits en plastique sont en revanche utiles pour les symboles : ne jetez pas vos vieilles collections.

• **Les lettres-transfert** (Letraset, Mecanorma, etc.). Comme les trames, elles se présentent sous forme de planches de lettres, de chiffres, de symboles.

Les lettres sont classées par police de caractères, taille (corps), style, etc., et diffèrent d'une marque à l'autre (voir p. 184 et suivantes).

• **Le stylus** : spatule-frottoir pour appuyer sur le support de la lettre (à défaut, un stylo à grosse bille peut faire l'affaire).

Pour une meilleure utilisation des lettres-transfert : appuyez doucement sur tout le support pour qu'il adhère au papier, puis revenez sur la surface de la lettre (ou de la trame) en appuyant plus fortement pour la décoller.

Ces lettres reviennent très cher ; elles existent en planches plus ou moins grandes. Essayez de vous en tenir à une police de caractères dans une ou deux tailles (corps).

• **La titreuse** : c'est une machine à disque qui permet de composer du texte sur un support adhésif transparent. Chaque disque rassemble, pour une taille, une police de cacactères en majuscules et minuscules. Un gros avantage par rapport aux lettres-transfert : la titreuse permet de centrer les textes puisqu'ils se présentent dans leur intégralité.

Il est recommandé de retailler les bandes adhésives au cutter avant de les coller, sans quoi il y aura "écho" (trace de trait) à la photocopie.

• **L'écriture du texte sur ordinateur** puis le découpage au cutter et le collage sur l'original donneront d'excellents résultats, rapides et peu onéreux, d'autant que vous pouvez utiliser dans les imprimantes laser comme dans les photocopieurs du papier blanc autocollant (méfiez-vous des machines qui bloquent les feuilles trop épaisses).

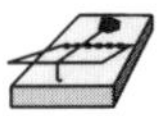

Demandez à votre vendeur du papier autocollant qui supporte la chaleur émise par les copieurs et les imprimantes laser.

Le matériel de composition

- De bons **ciseaux.**
- Un ou plusieurs **cutters**.

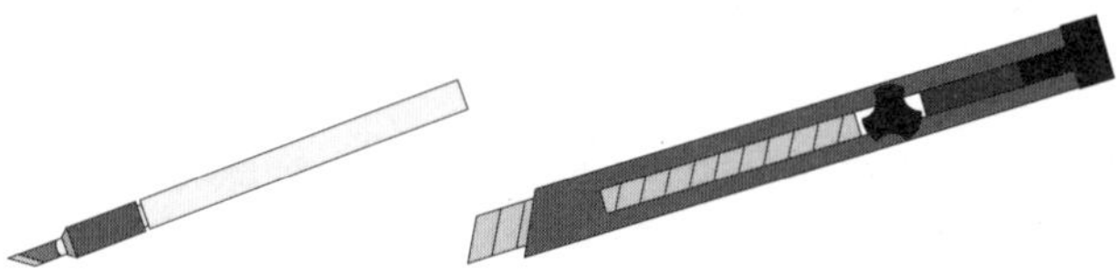

fine lame grosse lame

• De la **colle blanche à papier** en stick (éviter les colles liquides en tube). Il existe désormais des sticks de colle repositionnable.

• Du **ruban adhésif.**

• Du **Scotch magique repositionnable** pour intégrer les images dans le texte. Comme son nom l'indique, il donne droit à l'erreur.

Collez du papier millimétré sur votre table : vous y scotcherez le support transparent (calque) de votre travail. Le ruban adhésif ne laisse pas de marques sur le papier calque. Pour éviter les cornes et les faux plis, scotchez les quatre coins (voir p. 135).

L'OUTIL ORDINATEUR

Nous sommes (et serons) de plus en plus nombreux à avoir pour compagnon d'écriture cette fantastique invention informatique qu'est le micro-ordinateur.

Sans doute avez-vous (et aurez-vous), comme tous, l'appréhension de l'écran. Il ne faut que quelques heures de face-à-face pour faire d'un ordinateur votre complice de rédaction. Au bout de quelques jours, votre vieille machine à écrire sera reléguée aux oubliettes.

Tout le monde ne possède pas "son" propre ordinateur, mais les universités, les laboratoires, les entreprises en sont de plus en plus couramment équipés : il est donc possible de trouver un "micro"... **Attention ! Dès que vous y mettrez le doigt, vous ne pourrez plus vous en passer.**

Ne nous concernent dans ce guide que les capacités de l'ordinateur à remplacer la machine à écrire (logiciels de traitement de texte), à présenter des chiffres (logiciels de gestion de données : tableurs) ou à dessiner (logiciels graphiques).

Volontairement, nous ne traiterons pas ici des logiciels de PAO (publication assistée par ordinateur) : n'importe quelle application de traitement de texte et de dessin permet un travail simple, beau, propre et selon les règles de la publication. Nous nous appliquerons à démontrer que vous pouvez "faire" bien avec de faibles moyens.

Quelques conseils pour l'utilisation de l'ordinateur

Que les utilisateurs d'IBM et compatibles nous pardonnent si nos propos, dans ce chapitre, leur paraissent souvent "orientés Macintosh". Les conseils généraux sont les mêmes, seuls diffèrent les modes d'exécution des commandes.

Les consignes suivantes concernent le rapport à l'ordinateur, quel que soit le logiciel utilisé.

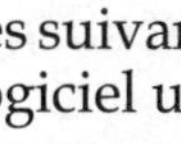

Mieux vaut connaître à fond un seul logiciel que d'en sous-exploiter plusieurs.

Chaque logiciel a ses propres capacités qui sont le plus souvent sous-employées. Choisissez un logiciel de traitement de texte, un de dessin et un tableur : tenez-vous en à eux, en essayant d'utiliser toujours plus leurs possibilités.

• **Enregistrez souvent votre travail :** pendant la saisie, obligez-vous à enregistrer votre travail régulièrement, tous les quarts d'heure.

Personne n'est à l'abri d'une coupure de courant ou d'une fausse manœuvre. Quel dommage qu'on ne commence à être vigilant que lorsqu'on a eu un gros pépin : enregistrez souvent votre travail.

Enregistrez systématiquement avant toute manipulation différente de la saisie *(Impression, Couper-coller* ou *Copier-coller, Rechercher-remplacer,* etc.). Plus qu'en saisie, vous risquez une fausse manœuvre ou un refus d'action pendant ces opérations : même si ce n'est pas très recommandable, il vous faudrait alors éteindre votre micro-ordinateur directement par l'interrupteur *Marche/arrêt,* sans passer par le cheminement normal de fermeture. Vous perdriez ainsi toute information non enregistrée avant la manœuvre scabreuse, c'est-à-dire tout le travail réalisé depuis le dernier enregistrement.

• **Effectuez plusieurs sauvegardes** (disque dur, disquettes) que vous conserverez en différents endroits (lieu de travail, domicile). Rappel : le disque dur reste attaché à l'ordinateur, la disquette est une unité transportable.
Écrivez sur la disquette la date de la dernière sauvegarde si vous pensez abandonner ce travail pour quelque temps.

• **Actualisez vos sauvegardes** : si vous modifiez un document, n'oubliez pas de copier la nouvelle version sur toutes les sauvegardes.
Attention en actualisant de ne pas copier l'ancienne version sur la nouvelle : pour ce faire, prenez le temps (une fraction de seconde) pour vérifier la date et l'heure de la dernière modification.

• **Fausses manœuvres :** même si vous utilisez un logiciel convivial, dont vous effectuez les commandes à l'aide d'une souris qui positionne un pointeur sur les plages des menus, sachez que, comme pour les micro-ordinateurs sans souris, certaines opérations peuvent être commandées depuis le clavier : c'est *l'Équivalent clavier.*
C'est bien pratique, mais source de mauvaises surprises, particulièrement lorsque, par inadvertance, vos doigts (et surtout les grands ongles) frôlent – donc actionnent – la touche *Option* ou *Commande* en même temps qu'une autre touche.

• **Pas de panique !** En cas de fausse manœuvre, si votre logiciel le permet, recourez à la fonction *Annulez* (qui annule la dernière manœuvre et non l'avant-dernière) ; s'il ne le permet pas et que la fausse manœuvre est grave, fermez votre document **sans l'enregistrer** et rouvrez-le... Comme vous appliquez les consignes d'enregistrement fréquent, vous n'aurez perdu que quelques minutes de travail.

Les mêmes recommandations sont faites pour l'emploi de la souris en fonction *Pointeur* ou *Noircisseur de plage*. Une fausse manœuvre est vite arrivée, la portion de texte noircie n'est pas celle que vous croyez. Prudence ! et même réflexe de "sauvetage" que dans l'alinéa précédent.

• **L'ordinateur collectif :** si vous travaillez sur un ordinateur collectif, voici quelques remarques élémentaires de **courtoisie.** N'encombrez pas inutilement un disque dur (transférez votre travail sur vos propres disquettes). Si vous avez accès au disque dur, ouvrez un dossier à votre nom et rangez-y TOUS vos travaux. Attention aux fichiers introuvables, donc perdus.

Si vous avez perdu un fichier (le vôtre ou celui d'un collègue) : **ne paniquez pas**, demandez de l'aide. Par la même occasion, apprenez à utiliser la fonction *Recherche de fichier.*
Faites vos sauvegardes en indiquant bien à l'ordinateur le chemin à suivre pour enregistrer votre travail au bon endroit.

Si l'ordinateur collectif est en marche, fichier ouvert, en l'absence de l'utilisateur, renseignez-vous : un de vos collègues a peut-être été appelé au téléphone, il pourrait aussi être allé chercher du "secours informatique" à la suite d'une fausse manœuvre. Ne touchez à rien. Quand vous aurez vérifié que vous pouvez opérer sans risque, alors seulement, enregistrez et fermez le fichier.

Un conseil, si vous êtes vous-même dérangé en plein travail sur une machine collective : enregistrez avant de quitter votre place, ou laissez des consignes claires sur un papier que vous collerez sur l'écran.

N'oubliez pas vos disquettes dans l'ordinateur, dans le lecteur ou sur la table de travail. Écrivez votre nom lisiblement sur chacune d'elles.

• **Votre travail personnel** sur votre propre ordinateur, sur vos disquettes ou sur une partie du disque dur collectif. Un ordinateur n'est rien d'autre qu'un bureau avec des placards, des étagères, des dossiers, des fichiers.

Apprenez à ranger vos documents et pour cela appliquez les conseils suivants.

Donnez des **titres clairs** à vos créations (évitez les noms qui seraient incompréhensibles six mois plus tard).
Soyez **logique** dans l'organisation de vos dossiers et fichiers ; hiérarchisez vos documents :
- classement par type, par application (figures, tableaux, texte) ;
- classement par ordre chronologique de travail = classement par date : si vous avez un doute sur le nom d'un fichier mais que vous savez à quelle période remonte la dernière modification, vous pouvez le retrouver aisément ;

- classement par thèmes : un dossier par gros document que vous hiérarchisez ensuite ;
- classement par ordre dans le document final (chapitre premier, II, III, etc.) ;
- classement alphabétique des titres de fichiers dans un même dossier = classement par nom.

Utilisez le **pense-bête** sur papier (ou sur écran) pour noter le contenu de vos disques, disquettes, dossiers, fichiers.

Il est utile de temps en temps de **faire du ménage** sur votre disque dur ou vos disquettes, en effaçant les documents inutiles (notamment les fichiers intermédiaires), vous gagnerez de la place. Des documents d'archives que vous n'utilisez plus couramment, gardez une double sauvegarde, sur deux disquettes, et effacez celle du disque dur.

Écrivez (au crayon) **le contenu de chaque disquette** sur l'étiquette adéquate et la date du dernier enregistrement lorsque vous allez abandonner votre travail pour un certain temps.

Vous atteindrez vite la dizaine de disquettes : prenez l'habitude de les **classer dans des boîtes**.

Les coffrets de bouteille de champagne sont à la dimension des disquettes 3'1/2...

Les logiciels de traitement de texte

Ils sont nombreux : les plus courants sont Claris Works, plus spécifique à Macintosh, et Word de Microsoft, disponible pour compatibles IBM et Macintosh. Chaque année, les revues spécialisées de micro-informatique font un point comparatif complet et actualisé sur les logiciels de traitement de texte.

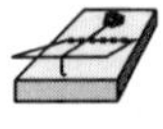

Vous prenez d'énormes risques en manipulant de gros documents. Même avec Word qui permet de traiter d'énormes dossiers, tenez-vous en à une trentaine de pages au maximum ; ne regroupez vos fichiers en une seule grande unité que si vous devez faire un index : opérez alors par *Copier-coller* afin de conserver une sauvegarde de vos petits fichiers.

Conseil : si vous devez rédiger un gros travail (mémoire, thèse), investissez du temps à découvrir Word. Si vous êtes pressé, le très convivial MacWrite répondra, dans sa dernière version surtout (MacWrite II), à presque toutes vos demandes.

Le logiciel de traitement de texte est beaucoup plus qu'une machine à écrire, il est une micromaison d'édition. Les possibilités offertes sont grandes, encore faut-il les utiliser habilement. Voici quelques commentaires sur des fonctions précieuses mais pas toujours utilisées efficacement.

- **Les transferts d'un logiciel à l'autre**

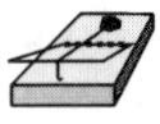

Les transferts d'un logiciel à l'autre sont possibles, mais demandent une grande vigilance.

Il y a toujours des pertes d'information.

Les guillemets anglo-saxons ("") sont mal transmis : ils deviennent des guillements français parfois incorrectement typographiés, («««) au lieu de («»).

En fait, ce n'est souvent qu'une question de changement de police de caractères. Soyez vigilant donc, y compris si vous changez de police à l'intérieur d'un même logiciel, ou entre le micro-ordinateur et l'imprimante, s'il y a conversion de police.

Attention aux transferts texte —> tableur, tableur —> texte, figure —> texte, etc. : il peut y avoir incompatibilité, notamment si vous utilisez des logiciels étrangers.

- **Opérations *Couper-coller***

Attention aux opérations *Couper-coller* : elles peuvent entraîner des pertes ou des doublons. Par sécurité, préférez toujours la fonction *Copier-coller*, sans oublier d'effacer, après collage, le texte (le graphique ou l'image) initialement copié.

- **Polices de caractères**

D'énormes possibilités sont offertes en ce qui concerne les polices de caractères, le corps (taille), le style (gras, normal, italique, etc.), l'écriture en indice ou en exposant. La cohérence est de rigueur. Si vous écrivez km^2 (d'usage en typographie) plutôt que km2 (toléré en dactylographie), il faut vous y tenir tout au long du document, tableaux et figures compris (voir p. 184 et suivantes).

Selon les polices, les touches *Option* commandent une modification des lettres permettant d'utiliser les lettres grecques (Π, Δ, Σ, etc.) ou étrangères (æ, ñ, œ, ø, etc.). Attention, quels que soient les logiciels, d'une police à l'autre, les options ne correspondent pas toujours parfaitement :

œ —> ø ; ø —> o

Prenez donc soin de découvrir votre clavier selon la police que vous utilisez.

Quoi qu'il en soit, cohérence reste le maître mot. On ne vous en voudra pas d'écrire Tromsœ plutôt que Tromsø, canyon plutôt que cañon, à condition que tout votre document (tableaux et figures compris) conserve une même orthographe pour un même mot.

- **Tabulation**

Vous découvrirez au chapitre "La Présentation" l'importance des "blancs". Mais tout de suite, une consigne : en dehors de l'espacement entre deux mots, proscrivez le blanc (barre d'espace) ; pour aligner ou faire des retraits, utilisez la **tabulation**. Ce conseil peut paraître enfantin : il n'est pas superflu cependant, car cette faute est systématique chez les novices du traitement de texte.

- **En-tête, pied de page, pagination**

Dans le chapitre "La Présentation", vous apprendrez à utiliser les en-têtes et pieds de page. Même pour un document de quelques pages, même pour une première version d'un écrit, prenez l'habitude d'utiliser les fonctions simples et très pratiques que sont la **pagination** (qui numérote automatiquement les pages), les **en-têtes** et les **pieds de page** qui permettent d'inscrire des références constantes telles que le titre d'un chapitre, votre nom, celui du fichier informatique, celui de la version de travail, etc. (voir p. 201).

- Possibilité de **notes de bas de page** numérotées. Attention à la numérotation des appels de notes, surtout quand votre document se compose de plusieurs fichiers : vous disposez d'une fonction permettant de définir le numéro de la première note d'un fichier, de même que pour celui des pages (voir p. 203).

- **Césure** automatique : c'est une fonction précieuse mais à surveiller attentivement, particulièrement en ce qui concerne les mots étrangers, les noms propres et les mots composés. Soyez très vigilant au moment de l'impression laser, le changement obligé des marges remet en question TOUTES les césures (voir p. 208).

Utiliser le blanc insécable (*Option Barre d'espace* sur Mac, *Alt Barre d'espace* sur compatible IBM) pour éviter une ponctuation aberrante (: en début de ligne).

> Pour écrire Bonjour ! (qui nécessite une espace[1] entre la fin du mot et le point d'exclamation) prenez l'habitude de taper :
>
> Bonjour *Fonction blanc insécable* !

Surveillez pour les supprimer les mauvaises césures, entraînant un double tiret dans un mot composé, une coupure incorrecte dans un nom propre ou étranger. Entrez le mot dans *Exception de césure* ou introduisez, à la saisie du mot, un *Trait d'union forcé*

---

[1] En typographie, espace est un nom féminin.

(invisible) qui indiquera le mode de césure que vous souhaitez pour ce mot en cas de reformatage du paragraphe (voir p. 272).

- **Dictionnaire du logiciel**

La plupart des traitements de texte sont désormais équipés d'une fonction *Dictionnaire.*

Le dictionnaire du logiciel ne remplace en aucun cas les dictionnaires usuels, les grammaires, la réflexion.

Sauf pour les logiciels spécifiques de grammaire et orthographe, les dictionnaires des traitements de texte ne sont qu'un moyen de contrôle de l'orthographe d'usage, mot à mot.

Les enfant fil l'haleine.
Il lu un livre.
Il a lut un livre.
J'ai sans franc.
J'ai s'en franc .

Dans ces phrases, aucune faute ne sera relevée par le contrôle d'orthographe d'un logiciel courant : chaque mot est possible donc correct.

Le dictionnaire a ses limites. Celui de Claris Works annonce 100 000 entrées (78 000 dans le *Lexis Larousse,* en livre); c'est peu si on considère que, pour chaque élément, le dictionnaire du logiciel donne plusieurs entrées : masculin, féminin, pluriel pour un adjectif, un nom ou un article, toutes les formes conjuguées aux différents temps, modes et personnes pour un verbe.

Le dictionnaire intégré ne vous dira rien de l'usage des majuscules, il accepte aussi bien, pour reprendre l'exemple déjà cité : coca cola, coca-cola, Coca Cola et Coca-Cola, alors que le code typographique impose Coca-Cola.

À vous de vérifiez, avec quelques exemples simples, les capacités du dictionnaire de votre traitement de texte et celles de vos logiciels spécifiques de grammaire et d'orthographe.

- **Dictionnaire personnel du logiciel**

Si le dictionnaire principal de votre traitement de texte ignore un mot, vous pouvez l'entrer dans le dictionnaire personnel que vous créez au fur et à mesure des difficultés rencontrées.

Entrez le mot nouveau correctement écrit, donc après vérification dans un dictionnaire ou un ouvrage spécialisé.
Le dictionnaire personnel est très utile pour les termes spécifiques au sujet traité, les noms propres, les noms composés ou créés.

Certains logiciels ont un avertisseur (bip) sonore ou lumineux qui prévient des fautes en cours de rédaction. Attention ! Las de constater que le bip se déclenche pour presque rien (majuscule, nom propre, mot inconnu non répertorié ou étranger), vous finirez par ignorer très vite son effet d'alarme ("À force de crier au loup...").

Pour corriger une faute supposée répétée : utiliser la fonction *Rechercher-remplacer*. Cela peut se faire pour un mot, mais aussi pour une espace, une erreur de typographie.

Si vous avez écrit les points avec une espace entre le dernier mot et le point (point .) demander *Remplacer* « .» *par* «.» ("espace point" par "point").

Vous pouvez utiliser *Remplacer partout* ou *Remplacer après vérification*, ce qui est plus prudent.

Dans un texte où vous avez écrit "pose" au lieu de "pause" : si vous demandez le remplacement automatique, tous les "pose" deviendront "pause", y compris le verbe poser aux 1re et 3e personnes du singulier.

- **Index, table des matières, classement alphabétique**

Certains logiciels de traitement de texte offrent des possibilités d'organisation d'index, de table des matières, de plan, de classement.

Méfiez-vous du classement alphabétique : l'ordinateur rejette en fin d'alphabet tous les caractères spéciaux comme æ, ñ, ø, œ. En toute logique, ceux-ci devraient se trouver respectivement dans les A, les N, les O ; en fait, leur code informatique les repousse après le Z ; il en est de même pour les mots précédés d'un astérisque.

Tout ce qui concerne l'**impression** sera traité après les logiciels tableurs et graphiques.

Les logiciels tableurs-grapheurs

N'importe quel logiciel de traitement de texte permet, grâce à la fonction *Tabulation*, de construire un tableau de chiffres alignés, en colonnes.

Les logiciels de gestion de données (tableurs) servent spécifiquement à la manipulation des chiffres, sur le plan mathématique et sur celui de leur présentation ; ils sont doublés d'une fonction graphique plus ou moins élaborée.

Voici quelques conseils d'utilisation.

• **Séparateur décimal** : selon que votre logiciel tableur est en version française ou anglo-saxonne, le séparateur décimal sera un point ou une virgule.

Cohérence reste le maître mot. Dans un même document il faut que votre texte, vos tableaux, vos illustrations aient le même standard, qu'il s'agisse du point ou de la virgule.

Ce problème est d'autant plus important que, si vous entrez (notamment par transfert de fichier) un point dans un tableur dont le séparateur est la virgule, la donnée numérique ainsi saisie sera considérée comme alphanumérique (le point est alors de l'alphabétique, les chiffres du numérique) et empêchera les manipulations graphiques et mathématiques.

Utilisez le pavé numérique (blocs des chiffres à droite du clavier) et le séparateur qui y est inclus.

Comme pour tout logiciel (voir plus haut), il y a **danger à transférer** d'une application à une autre : perte d'information, incompatibilité de séparateur décimal, etc.

• **Les tableurs à fonction graphique** permettent de réaliser des figures de qualité. Cependant, ces tableurs n'opèrent que sur les chiffres et ne sont en aucun cas des logiciels de dessin. Il vous est toujours possible, en étant vigilant comme pour tout transfert, d'importer le graphique d'un tableur sous un logiciel de dessin afin de le retravailler et d'en améliorer la qualité picturale.

Les logiciels de dessin, de graphisme ou d'illustration

De plus en plus nombreux et performants, les logiciels de dessin sont de deux types :
- certains travaillent au point par point, comme Photoshop ;
- d'autres, au contraire, travaillent en mode vectoriel, comme Draw II, Illustrator, Corel Draw ;
- Super Paint, Claris Works et Canvas possèdent les deux modes : point par point et vectoriel.

Plus ils sont élaborés, plus ils offrent de possibilités et plus ils demandent un apprentissage long et de la patience. À moins de disposer de beaucoup de temps, sans doute vaut-il mieux, pour le néophyte, s'en tenir à un logiciel simple (Claris Works, Draw II, Canvas, par exemple) plutôt que de se perdre dans la manipulation beaucoup plus complexe de logiciels professionnels de graphisme tels que Illustrator ou Freehand.

Le mode vectoriel correspond mieux au dessin technique, tandis que le point par point convient davantage au dessin artistique.

mode point par point

mode vectoriel

L'intérêt du dessin par ordinateur réside dans la possibilité d'engranger l'information et donc de pouvoir la réutiliser et la retravailler. Il serait fou de faire un graphique ou un schéma à la main ; en revanche, pour la carte ou le dessin artistique - sauf si vous êtes appelé à les utiliser à plusieurs reprises ou à les modifier - mieux vaut vous en remettre aux pointes tubulaires et au calque. Le plus souvent, vous en arriverez à un savant mélange : dessin-trait à l'encre, texte à l'ordinateur, coupé au cutter et collé sur votre calque.

Tout dépend de l'objectif visé et donc de l'investissement en temps que vous pouvez vous permettre : si vous réalisez un dossier de deux pages avec une figure, il n'est peut être pas utile de vous perdre dans un logiciel de dessin, si vous abordez un mémoire, une thèse, un gros rapport, l'investissement en temps d'une ou deux journées sera vite rentabilisé au fil de vos figures.

• **Le scanner**

Cet outil informatique se généralise de plus en plus. Il permet de numériser une image (chaque point de l'image est converti en données chiffrées). C'est une machine d'analyse optique, chargée de lire des documents, de les analyser point par point, et d'en transmettre le contenu à l'ordinateur. Autrement dit, le scanner transforme un dessin sur papier en un fichier informatique.

Le document est lu puis restitué point par point, d'où la nécessité de le rappeler (pour le retravailler, le modifier, le stocker, l'imprimer) sous un logiciel graphique point par point (Claris Works, Colorit Paint, Canvas, Corel Draw, Photoshop).

Avant de scanner, vérifier que votre logiciel de dessin est capable de recevoir le format de fichier généré par le scanner qui peut opérer en "BMP", "TIF", "JPEG", etc.

Procédure du scannage :

- scanner un fond de carte ;
- entrer les données numériques dans un logiciel de dessin ;
- retravailler le tracé.

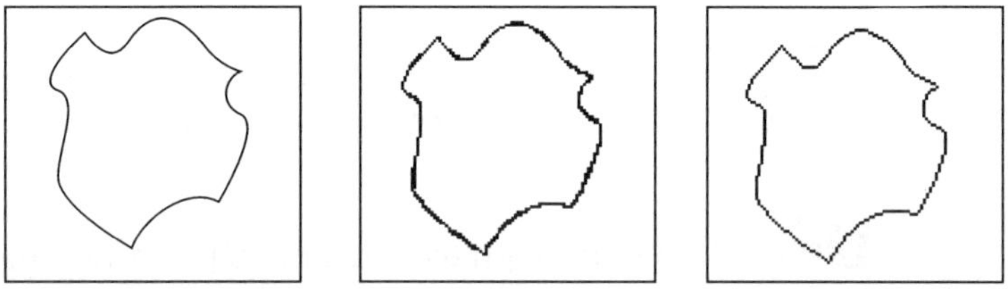

image originale — scannage — image retravaillée avec un logiciel de dessin point par point

• **L'image numérisée**

Quel que soit le sujet, les images numériques sont issues du traitement de gros fichiers informatiques : ce sont des images satellites, des photos, etc. Nous sommes là dans un domaine extrêmement spécifique de l'informatique. Notre propos dans ce guide n'est pas d'initier à ces techniques mais plutôt, la matière étant là, d'expliquer comment les intégrer au document final.

L'impression en micro-informatique

Il y a deux types d'imprimantes, matricielle et laser.

• **L'imprimante matricielle** (noir et blanc ou couleur) à impact d'aiguilles ou à jet d'encre ; chaque caractère est défini dans une matrice gérée par un déplacement latéral et vertical.

0 1 1 0
1 0 0 1 représentation matricielle d'un O
1 0 0 1
0 1 1 0

• **L'imprimante laser** (noir et blanc ou couleur) : la page à imprimer est définie en entier. Un faisceau laser, émis par une diode semi-conductrice, est modulé par un signal traduisant l'image à reconstituer. La machine envoie des impulsions électriques positives sur un tambour, là où l'encre (toner) doit se déposer ; chargée négativement, l'encre est attirée, adhère au cylindre, formant ainsi l'image à imprimer. Le papier est mis en contact avec le cylindre grâce à un procédé électrostatique, il attire l'image sur sa surface. Il ne reste plus qu'à la fixer par une fusion chaude (le papier passe entre deux rouleaux chauffés) ou froide.

Quand on rédige, "on ne voit rien à l'écran" : cette formule abusive est là pour vous dire qu'on ne voit pas ses fautes à l'écran car la relecture d'un texte y est beaucoup plus difficile que sur un tirage papier.

Imprimez souvent, relisez et corrigez au stylo rouge sur le papier, portez les corrections à l'écran, enregistrez vos modifications, réimprimez, relisez, etc. (voir chap. "Les corrections").

Utilisez vos feuilles en recto-verso. Une édition recto périmée devient du papier brouillon pour la prochaine impression : prenez l'habitude de biffer le texte du recto qui ne vous concerne plus.

- **Qualité d'impression**

Les imprimantes matricielles proposent plusieurs qualités d'édition : brouillon, normale, supérieure. Plus le nombre de points par caractère est grand, meilleure est la qualité, mais plus l'édition nécessite de temps d'impression.

Même pour des copies intermédiaires, tirez en qualité "normale". Bannissez totalement l'impression brouillon pour le texte comme pour les images : elle ignore les accents, les caractères option, les tabulations, les justifications, les en-têtes, les pieds de page, les notes de bas de page, etc.

Selon les logiciels et les polices de caractères, il peut y avoir des différences entre ce qui apparaît à l'écran et le tirage imprimante : c'est vrai pour toutes les imprimantes, c'est encore plus vrai pour l'impression laser. Ces distorsions existent aussi bien pour le texte que pour les dessins et les graphiques.

- **L'impression laser**

La baisse constante du prix des imprimantes laser en fera bientôt une machine personnelle qui détrônera les imprimantes matricielles.

L'imprimante laser est un ordinateur en soi qui a ses propres polices de caractères et des marges différentes de celles des traitements de texte. Un texte préparé pour une imprimante matricielle sera composé différemment sur l'imprimante laser : le changement des marges entraîne une restructuration totale du texte.

Souvent, vous utilisez un micro-ordinateur et une imprimante matricielle et n'avez accès à l'imprimante laser collective que pour le tirage final de votre travail. Pour éviter de trop mobiliser la configuration laser, préparez la mise en page finale de votre document sur votre micro-ordinateur usuel en cliquant le sélecteur d'imprimante sur "laser" (attention, il y a plusieurs sélecteurs car plusieurs types d'imprimantes laser, voir ci-dessous).

Avant l'impression sur l'imprimante laser, prenez tout de même le temps de vérifier, sur l'ordinateur relié à elle, la mise en page de votre document.

- **Mises en page et sauvegardes en fonction de l'imprimante**

Effectuez des sauvegardes de deux mises en page différentes, l'une pour les imprimantes matricielles, l'autre pour les imprimantes laser, ce qui vous évitera de mobiliser trop longtemps les configurations laser souvent collectives. Même si l'ordinateur sur lequel vous travaillez est relié à une imprimante matricielle, vous pouvez, en cliquant sur le sélecteur d'imprimante de configuration désiré, préparer et sauvegarder une version "laser" et une version "matricielle" de votre document.

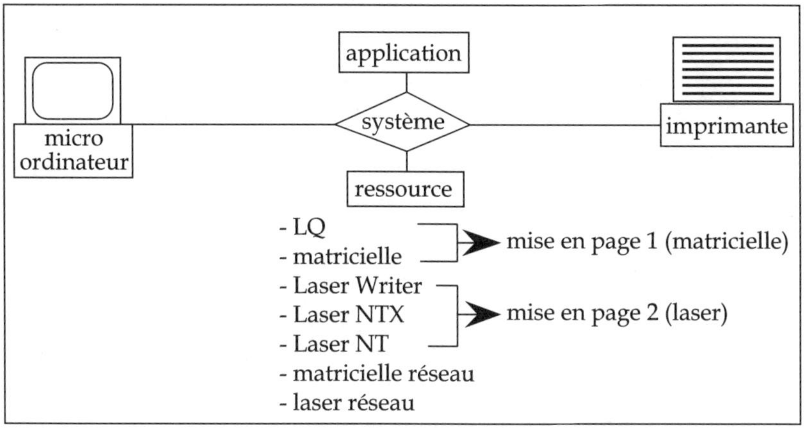

L'impression laser coûte deux fois plus cher que l'impression matricielle. Si vous disposez des deux possibilités, n'utilisez le mode laser que lorsque votre document est prêt pour la publication finale.

En impression laser comme matricielle, évitez la multiplication de copies d'une même version : préférez toujours un seul tirage et la reproduction par photocopie. Vous gagnerez du temps et de l'argent ; dans le commerce, un tirage laser coûte 3 à 10 fois plus cher qu'une photocopie.

LES OUTILS DE LA REPRODUCTION ET DE LA DIFFUSION

Si le micro-ordinateur est devenu un outil personnel, le photocopieur ne l'est pas encore ; pourtant, que deviendrions-nous sans la photocopie ?

• **Le photocopieur** est par excellence l'outil collectif dont on dispose sur son lieu de travail. La multiplication des boutiques "grand public" spécialisées dans la reproduction en fait un outil à la portée de tous.

On ne fait jamais assez de photocopies. Gardez en tête qu'un tirage imprimante est plus long et plus onéreux qu'une photocopie.

Instrument de reproduction du document final, le photocopieur est aussi, de plus en plus, un outil de création. Les fonctions *Réduction* et *Agrandissement* permettent des bricolages fantastiques, à condition de connaître quelques ficelles.

Tous les collages sont permis pourvu que les éléments à coller aient des bords déchirés et non découpés nets. La déchirure donne des barbules qui se fondent au papier support, on ne voit donc pas la démarcation ; au contraire le découpage net donne des bords francs qui font "écho" à la copie et se matérialisent par un trait noir disgracieux.

Proscrire les ciseaux au profit du cutter ou de la déchirure manuelle. Par le procédé de déchirure, tous les papiers peuvent se coller sans marque sur tous les supports.

Malgré ces précautions, s'il arrive à une de vos compositions de se reproduire avec des échos, baissez le contraste du photocopieur (plus clair), vous réduirez ainsi les marques.

Il y a plusieurs qualités de photocopie :
- copie pas chère (papier souvent jauni, encrage irrégulier) pour une sauvegarde ou un travail intermédiaire ;
- belle copie (plus chère) pour la diffusion.

N'oubliez pas vos originaux dans la machine et prenez l'habitude d'inscrire votre nom au dos de vos originaux, ce qui permettra, le cas échéant, que le document oublié vous soit rendu.

• **Le bleu passe très mal à la photocopie**.
Inconvénient : si le texte à reproduire est bleu, il ne donnera qu'une très mauvaise copie. Avantage : sur un document très contrasté noir sur blanc, vous pouvez faire des remarques au stylo bleu clair

(cyan), elles n'apparaîtront pas à la photocopie ; c'est donc la couleur de prédilection des graphistes pour leurs annotations.

La résistance de la photocopie à l'outrage du temps est mal connue ; des documents d'une dizaine d'années perdent déjà leur contraste, voire toute l'impression : nos copies résisteront sans doute moins bien au poids des ans que les papyrus égyptiens et les encres du Moyen Âge.

- **Outils de reliure**

À l'heure actuelle, des moyens simples sont à votre disposition pour soigner la présentation finale de votre écrit.

Si votre document est composé de plus d'une page, une double couverture plastique (Rhodoïd transparent) et une reliure spirale seront bienvenus : ils donneront un petit plus à votre travail. Presque toutes les maisons de reproduction proposent ce service peu coûteux et élégant (voir chap. "La reproduction, la post-production").

Présenter un dossier de quelques pages A4 dans une feuille A3 pliée en deux, faisant office de couverture, donnera à votre travail une unité qui sera plus appréciée que l'agrafe ou le trombone. De plus, vous pourrez reproduire la page de titre de votre dossier sur cette feuille-couverture, puisque la plupart des photocopieurs admettent ce format.

Vos outils
si vous deviez ne retenir que 6 points

- Travaillez toujours avec un dictionnaire à vos côtés.
- Adeptes de la micro-informatique, ne jetez pas vos vieux Rotring.
- Aucun stylo-feutre ne peut remplacer les pointes tubulaires.
- Connaissez un logiciel à fond plutôt que d'en sous-exploiter plusieurs.
- À l'ordinateur, enregistrez souvent votre travail et effectuez des copies de sauvegarde.
- Bannissez l'impression brouillon.

CHAPITRE 2

LES MOTS

Le mot est la matière première du rédacteur qui construit phrases puis paragraphes, puis chapitres...

Aussi, le travail sur les mots est-il fondamental : il conditionne à chaque instant la qualité du document final.

Vous rédigez : vos interrogations constantes vont porter sur la grammaire, l'orthographe, le vocabulaire et le style.

LA GRAMMAIRE

La grammaire de notre langue est vaste et complexe.

L'Académie française et les grammairiens travaillent sur cette science des mots : étude des sons, des formes des mots (morphologie), des rapports entre eux (syntaxe), de leur évolution. La tâche est lourde. La grammaire de Monsieur Grévisse compte 1500 pages ! Il y a tellement de choses à savoir, tellement de questions à se poser, tellement de raisons de douter.

> *C'est une langue bien difficile que le français. À peine écrit-on depuis quarante-cinq ans qu'on commence à s'en apercevoir.* (Colette)

Nombreux sont les grands de notre littérature qui font preuve de cette humilité. Il y a peu de chances pour que nous soyons meilleurs que nos écrivains.

Les quatre principes qui suivent, à savoir : Remplacez, Sachez conjuguer, Sachez utiliser les temps et les modes, Cherchez, vous aideront très souvent à vous sortir d'affaire... c'est là notre seule prétention.

On classe les mots en neuf catégories :

le nom	fille
le déterminant	la (article)
	ce (adjectif démonstratif)
	son (adjectif possessif)
l'adjectif	petite
le pronom	elle

le verbe	chante
l'adverbe	correctement
la préposition	à, de, par, pour, sur, sans, chez, dans, etc.
la conjonction	dès que, avant que, afin que, pendant que, etc.
l'interjection	hé ! ha ! ho ! etc.

À l'aide de mots appartenant à ces neuf catégories, on forme les phrases.

Seuls les adverbes, conjonctions, interjections et prépositions sont invariables (la façon de les écrire est TOUJOURS identique). En revanche, les mots des cinq autres catégories sont variables, leur orthographe change selon leur emploi.

Vous composez avec des mots qui sont autant de pièges.

Chaque mot demande un raisonnement. Le plus souvent, celui-ci est rapide, réflexe ; parfois, vous aurez besoin de réfléchir plus longuement avant de décider de la meilleure place d'un mot ou du bon choix d'un accord.

Il s'agit de composition : un radical auquel vous ajoutez, au choix, une terminaison, un préfixe, un suffixe...

À partir du radical CHANT vous composez, en puisant :

– dans la case des terminaisons

vous obtenez toutes les formes conjuguées :

chant er	chant ais	chant e	chant erait
chant es	chant ions	chant ât	chant eriez

vous obtenez la forme plurielle :

chant s

– dans la case des préfixes

vous obtenez des mots de la même famille :

dé chant er   re chant er

lesquels prendront à leur tour une terminaison :

– dans la case des suffixes

vous obtenez des mots de la même famille :

chant able   chant age   chant eur   chant euse

lesquels prendront à leur tour préfixes et/ou terminaisons :

in chant able

Remplacez

Le remplacement d'un mot (ou groupe de mots) par un autre est une méthode très simple et efficace pour éviter bien des fautes. Les cas sont nombreux : ceux que nous avons choisi de présenter ici sont classés par ordre alphabétique.

• **Consonnes finales d'un mot** : déduisez la consonne muette finale d'un participe passé, d'un adjectif, ou même d'un mot substantif, en remplaçant le masculin par le féminin (voir les familles de mots p. 69) :

battu remplacé par	battu e	pas de consonne finale
fri t	fri t e	consonne finale : t
pri s	pri s e	consonne finale : s
sour d	sour d e	consonne finale : d

Déduisez s'il convient d'accorder en nombre (singulier ou pluriel) en remplaçant par le féminin. S'il y a accord en genre (masculin ou féminin), souvent vous l'entendez, l'accord en nombre est obligatoire :

Les cadeaux que j'ai offerts…
Les fleurs que j'ai offertes…

Au féminin, il y a accord, il faut donc accorder en genre et en nombre dans les deux cas.

• **Leur et Leurs** : remplacez par une autre personne.
Vous en déduirez s'il s'agit de l'adjectif possessif (variable) :

Ils peuvent venir, les tigres, avec LEURS *griffes !* (Saint-Exupéry)
Il peut venir, le tigre, avec SES griffes.

ou du pronom personnel (invariable) :

Je LEUR dirai, moi, ce que j'en pense.
Je LUI dirai, moi, ce que j'en pense.

La place de LEUR(S) est une autre indication : l'adjectif possessif est placé devant le nom, le pronom est devant le verbe.

• **On et On n'** : remplacez ON par NOUS.
Vous saurez ainsi si la phrase est affirmative ou négative :

On a cru qu'il allait pleuvoir. NOUS avons cru... affirmation, donc ON.
On n'a pas tous les jours vingt ans. NOUS N'avons pas... négation, donc ON N'.

Rappelez-vous, de plus, que la négation s'exprime par deux termes indissociables appelés locution négative :

ne pas	ne jamais	ne rien
ne plus	ne que	

Si vous avez le second terme dans votre phrase, vous devez trouver le premier.

On N'*est* JAMAIS *trompé par celle que l'on voudrait.* (Sacha Guitry)
On N'*épouse* PAS *des laiderons uniquement pour avoir la paix.* (Sacha Guitry)

Cependant, parfois vous pourrez ne pas avoir le second :

Il se pourrait que je NE puisse chanter.

• **On et Ont** : remplacez par IL ou par AVAIT.
Vous en déduirez qu'il s'agit de ON, pronom indéfini sujet, ou de ONT, forme conjuguée d'un verbe (présent du verbe avoir ou bien auxiliaire d'un verbe conjugué au passé composé).

*Où peut-*ON *être mieux qu'au sein de sa famille ?* (Marmontel)
Où peut-IL être mieux qu'au sein de sa famille ?

La femme ne voit jamais ce qu'ON fait pour elle : elle ne voit que ce qu'ON ne fait pas. (Courteline)
La femme ne voit jamais ce qu'IL fait pour elle...
Ce sont les Grecs qui nous ONT légué le plus beau mot de notre langue : le mot "enthousiasme" - du grec en theo, *un Dieu intérieur.* (Pasteur)
Ce sont les Grecs qui nous AVAIENT légué le plus...

• **Ou et Où** : remplacez par OU BIEN.
Si ce remplacement est possible, OU est la conjonction de coordination (MAIS, OU, ET, DONC, OR, NI, CAR) et ne prend pas d'accent.
Je m'en vais OU je m'en vas... L'un et l'autre se dit ou se disent. (Vaugelas)
[Pouvons-nous ajouter "se disaient" ?]
Si le remplacement est impossible, OU prend un accent grave ; il est :
- soit pronom interrogatif :
Mais OÙ sont les neiges d'antan ? (François Villon)
- soit pronom relatif :
Il y a des circonstances OÙ le mensonge est le plus saint des devoirs. (Labiche)

• **Plutôt et plus tôt** : plutôt indique la préférence ; plus tôt est le contraire de plus tard et exprime une idée de temps.
J'irai PLUTÔT en voiture qu'en avion.
J'irai PLUS TÔT (ou PLUS TARD) que prévu.

• **Qu'elle, Qu'elles et Quelle, Quelles :** mettez la phrase au masculin, remplacez par QU'IL ou QUEL.
Soit QUE est élidé (QU') devant ELLE et IL, sujets du verbe qui suit :
- il est adverbe d'intensité :

Qu'elle était verte, ma vallée !	Qu'il était bleu, le ciel !
Qu'elles étaient vertes, mes collines !	Qu'ils étaient bleus, les ciels de ce peintre !

- il est pronom relatif :

Le livre qu'elle lit...	Le livre qu'il lit...
Le livre qu'elles lisent...	Le livre qu'ils lisent...

Soit QUELLE et QUEL sont adjectifs, ils s'accordent en genre et en nombre :
- ils sont adjectifs exclamatifs :

Quelle belle histoire !	Quel beau récit !
Quelles belles histoires !	Quels beaux récits !

- ils sont adjectifs interrogatifs :

Quelle est cette voix ?	Quel est ce bruit ?
Quelles sont ces voix ?	Quels sont ces bruits ?

Si vous pouvez remplacer QU'ELLE par QU'IL, il faut l'apostrophe.
Dans les cas contraires, il s'agit des adjectifs QUEL(S), QUELLE(S).

• **Quelque et Même** :
Soit QUELQUE et MÊME sont adverbes (invariables) et on peut les remplacer par SI ou AUSSI.

QUELQUE nombreux qu'ils furent, les Français furent anéantis.
SI nombreux qu'ils furent...
Les oiseaux MÊME saluaient le lever du soleil.
Les oiseaux AUSSI saluaient le lever du soleil.

Soit QUELQUE et MÊME sont adjectifs (ils s'accordent) et peuvent être remplacés par un adjectif (numéral par exemple).

QUELQUES soldats de l'armée du roi furent faits prisonniers. DEUX soldats...
Les MÊMES oiseaux saluaient le lever du soleil. Les TROIS oiseaux saluaient...

• **Quoique et Quoi que** :
QUOIQUE (en un seul mot) peut être remplacé par BIEN QUE.

QUOIQUE tu dises du mal de ce livre, je l'achèterai.
BIEN QUE tu dises du mal de ce livre...
Un homme honnête, QUOIQUE pauvre (avec ellipse du verbe).

QUOI QUE (en deux mots) : QUOI signifie QUELQUE CHOSE (de quelque nature que ce soit) et est repris par que (pronom relatif).

QUOI QUE tu dises, je ferai ce que j'ai décidé.
QUELLE QUE SOIT LA CHOSE QUE tu dises, QUELS QUE SOIENT TES ARGUMENTS...

Dans le même registre :

QUOI QU'il arrive...
QUOI QU'il en soit...
QUOI QUE ce soit...

Dans tous les cas, avec QUOIQUE comme avec QUOI QUE, on utilise le subjonctif.

• **Se et Ce :** SE s'écrit ainsi uniquement dans un verbe employé à la forme pronominale ou réfléchie. Remplacez par une autre personne (JE, TU) pour vérifier qu'il s'agit bien de ces formes.

Quand on ment à une femme, on a l'impression qu'on SE rembourse. (S. Guitry)
Quand TU mens à une femme, TU as l'impression que TU TE rembourses.

Dans tous les autres cas, CE s'écrit CE. Il s'agit alors du démonstratif, vous pouvez remplacer par CE ...-CI, CE ...-LÀ, ou CECI, CELA.

Tout CE mal que je dis des femmes [...]. (Sacha Guitry)
Tout CE mal-CI que je dis des femmes.
Dis, veux-tu que CE soit pour la vie ? Nous verrons bien le temps que ça durera. (Sacha Guitry)
Dis, veux-tu que CECI soit pour la vie ? [...]

• **Ses et Ces :** remplacez par une autre personne, MES, ou bien par le singulier, SON, SA.

Vous aurez distingué l'adjectif possessif

mon	ma	mes
ton	ta	tes
son	sa	ses

de l'adjectif démonstratif CES que vous pouvez remplacer par CES ...-LÀ, CES ...-CI.

On ne perd pas sans regret même SES *pires habitudes ; ce sont peut-être celles qu'on regrette le plus.* (O. Wilde)
Je ne perds pas sans regret même MES pires habitudes...
La critique est une de CES *professions qui prospèrent dans les temps malheureux.* (François Villemain)
La critique est une de CES professions-LÀ qui...

- **Verbes en ER à l'infinitif ou pas ?**

Quand deux verbes se suivent, le deuxième se met à l'infinitif.

Doublez cette règle de la ficelle du remplacement.

À l'entrée, il te faudra **donner** le mot de passe.

Remplacez les verbes DONNER par un verbe du 2e ou du 3e groupe comme DIRE, vous en déduirez que DONNER est bien à l'infinitif.

Bien sûr, les règles données ci-dessus sont simples. Il peut cependant y avoir confusion entre un verbe et un auxiliaire.

Différence entre verbe et auxiliaire : le verbe se conjugue à un grand nombre de temps. Selon les temps, la forme verbale est simple (le radical du verbe prend les terminaisons spécifiques du temps) ou composée (c'est alors l'auxiliaire qui prend les terminaisons et le verbe est un participe passé).

Ceux qui ne peuvent se rappeler leur passé sont ***condamnés*** *à le répéter.* (Santayana)

Si vous tentez de remplacer CONDAMNÉS par un verbe du 2e ou du 3e groupe comme FINIR, VENDRE ou BATTRE, vous devrez employer le participe passé FINIS, VENDUS, BATTUS. Vous pourrez en déduire que CONDAMNÉS n'est pas à l'infinitif : c'est un participe passé employé avec l'auxiliaire ÊTRE (voir p. 50).

Sachez conjuguer

Utilisez les tableaux de conjugaison que vous trouverez dans votre dictionnaire sémantique.

Les verbes

Essayez de dominer la conjugaison d'un verbe
- du 1er groupe (avec un infinitif en ER) :

chanter	crier	jouer	tomber
couper	goûter	quitter	voler

- du 2e groupe (avec un infinitif en IR et un participe présent en ISSANT) :

blanchir	fournir	réfléchir	roussir
finir	noircir	rosir	saisir

– du 3e groupe (tous les autres avec un participe présent en ANT) :

apprendre	conquérir	fuir	savoir
courir	déduire	interrompre	tendre
conclure	écrire	mourir	tordre
confondre	exclure	rire	vendre

Les verbes du 3e groupe sont souvent irréguliers. Bien que plus simples, ceux des 1er et 2e groupes présentent des difficultés d'accent, de redoublement de consonne. Vérifiez systématiquement leur conjugaison dans votre dictionnaire ou votre grammaire.

L'accentuation des verbes en ER au présent de l'indicatif, du conditionnel, du subjonctif, de l'impératif et au futur est complexe. Sachez distinguer quatre cas : les verbes en Ê-ER, en ÉER, en É-ER, et enfin en E-Er.

L'accentuation des verbes en ER

Les verbes en Ê-ER (rêver) conservent toujours l'accent circonflexe :

je rêve

Les verbes en ÉER (créer) gardent toujours l'accent aigu au radical :

je crée — ils agréent — ils procréèrent — nous maugréerons

Les verbes en É-ER (céder) :

– le É se change en È devant la syllabe muette **finale :**

je pénètre — que tu espères — je cède

– partout ailleurs, lorsque la syllabe muette n'est pas finale, on conserve l'accent aigu sur le E de la racine, en particulier au futur de l'indicatif et au présent du conditionnel :

il lévera — nous céderons — tu pénétrerais

Les verbes en E-ER (semer) qui ont un E muet à l'avant-dernière syllabe. On change le E en È devant une syllabe en E :

je relève — il pèsera — que tu soulèves — nous achèverions

Pour **TOUS** les verbes, les terminaisons du subjonctif présent sont : -E -ES -E -IONS -IEZ -ENT

que je pli e	que j'essay e
que tu pli es	que tu essay es
qu'il pli e	qu'il essay e
que nous pli ions	que nous essay ions
que vous pli iez	que vous essay iez
qu'ils pli ent	qu'ils essay ent

Les exceptions : les verbes avoir et être

que j'aie	que je sois
que tu aies	que tu sois
qu'il ait	qu'il soit
que nous ayons	que nous soyons
que vous ayez	que vous soyez
qu'ils aient	qu'ils soient

On hésite souvent sur le I des terminaisons après nous et vous. Elles prennent un I, sauf : que nous ayons, que nous soyons et que vous ayez, que vous soyez.

L'accord du participe passé

• Le participe passé est employé seul ou avec l'auxiliaire être ou un verbe d'état

Il s'accorde en genre et en nombre avec le nom auquel il se rapporte (1), avec le sujet de la phrase (2 et 3).

1 – Une mère attendrie.
2 – Ils étaient arrivés.
3 – Elles semblaient effrayées.

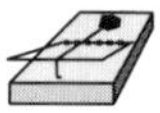

Le participe passé employé avec le NOUS de modestie s'accorde en genre avec le sujet qui commande le singulier (voir p. 74) :

Nous, Napoléon Bonaparte, sommes satisfait.
Nous, Joséphine de Beauharnais, sommes satisfaite.

Le cas des verbes pronominaux, bien que se conjuguant avec l'auxiliaire être, sera étudié à part, tant leur fonctionnement est subtil (voir p. 52).

Sont invariables :
– les locutions figées du style juridique : LU ET APPROUVÉ, VU ;
– les participes suivants, lorsqu'ils précèdent un nom : APPROUVÉ, ATTENDU, ÉTANT DONNÉ, EXCEPTÉ, SUPPOSÉ, ainsi que les locutions Y COMPRIS, NON COMPRIS, MIS À PART.

Mais s'ils suivent le nom, les participes sont considérés comme des adjectifs et s'accordent.

On écrira donc : **y compris** les femmes, mais les femmes **y comprises**.

L'emploi des expressions CI-JOINT, CI-INCLUS, CI-ANNEXÉ est plus délicat :
– les participes passés sont toujours invariables lorsqu'ils sont en tête de phrase ou qu'ils précèdent un nom sans déterminant :

Ci-joint une quittance de téléphone.
Veuillez recevoir **ci-joint** photocopie des pièces demandées.

– dans les autres cas, l'accord se fait généralement :

La lettre **ci-incluse** (accord systématique, car le nom précède l'expression).
Je vous envoie **ci-joint(es)** les photocopies exigées (usage non fixé car PHOTOCOPIES est précédé d'un déterminant).

- **Le participe passé est employé avec l'auxiliaire avoir**

Le participe passé s'accorde en genre et en nombre avec son complément d'objet direct (COD) si celui-ci est placé avant lui.
Le participe passé est donc invariable s'il n'y a pas de COD ou si celui-ci est placé après lui.

La règle est donc simple. Il suffit de trouver le COD en posant la question QUI ou QUOI ? après le verbe et de procéder, si nécessaire, à l'accord.

Les concerts que j'ai **entendus** (le pronom relatif QUE est COD : il est placé avant le participe passé, il y a donc accord).

Les fillettes ont **joué** dans la cour (pas de COD, donc participe passé invariable).

J'avais **prévu** sa réaction (RÉACTION est COD : il est placé après le participe passé, donc pas d'accord).

Il existe cependant des cas particuliers où la règle d'accord s'applique de façon plus complexe.

- Parfois le pronom personnel L' équivaut à un neutre, le participe passé reste alors invariable :

  Cette histoire est plus compliquée que je ne **l'**avais **cru**.
  Ces histoires sont plus compliquées que je ne **l'**avais **cru.**

Mais dans Sa réaction, je **l'**avais **prévue** il y a accord, car le pronom personnel remplace ici RÉACTION, il est donc féminin singulier, ce qui au pluriel donnerait :

Ses réactions, je **les** avais **prévues**.

- On ne fait jamais l'accord après le pronom personnel EN.

  J'ai acheté des cerises, j'**en** ai **mangé**.

- Pour les verbes du type VOIR, ENTENDRE, LAISSER, le sens est différent selon qu'il y a ou non accord du participe passé.

  La femme **que** j'ai **entendue** : QUE est mis pour la femme, donc accord au féminin singulier.
  La femme **que** j'ai **entendue** chanter : j'ai entendu qui ? la femme, elle chantait.

Mais,

la chanson **que** j'ai **entendu** chanter : j'ai entendu quoi ? chanter la chanson, c'est l'infinitif qui est COD et il est placé après le participe passé, il n'y a donc pas d'accord.

Si le complément accomplit l'action, il y a accord ; si le complément subit l'action, il n'y a pas accord.

Autre exemple :

On **les** a **laissés** faire (ils agissaient).
On **les** a **laissé** punir (ils subissaient).

FAIT suivi d'un infinitif est toujours invariable.
Je **les** ai **fait** travailler.
Je **les** ai **fait** punir.

Soyez vigilant avec les **verbes intransitifs** (c'est-à-dire qui ne sont jamais construits avec un COD) du type COÛTER, MESURER, VALOIR, COURIR, VIVRE, etc., qui peuvent être accompagnés d'un complément circonstanciel de quantité ou de durée, à ne pas confondre avec un COD ! Il n'y a donc pas d'accord.

Les mille francs que m'a **coûté** cet achat (la question posée est combien ?).

Mais

Les efforts que ce travail lui a **coûtés**, (car ici le verbe est utilisé au sens figuré = occasionner).

Le participe passé des **verbes impersonnels** (il faut, il fait chaud, il pleut, il neige, etc.) reste invariable.

Quelle chaleur il a **fait** aujourd'hui !

- **Le participe passé des verbes pronominaux**

Tous les verbes pronominaux se conjuguent avec l'auxiliaire ÊTRE, mais l'accord de leur participe passé ne suit absolument pas les règles habituelles de cette construction.

Remplacez ÊTRE par AVOIR, vous obtiendrez alors deux catégories fondamentalement différentes :
- 1er cas : SE a une fonction grammaticale ;
- 2e cas : SE n'a aucune fonction grammaticale.

1er cas : SE a une fonction grammaticale, il est COD ou complément d'objet indirect (COI), appelé encore complément d'objet second (COS).

Lorsque SE a une fonction grammaticale, les verbes pronominaux suivent les mêmes règles que les verbes habituellement construits avec AVOIR :
- COD placé avant le participe passé —> accord ;
- COD placé après le participe passé ou pas de COD —>pas d'accord.

On peut distinguer deux catégories :

- Les **verbes pronominaux réfléchis**, c'est-à-dire ceux où le pronom personnel représente le sujet (se couper, se blesser, se laver...). On peut remplacer SE par LUI-MÊME, ELLE-MÊME, EUX-MÊMES.

  Elle s'est **coupée** : elle a coupé elle-même ;
  S', mis pour ELLE-MÊME, occupe la fonction de COD. Il est placé avant le participe passé —> accord.

  Elle s'est **coupé** le doigt : elle a coupé le doigt à elle-même ;
  S', mis pour ELLE-MÊME, occupe la fonction de COS. Le COD (doigt) est placé après le participe passé —> pas d'accord.

- Les **verbes pronominaux réciproques**, c'est-à-dire ceux où le pronom personnel renvoie à deux ou plusieurs personnes qui réalisent et subissent réciproquement l'action. Le verbe est donc toujours au pluriel (se battre, se disputer, s'aimer, se nuire). On peut remplacer SE par L'UN L'AUTRE, L'UNE L'AUTRE, LES UNS LES AUTRES.

  Ils **se** sont **disputés** signifie l'un a disputé l'autre, l'autre a disputé l'un.
  SE est donc COD, il est placé avant le participe passé —> accord.

  Ils se sont beaucoup **nui** signifie l'un à nui À l'autre, l'autre a nui À l'un.
  SE est donc COI, il n'y a pas de COD —> pas d'accord.

Mettez le verbe pronominal à la forme active. S'il se construit avec une préposition, son participe passé reste invariable.

se succéder —> succéder À
Les jours se sont **succédé.**
se rire —> rire DE
Elles se sont **ri** de mon infortune.

2e cas : SE n'occupe aucune fonction grammaticale, le remplacement par AVOIR est impossible.

Quand SE n'a aucune fonction grammaticale, l'accord du participe passé se fait en genre et en nombre avec le sujet.

On peut distinguer trois catégories :

- Les **verbes "essentiellement pronominaux"**, c'est-à-dire ceux qui n'existent qu'à la forme pronominale (s'abstenir, s'absenter, se méfier, se souvenir...).

Les verbes "essentiellement pronominaux" n'ont jamais de COD car ils sont toujours construits avec une préposition (DE, À) ou ils sont intransitifs.

Elle s'est tout de suite **méfiée** de lui (accord avec le sujet, ELLE).

Une seule exception à la règle : S'ARROGER, car il se construit avec un COD.

Elle s'est **arrogé** des droits (pas d'accord car le COD DROITS est placé après le participe passé).

Les droits **qu'**elle s'est **arrogés** (accord car le COD QU' mis pour DROITS est placé avant le participe passé).

- Les **verbes "accidentellement pronominaux"**, c'est-à-dire ceux qui existent aussi à la forme active. Ils sont alors utilisés dans un sens particulier (s'attendre à, s'apercevoir).

  Elles se sont **aperçues** trop tard de leur erreur (accord avec le sujet, ELLES).

  Ils ne se sont **doutés** de rien (accord avec le sujet, ILS).
- Les **verbes pronominaux à sens passif** : la voix pronominale est alors employée parce que jugée plus élégante que la voix passive.

  Les voitures japonaises se sont bien **vendues** cette année en Europe (= ont été vendues).

Sachez utiliser les modes et les temps

Avant d'aborder l'emploi et le sens des différents modes et temps du système verbal français, nous aimerions faire deux remarques préalables.

• Vous disposez de plusieurs outils linguistiques pour situer une action ou un événement dans le temps :
- les **temps verbaux** d'une part ;
- les **"indicateurs"** (ou "marqueurs") **de temps** d'autre part, qui apporteront une précision supplémentaire à votre texte. On peut citer entre autres : dans (dans une semaine), il y a, le 9 décembre, demain...

Notez que, parfois, il peut y avoir contradiction apparente entre les deux indications :

Je t'appelle (= présent) demain (= futur).

En effet, il est très fréquent, en français, d'utiliser le présent à la place du futur, à condition toutefois d'accompagner le verbe d'un indicateur de temps situant sans ambiguïté l'action dans le futur.

• Il est très important que vous teniez compte de la **valeur d'expression** qu'un verbe peut prendre aux divers modes et temps auxquels il est employé.

Comparons par exemple les deux phrases suivantes :

Quand je suis arrivé, il **sortait**.
Quand je suis arrivé, il **est sorti**.

Dans le premier cas, on indique simplement qu'un événement survient à l'intérieur d'une situation en cours : mon arrivée interrompra (peut-être) son départ.

Le deuxième exemple laisse éventuellement sous-entendre une relation de cause/conséquence : c'est (peut-être) mon arrivée qui a provoqué son départ.

C'est donc non seulement la chronologie des événements qui est différente selon le temps utilisé, mais aussi le sens du message qui se trouve ainsi éventuellement bouleversé.

De façon générale, on distingue les modes personnels (dont les formes changent de terminaison selon la personne du sujet) des modes non personnels (qui ne varient pas selon la personne du sujet).

Les modes non personnels

Ce sont l'infinitif et le participe. L'**infinitif** ne présente pas de difficultés particulières d'emploi ou de sens.

En ce qui concerne le **participe**, vous devez être attentif à distinguer l'adjectif verbal du participe présent, tant au niveau de leur emploi différent... que de leur orthographe.

Si l'on considère en effet les deux exemples suivants :

> Il a prononcé un discours **provoquant** l'hilarité générale.
> Il a prononcé un discours **provocant.**

le participe PROVOQUANT peut être considéré comme l'équivalent du verbe d'une subordonnée relative : un discours qui provoqua l'hilarité générale.

En revanche, le mot PROVOCANT qualifie le discours comme un adjectif, c'est à ce titre qu'il s'accorde en genre et en nombre : des paroles provocantes.

À ces différences de nature et d'emploi s'ajoute aussi une différence de sens : le participe présent n'est qu'une forme particulière du verbe alors que l'adjectif verbal acquiert une signification qui lui est propre.

On pourrait citer de même les adjectifs CONVAINCANT, NÉGLIGENT... qui s'opposent aux participes CONVAINQUANT et NÉGLIGEANT (voir p. 79).

Les modes personnels

Ce sont respectivement l'indicatif, l'impératif, le subjonctif et, sous certaines réserves, le conditionnel.

L'indicatif a une richesse et une complexité de temps telles qu'il sera traité en dernier (voir p. 59).

Nous passerons sous silence l'impératif qui est le mode de l'ordre et du conseil et qui, à ce titre, ne se rencontre que dans le discours.

Le subjonctif

Le subjonctif, quant à lui, nécessite quelques précautions d'emploi. Notons déjà que ce mode a une palette de temps nettement plus réduite que celle de l'indicatif, puisqu'il dispose seulement de quatre temps (présent, passé, imparfait et plus-que-parfait) et qu'il n'a pas de futur.

• Le subjonctif est parfois exigé par certaines conjonctions, du type POUR QUE, AFIN QUE, BIEN QUE, QUOIQUE, QUOI QUE ; il s'agit alors de servitudes grammaticales, plus que d'une faveur particulière du mode.

J'accepte, bien que le projet ne me **convienne** pas tout à fait.

La conjonction APRÈS QUE est suivie de l'indicatif.

Après qu'il **a mangé**, il regarde la télévision.
Après qu'il **eut mangé**, il partit.

• Par ailleurs, on emploie aussi le subjonctif lorsque le verbe de la principale exprime un ordre, un empêchement, une volonté, un souhait, mais aussi un sentiment (craindre, s'étonner, regretter...).

J'exige que tu **viennes** immédiatement.
Je m'étonne qu'il ne **soit** pas encore là.

Emploi de NE après le verbe CRAINDRE et les autres verbes exprimant la peur ; NE est-il obligatoire, nécessaire ou explétif, c'est-à-dire non utile au sens ?

Je crains qu'il (ne) vienne.
Je crains qu'il ne vienne pas.

Dans le premier cas, c'est la venue de la personne qui est redoutée ; dans l'autre exemple, c'est précisément la non-venue que je redoute. Autrement dit, le NE du premier exemple n'exprime aucune nuance particulière et est devenu aujourd'hui facultatif. Il est toutefois exclu lorsque le verbe de la principale est à la forme négative. Il faut donc dire :

Je ne crains pas qu'il vienne.

• On rencontre également le subjonctif dans les propositions relatives quand l'antécédent contient un superlatif relatif (le plus, le meilleur) ou un adjectif exprimant une idée analogue (le seul, le dernier, le premier...)

C'est le plus beau film que nous ayons jamais vu.

• Ces réflexions sur le subjonctif seraient incomplètes si nous ne vous disions quelques mots sur la **concordance des temps**.

Si le verbe de la principale est au présent de l'indicatif, vous opterez pour un subjonctif présent ou passé selon que vous voulez exprimer une relation de simultanéité, de postériorité ou d'antériorité par rapport au fait de la principale.

Je regrette qu'il **pleuve** (subjonctif présent —> simultanéité).

Je souhaite qu'il **vienne** dès huit heures (subjonctif présent - puisque le futur n'existe pas - avec indicateur de temps futur —> postériorité).

Je regrette qu'il **soit parti** avant mon arrivée (subjonctif passé —> antériorité).

Lorsque le verbe de la principale est à un temps passé, il faut utiliser en théorie :

- l'**imparfait du subjonctif** s'il y a simultanéité ou postériorité par rapport au verbe de la principale ;

  Je souhaitais qu'il **vînt** me voir.

- le **plus-que-parfait du subjonctif** s'il y a une relation d'antériorité par rapport au verbe de la principale.

  Je regrettais qu'il **fût** déjà **parti**.

Ces deux formes ne se rencontrent presque plus dans la langue parlée, elles survivent dans la langue écrite. Il n'est pas dans notre propos de disserter ici sur l'usage (non) fondé de formes certes encore utilisées par maints auteurs contemporains, mais devenues rares et difficiles d'emploi. On admet volontiers aujourd'hui que des formes euphoniquement saugrenues et cocasses telles que VALUSSIEZ et CRUSSIONS sont à éviter ; en revanche, on peut utiliser sans peur du ridicule EÛT et FÛT à condition de limiter leur emploi à cette personne.

Dans tous les autres cas, on gagnera à remplacer le subjonctif imparfait par le subjonctif présent et à substituer le subjonctif passé au subjonctif plus-que-parfait.

Vous direz et écrirez donc :

Elle souhaitait qu'ils **partent** au plus vite (au lieu de partissent).

Il regrettait que je ne l'**aie prévenu** plus tôt (au lieu de eusse prévenu).

Le conditionnel

Il nous faut maintenant aborder le conditionnel qui a longtemps été considéré exclusivement comme un mode, mais que les linguistes préfèrent aujourd'hui assimiler dans certains cas à un temps de l'indicatif.

Je savais qu'il **viendrait** (à comparer avec je sais qu'il viendra).

Ici, le conditionnel a une valeur temporelle de futur dans le passé.

Le conditionnel mode exprime quant à lui un fait imaginaire, hypothétique, le plus souvent soumis à une condition, réalisable ou réalisée.

Au cas où tu **aurais** un ennui, préviens-nous !

Le plus souvent, c'est la conjonction SI, toujours suivie de l'indicatif, qui introduit la subordonnée conditionnelle.

Pour la **concordance des temps**, il faut envisager deux cas, selon que le verbe de la principale est au conditionnel ou à l'indicatif.

• **1er cas : le verbe de la principale est à l'indicatif,** SI a alors le sens de SI VRAIMENT.

verbe de la principale au présent	-->	verbe de la subordonnée au présent
Tu **peux,**		si tu **veux**.
présent de l'indicatif		*présent de l'indicatif*

verbe de la principale au passé	-->	verbe de la subordonnée au passé
Tu **as eu** tort,		si tu **as dit** cela.
passé composé		*passé composé*

verbe de la principale au futur	-->	verbe de la subordonnée au présent ou au passé composé
Nous **irons** au cinéma,		si je **termine** assez tôt.
futur		*présent (à valeur de futur)*
Nous **sortirons** ensemble,		si j'**ai fini** à temps.
futur		*passé composé (à valeur de futur antérieur)*

SI n'est jamais suivi du futur (ni futur simple, ni futur antérieur).

• **2e cas : le verbe de la principale est au conditionnel,** SI a le sens de À SUPPOSER QUE.

verbe de la principale au présent du conditionnel	-->	verbe de la subordonnée à l'imparfait de l'indicatif
Tu **compromettrais** ton avenir,		si tu **rendais copie blanche.**
présent du conditionnel		*imparfait de l'indicatif*

C'est ce qu'on appelle le potentiel, lorsque l'hypothèse a des chances (ou des risques) de réalisation dans l'avenir.

Je m'**achèterais** un yacht, si j'**étais** milliardaire.
présent du conditionnel *imparfait de l'indicatif*

Il s'agit ici de l'irréel du présent car l'hypothèse est donnée comme non réalisable dans le présent.

verbe de la principale au passé du conditionnel --> verbe de la sub. au plus-que-parfait de l'indicatif

L'entreprise n'**aurait** pas **fait** faillite, si la conjoncture **avait été** meilleure.
passé du conditionnel *plus-que-parfait de l'indicatif*

La phrase indique que l'hypothèse aurait pu se réaliser dans le passé, mais ne s'est pas réalisée : c'est l'irréel du passé.

Pour éviter la répétition de SI, on peut employer SI QUE suivi obligatoirement du subjonctif.

Si vous **alliez** à son bureau et qu'il **fût** absent, laissez vos coor-[données.

Si vous **allez** à son bureau et qu'il **soit** absent, laissez...
indicatif *subjonctif*

Alors qu'en répétant SI, vous écrirez :

Si vous **alliez** à son bureau et s'il **était** absent, laissez...
Si vous **allez** à son bureau et s'il **est** absent, laissez...

L'indicatif

Nous avons déjà souligné que l'indicatif, mode du réel, est le plus riche de tous ; il ne compte pas moins de huit temps, neuf si on rajoute le conditionnel présent à valeur de passé antérieur.

Ces huit temps comprennent **quatre temps simples** (radical + terminaison) et **quatre temps composés** (auxiliaire conjugué à un temps simple suivi du participe passé) ; ces temps vont deux par deux :
- présent et passé composé ;
- imparfait et plus-que-parfait ;
- passé simple et passé antérieur ;
- futur simple et futur antérieur.

Le schéma que nous vous proposons a pour objectif de préciser la valeur de chaque temps lorsque vous voulez situer un événement ou une information dans le temps, mais aussi d'indiquer les liens chronologiques des différents temps les uns par rapport aux autres.

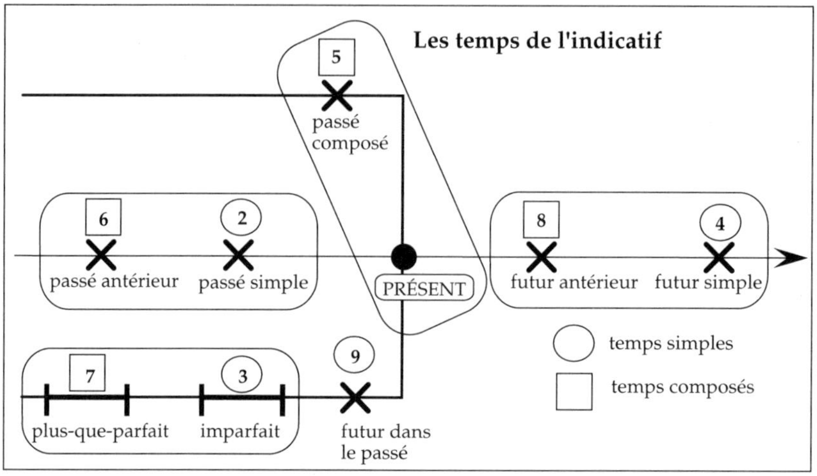

• Le **présent** (n° 1) représente le temps de référence ; il décrit une action en train de se produire au moment où l'on parle, mais peut aussi exprimer une vérité générale (proverbes, maximes...), un fait constant (lois scientifiques).

La terre **est** ronde et **tourne** sur elle-même en vingt-quatre heures.

• Au point n° 2, nous situons le **passé simple** qui exprime un fait complètement achevé à un moment précis du passé, complètement écoulé au moment où l'on parle.

Il peut, contrairement à ce qui est dit parfois, exprimer une durée, mais cette notion n'est pas prise en compte.

Il **plut** toute la nuit.

Ici, c'est l'indicateur de temps (toute la nuit) qui exprime la durée de l'action.

Ce temps, s'il a pratiquement disparu de la langue parlée, se trouve encore souvent à l'écrit, qu'il s'agisse de textes littéraires, scientifiques ou journalistiques. C'est à la première et à la troisième personne du singulier qu'on le rencontre le plus fréquemment. Aux autres personnes, on le remplace souvent par le passé composé. Toutefois, il est parfois utile, voire nécessaire, de conserver le passé simple quand on veut accentuer l'absence de contact du fait passé avec le présent ; ce que n'exprime pas le passé composé.

Il **fut** malade pendant son enfance... mais il se porte très bien aujourd'hui.
Il **a été** malade pendant son enfance... ce qui explique sa mauvaise santé actuelle.

• Parlons précisément du **passé composé** (n° 5). Il indique certes un fait passé, achevé au moment où l'on parle, mais généralement en contact avec le présent (fait passé dont les conséquences sont présentes, action ayant eu lieu dans une période récente...).

À ce titre, il est un temps essentiel des comptes rendus car il indique que les effets de l'action ainsi exprimée durent encore. Il sert aussi à exprimer un fait passé pour lequel on ne précise pas le moment où il s'est produit, mais qui laisse sous-entendre que le locuteur porte encore de l'intérêt au fait rapporté.

- Vous connaissez les États-Unis ?
- Oui, j'y **suis allé**.

• Au point n° 6, nous trouvons le **passé antérieur** qui, comme son nom l'indique, exprime une antériorité par rapport à une autre action dont le verbe est le plus souvent au passé simple.

Quand il **eut mangé**, il se coucha.

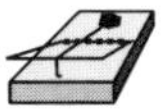

Attention à ne pas confondre le passé antérieur de l'indicatif avec le subjonctif plus-que-parfait.

Avant qu'il **eût mangé**...

• Si l'**imparfait** (n° 3) est représenté par un trait, et non par un point, c'est qu'il exprime précisément un fait en train de se dérouler, une action inachevée (donc imparfaite), sans prise en compte de son commencement ni de sa fin. C'est la raison pour laquelle il est parfois appelé "présent du passé".

Quand je le vis pour la première fois, il **prenait** son repas au restaurant d'entreprise.

Il peut aussi traduire une idée d'habitude, de fait répétitif.

Il **prenait** ses repas au restaurant d'entreprise.

• Le trait marqué n° 7 occupe la position du temps appelé **plus-que-parfait**. Il exprime une action passée, antérieure à un autre fait dont le verbe est également au passé (le plus souvent à l'imparfait, mais aussi au passé simple ou au passé composé).

Quand il **avait fini**, il partait.
J'**étais** déjà **parti** quand tu m'as téléphoné.

• Les points n° 4 et n° 8 correspondent respectivement au **futur simple** et au **futur antérieur**. L'emploi de ces temps ne présente pas de difficultés majeures :

- le futur simple situe l'action dans l'avenir par rapport au moment de la parole ;
- quant au futur antérieur, il exprime une action future considérée comme accomplie par rapport à un autre fait futur ; c'est en quelque sorte le passé du futur.

Quand tu **auras fini**, tu **pourras** partir.

Sur l'axe du temps nous obtenons donc :

```
PRÉSENT              futur antérieur      futur simple
-----o-----------------x-----------------x------------>
                     (finir)            (partir)
```

• C'est ici qu'il faut parler du temps n° 9, noté **futur dans le passé**, appelé encore **conditionnel présent**. Il marque donc un fait futur par rapport au passé et n'exprime aucune valeur hypothétique. Comparons les deux phrases suivantes :

1 - Je **suis** sûr qu'il **viendra.**

Ce qui donne sur l'axe du temps :

```
PRÉSENT              futur simple
-------o-----------------x---------->
  (certitude)      (action de venir)
```

2 - J'**étais** sûr qu'il **viendrait.**

Ce qui donne sur l'axe du temps :

```
imparfait    futur dans le passé     PRÉSENT    futur simple
-----x---------------x-------------------o-----------x----------->
 (certitude)      (action de venir)
```

Et puis, cherchez maintenant !

Voici une liste (non exhaustive) de règles qui vous éviteront des fautes communes et répétées.
Nous attirons l'attention sur quelques-unes mais nous ne doutons pas que vous allez acquérir rapidement le réflexe d'interrogation et de consultation systématique de votre bibliothèque de base.

• **Adjectif de couleur : accord**

Rouge, orangé, jaune, vert, bleu, indigo, violet sont les couleurs de l'arc-en-ciel.

Sachez distinguer cinq cas :

- l'adjectif de couleur est seul, il s'accorde en genre et en nombre :

des étoffes rouges	des chapeaux violets	des fleurs orangées

- l'adjectif de couleur est composé de deux ou plusieurs mots, il est invariable :

des tissus rouge sombre	des chapeaux bleu azur	des tuiles vert mousse
des papiers vert-de-gris	des pochettes café au lait	des bonnets jaune citron

- l'adjectif est seul, mais c'est un nom pris comme adjectif, il est invariable :

des tuiles mousse	des peintures orange	des robes crème
des ensembles marine	des yeux marron	des laines anthracite
des fonds ocre	des voiles kaki	des échantillons lie-de-vin
des jupes rouille	des tubes terre de Sienne	des tentures moutarde

Exceptions : rose, écarlate, pourpre, mauve sont devenus des adjectifs à part entière, ils s'accordent donc.

- l'adjectif est dérivé d'un substantif, il s'accorde :

des feuilles orangées	des visages violacés	des rouges purpurins
des grilles dorées	des joues terreuses	des terres crayeuses

– la pluralité de couleurs :

des drapeaux bleu, blanc, rouge ;
des drapeaux jaunes, des drapeaux verts, des drapeaux noirs. Ce qui donne, quand on ne veut pas répéter le mot "drapeaux" : des drapeaux jaunes, verts, et noirs.

Dans le premier exemple, chaque drapeau est des trois couleurs. Dans le deuxième exemple, chaque drapeau est d'une seule couleur.

Il n'y a pas de règle ni de ficelle en ce qui concerne les traits d'union dans les adjectifs de couleur. La vérification dans un dictionnaire s'impose.

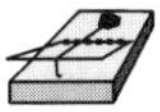

Le mot "couleur" lui-même pose des problèmes quant à son accord, selon qu'il est employé comme nom ou comme adjectif. Le mieux est de vérifier chaque fois[1].

Des personnages hauts en couleur, des gens de couleur,
une boîte de couleurs, un marchand de couleurs,
un film, une photo, une photocopie, la télévision en couleurs ou en couleur,
un film, une photo, une photocopie, la télévision couleur,
des crayons de couleur verts, des chapeaux de couleur verte.

• **Adverbe : sa place**

La fonction de l'adverbe est de modifier le sens d'un verbe, d'un adjectif, d'un autre adverbe (jamais d'un nom).

Sachez placer correctement votre adverbe afin qu'il modifie le sens du mot que vous avez déterminé. Placé trop loin, il finirait par modifier autre chose. Et c'est ainsi que l'ambiguïté est créée.

Dans le train, les jeunes doivent céder leur place assise aux femmes enceintes et aux personnes âgées SPONTANÉMENT.

Il fallait placer l'adverbe SPONTANÉMENT à côté du mot dont il modifie le sens c'est-à-dire CÉDER.

Dans le train, les jeunes doivent céder SPONTANÉMENT leur...

L'ambiguïté est encore plus grande avec des adverbes comme ENSEMBLE et SÉPARÉMENT.

Les hommes vont nettoyer et peindre le toit et les murs ENSEMBLE.

À quoi se rapporte ENSEMBLE ? À "les hommes", à "nettoyer et peindre", à "les murs" ou encore à "le toit et les murs" ?

Il faut modifier la phrase pour lever l'ambiguïté :

Tous ensemble les hommes vont nettoyer et peindre le toit et les murs.
Les hommes vont nettoyer et peindre, en une seule opération, le toit et les murs.
Les hommes vont d'abord nettoyer puis peindre le toit et les murs ensemble.

---

[1] D'après J. Hanse : *Difficultés du français,* Duculot.

Vous voyez que ces adverbes sont sources de difficultés : vous devez donc les manipuler avec précaution.

• **À proprement parler** et **proprement dit** sont deux expressions qu'il ne faut pas confondre au niveau orthographique, même si leur sens est très proche.
PARLER est à l'infinitif et c'est la préposition À qui donne l'indication, alors que DIT est un participe passé employé comme adjectif.

les althæas à proprement parler
les amaryllis proprement dites

(Occasion de bien connaître ces deux mots féminins : une althæa et une amaryllis.)

• **Après que**, conjonction de subordination, demande l'**indicatif** dans la proposition subordonnée qui le suit et même si votre oreille tinte, vous devrez vous y habituer. D'ailleurs, êtes-vous choqué par la chanson de Charles Trénet ?

Longtemps, longtemps, longtemps après que les poètes ***ont disparu.*** (Ch. Trénet)
Il faut bonne mémoire après qu'on ***a menti.*** (Corneille)
Il fait la sieste après qu'il **a déjeuné**.
Nous faisons la sieste après que nous **avons déjeuné**.

L'indicatif choque moins si on emploie le passé simple ou le passé antérieur (attention : EUT est le passé simple de l'indicatif donc pas d'accent circonflexe).

Il fit une sieste après qu'il **eut déjeuné**.
Nous fîmes la sieste après que nous **eûmes déjeuné.**

Mais chaque fois que c'est possible, c'est-à-dire quand le sujet est commun aux deux termes de la phrase, il est bon de préférer la forme infinitive ou substantive.

Il fit une sieste après **avoir déjeuné**.
Il fit une sieste après **le déjeuner**.

• **Avant que**, conjonction de subordination, demande le **subjonctif** dans la proposition subordonnée.

Il faut bonne imagination avant qu'on se **mette** à mentir.
Il tondit le gazon avant qu'il **eût déjeuné**.
Nous tondîmes le gazon avant que nous **eussions déjeuné**.

Si le sujet est commun au deux termes de la phrase, la forme infinitive ou substantive choque toujours moins :

Il tondit le gazon avant **de déjeuner**.
Il tondit le gazon avant **le déjeuner**.

Si vous jonglez bien avec les modes de AVANT et APRÈS QUE, vous écrirez :

Pascal demanda que nous fissions une sieste **avant que** nous **eussions déjeuné**, tandis que Jeanne proposait que nous nous reposâmes **après que** nous **eûmes dîné.**

• **Avoir l'air**. Avec un sujet féminin, l'accord se fera, à votre guise, au féminin (elle) ou au masculin (l'air) :

Elle avait l'air fatigué ou bien elle avait l'air fatiguée.

• **Ci-joint, ci-annexé, ci-inclus** peuvent être adjectifs, il y a accord :

Je te fais parvenir les deux lettres ci-jointes, écrites de la main de notre ami.

ou bien adverbes (comme CI-CONTRE), il n'y a pas accord :

Je te fais parvenir, ci-joint, deux lettres.
Ci-joint, je te fais parvenir deux lettres.
Ci-contre, vous trouverez le graphique commenté (voir p. 50).

• **Dont** est un pronom relatif, il a un antécédent qu'il reprend, qu'il remplace.

La personne DONT je parle...

Il a le sens de DE QUI, DE QUOI, DUQUEL, DESQUELS.
C'est un des rares pronoms relatifs quelque peu difficiles à employer correctement. Si vous le remplacez mentalement par DE QUI, etc., vous n'aurez plus de problème.

• **Double négation** : n'oubliez pas que deux négations s'annulent. Moins par moins égale plus, autrement dit : – x – = +

Je N'envisage PAS de NE PAS y aller,

équivaut à :

J'irai.

Il subsiste, dans la première phrase, une différence d'intention : on est moins sûr, on n'affirme pas, on prend davantage de précautions.

Essayez de tenir un raisonnement identique à propos de l'expression suivante :

Vous n'êtes pas sans savoir…

qui signifie :

Je pense que vous savez.

Certains hésitent parfois sur le verbe à employer : savoir ou ignorer ?

NE …PAS est négatif SANS est négatif

Il y a donc bien deux négations qui s'annulent. La phrase devient :

Vous (ne pas) êtes (sans) savoir c'est-à-dire Vous savez.

Alors que Vous n'êtes pas sans ignorer signifie Vous ignorez.
Pour dire Vous n'ignorez pas, vous écrirez donc Vous n'êtes pas sans savoir.

• **Nu, demi, mi, semi, quasi** : on hésite souvent sur l'accord et le trait d'union.

Nu

placé avant un nom, invariable et avec trait d'union comme un préfixe :

Les petites filles prenaient un bain de soleil, nu-tête.

placé après un nom, c'est un adjectif, donc variable et sans trait d'union :

La tête nue, les petites filles prenaient un bain de soleil.

Demi

placé avant un nom, invariable et avec trait d'union comme un préfixe :

La demi-portion restait sur l'assiette.

placé avant un adjectif, invariable et sans trait d'union comme un adverbe :

Les bras demi nus se tendirent à travers le rideau.

placé après un nom, il s'accorde en genre seulement (masculin, féminin) comme un adjectif qui porterait sur l'unité :

Trois heures et demie sonnèrent au clocher du village.

Les deux kilos et demi furent pesés promptement, les trois livres et demie attendirent.

La locution À DEMI est invariable et sans trait d'union :

Elle était à demi nue.

Mi et semi

préfixes, ils sont toujours placés avant, invariables et avec trait d'union :

la mi-carême	semi-périodique
la mi-juillet	semi-urbain
la mi-temps	une semi-voyelle

Quasi (prononciation : kazi et non kuazi)

préfixe devant un nom, invariable avec trait d'union :

la quasi-unanimité

adverbe devant un adjectif, invariable sans trait d'union :

quasi inanimé.

• **Participe présent et adjectif verbal :** sachez les distinguer.
Le premier est invariable, le second s'accorde en genre et en nombre.

Le **participe présent** est une forme conjuguée du verbe et à ce titre exprime une action.

La neige **fondant** rapidement, les risques d'avalanche sont grands.

Que FAIT la neige ? Elle fond.

L'**adjectif verbal** est un adjectif formé à partir du verbe ; en tant qu'adjectif, il exprime un état.

Une neige **fondante** tombait depuis quelques heures.

Comment EST la neige ? Fondante.

Posez-vous la question à chaque forme en ANT que vous rencontrez.
Voyez votre bibiothèque de base et trouvez d'autres exemples.

• Participe présent : son emploi

Le sujet du verbe conjugué au participe présent :

- est exprimé, c'est alors une proposition participe :

La neige tombant dru, l'équipe renonça à avancer encore ce jour-là.

- est le même que celui de la proposition principale :

La neige tombant dru, elle recouvrit rapidement nos traces.

Examinons les deux exemples (incorrects) qui suivent :

Étant absent, veuillez laissez vos coordonnées.
N'ouvrant jamais la porte, le ménage n'était jamais fait.

Ces phrases sont incorrectes parce que le sujet du participe présent est différent de celui de la principale et qu'il n'est pas exprimé.

Voici les corrections :

Étant absent, je vous remercie de laisser vos coordonnées.
N'ouvrant jamais la porte, il ne pouvait voir que le ménage n'était jamais fait.
(voir p. 101).

• Singulier ou bien pluriel ?

Un de... qui	Plus de, plus d'un...	Une partie de...
Peu de...	La totalité des...	La majorité de...
C'est, ce sont...	Ni... ni...	Une bande de...
Lilas ou Léo...	... ainsi que...	Un nombre incalculable de...
L'un et l'autre ...	L'un ou l'autre	Arthur comme Marianne...
Arthur, Marianne, Lilas, Léo, Alice...		

Dans TOUS ces cas, selon l'intention, le verbe est **accordé au singulier ou au pluriel**. Les réformes successives de l'orthographe tentent d'imposer cette simplification, même si les puristes se réclament de règles complexes. Vous pourrez approfondir, car des nuances de sens sont rendues par l'emploi du singulier ou du pluriel. Voyez votre bibliothèque de base et notamment le Grévisse.

Les virgules peuvent vous amener à modifier l'accord :

Lilas, comme Léo, a un bonnet marin.
Lilas comme Léo a (ou ont) un bonnet marin.

Dans le premier exemple, ce qui est mis entre virgules pourrait être enlevé de la phrase sans que le sens (ni l'accord) ne soit modifié : le verbe reste alors au singulier.

Dans le second cas, le choix de l'accord est laissé à celui qui écrit.

• Singulier ou bien pluriel ?

Pas de..., peu de..., plus de..., point de..., sans...

Il n'y a pas d'enfants dans la cour de l'école.
Il n'a plus de cheveux. Il n'a jamais eu de cœur.
Un berceau sans bébé, c'est bien triste.
Peu de feuilles restent encore dans les arbres.
Une dictée sans fautes ! Est-ce possible ?
Venez sans faute !

Posez-vous la question "S'il y en avait, combien y en aurait-il ?" et calquez l'accord sur la réponse à cette question.

• **Soi-disant** : SOI-DISANT reste invariable, car DISANT est un participe présent.
Attention : soi s'écrit SOI (sans T).
On ne peut l'appliquer qu'à des êtres doués de parole :
les soi-disant médecins, les soi-disant voyantes.
C'est le personnage qualifié par l'adjectif SOI-DISANT qui se dit médecin ou voyante.
On ne peut donc dire :
le soi-disant accident, un arbre soi-disant centenaire.
Utilisez l'adjectif PRÉTENDU en remplacement.
SOI-DISANT peut être aussi locution adverbiale (on pourrait le remplacer par prétendument) :
Il est allé à Paris, soi-disant pour affaires.

• **Tout : accord**

Dites-vous bien que tous les TOUT, TOUS, TOUTE, TOUTES qui viendront sous votre plume seront autant de pièges et de difficultés.

TOUT peut être adjectif, adverbe, nom et pronom. Oui, c'est tout. En tant qu'adverbe, il est le seul de la langue française à n'être pas invariable !

Quelques exemples :

TOUT est adjectif indéfini, il s'accorde :
tout le monde, toute la famille,
à tout moment, à toute heure.

TOUT est adverbe, il signifie TOUT À FAIT et il modifie le sens d'un adjectif, il est invariable :
Ils sont arrivés tout tristes.

TOUT est adverbe et s'accorde cependant pour raison d'euphonie quand il est placé devant un adjectif féminin commençant par une consonne ou un H aspiré :
Elle restait là, toute surprise. Elle était toute honteuse.
Elle écoutait, toute ruisselante de pluie.

Attention, si l'adjectif féminin commence par une voyelle ou un H muet, il n'y a pas accord :
Les serpents boas avalent leur proie tout entière. (Saint-Exupéry)
Elle se sentit tout héroïque.

TOUT est un nom, variable, il est introduit par un déterminant :
Ils sont partis emportant le tout.
Forme plurielle, rare : ce sont des touts distincts.
Il ne s'emploie sans déterminant que dans l'expression "tout ou partie".

Pour TOUT, TOUS, TOUTE, TOUTES, comme pour... tous les pièges qui font l'objet de ce chapitre, un conseil... n'hésitez pas à plonger dans votre bibliothèque de base pour TOUT vérifier.

L'ORTHOGRAPHE

Orthographe : du grec *orthos* = droit et *graphein* = écrire.

On ne peut pas naître bon en orthographe, on peut n'être que mauvais !

Un dictionnaire usuel comprend environ 80 000 mots. Inutile de dire que cette diversité nous oblige à le consulter continuellement.

Reconnaissez les proches du mot qui vous intrigue

Les mots de la même famille

Très souvent, il vous suffira de trouver un mot de la même famille que celui qui vous pose problème pour en déduire l'orthographe :

bille t	bille tt erie	por c	por c in
dest i n	dest i née	roma n	roma n esque
mâ t	mâ t ure	toi t	toi t ure

Vous pouvez en déduire que DESTAIN et ROMEN ont peu de chance d'être bien orthographiés.

Mettez-vous T ou bien C ?

ambi t ieux	sédi t ieux
artifi c iel	senten c ieux
préten t ieux	silen c ieux

Si vous pensez à, AMBITION, ARTIFICE, PRÉTENTION, SÉDITION, SENTENCE, SILENCE, vous aurez une indication utile. Malheureusement, ce n'est pas toujours aussi évident (CAUCHEMAR et CAUCHEMARDESQUE). C'est la raison pour laquelle il vous faudra vérifier tout de même dans un dictionnaire chaque fois que vous le pourrez.

Comment expliquez-vous :

le A de bAignade	le E de sErein
le A de vAin	le H de désHerber

Bien sûr, vous pensez à bAlnéaire, vAnité, sérÉnité, Herbe.

L'explication réside dans la filiation commune avec le mot d'origine latine ou grecque :

serein et sérénité viennent du latin *serenus* = calme ;
serin vient du grec *seirên* = sirène ou animal ailé.

Même sans connaître les langues anciennes, vous serez aidé par ce jeu des familles qui souvent vous tirera d'affaire.

Les préfixes et suffixes

Sachez reconnaître s'il faut une consonne simple ou un redoublement de consonne.

Retrouvez le mot simple ou radical ou encore racine du mot.

honneur	-->	dés honneur
neige		en neigé
nerf		dé nerver
		in nerver
		é nerver

Suffixes et préfixes nécessitent d'autres remarques quant à l'orthographe des mots composés à partir d'eux.

- Les **préfixes** :

anti-	crypto-	hétéro-	macro-	multi-
archi-	déca-	homo-	méga-	nano-
centi-	giga-	hyper-	micro-	photo-
chrono-	hecto-	hypo-	mini-	etc.

Ce sont des racines latines ou grecques placées devant un nom. Dès leur apparition, le problème de leur orthographe s'est posé :

- fallait-il un trait d'union ?	auto-induction
- fallait-il faire un mot seul ?	macroévolution
- fallait-il ajouter une lettre afin que l'euphonie soit bonne ?	conurbation

- Les **suffixes** :

-aire	-euse	-graphie	-phile
-cide	-fère	-icion	-phobe
-cole	-forme	-ission	-teur
-cratie	-fuge	-ition	-thermie
-culture	-gramme	-manie	-trice
-eur	-graphe	-pède	etc.

Certains posent problème.

Quand écrire -ITION, -ICION, -ISSION ?

- se terminent par -ICION : peu de mots dont suspicion ;
- se terminent par -ISSION : le mot scission et les mots finissant par -MISSION comme compromision ;
- se terminent par -ITION : tous les autres, c'est-à-dire le plus grand nombre.

Une règle, une astuce ne pourraient aider car les habitudes orthographiques ne sont pas constantes. Les préfixes et les suffixes sont des pièges : vérifiez systématiquement.

Les pièges (par ordre alphabétique)

• Adverbes en -MENT

Ils se forment à partir de l'adjectif. Apprenez à distinguer quatre cas.

- L'adjectif se termine par la voyelle E, quel que soit son genre. Il n'y a pas de problème d'euphonie —> adjonction du suffixe -MENT (un M) :

étrange	-->	étrangement	piètre	—>	piètrement
mièvre		mièvrement	triste		tristement
modeste		modestement	vague		vaguement
pauvre		pauvrement	unique		uniquement

- L'adjectif masculin se termine par une consonne. On le met d'abord au féminin puis on ajoute le suffixe -MENT (un M) :

fort	-->	forte	-->	fortement
franc		franche		franchement
grand		grande		grandement
oisif		oisive		oisivement
pieux		pieuse		pieusement
saint		sainte		saintement
subit		subite		subitement

Remarque, certains prennent un accent aigu sur le E :

obscur	-->	obscure	-->	obscurément
profond		profonde		profondément

- L'adjectif masculin se termine par les autres voyelles : A, I, O, U. Il vous faudra vérifier car le suffixe -MENT est adjoint tantôt à la forme masculine de l'adjectif et tantôt à la forme féminine.

masculin			féminin		
absolu	-->	absolument	gaie	-->	gaiement
hardi		hardiment	nue		nuement
joli		joliment			
résolu		résolument			

C'est de cette forme féminine que vient l'accent circonflexe (remplaçant une lettre disparue) sur le U ou le I précédant le suffixe -MENT

assidue	-->	assidûment	drue	-->	drûment
continue		continûment	due		dûment
congrue		congrûment	goulue		goulûment
crue		crûment	indue		indûment
gaie		gaiement ou gaîment			
nue		nuement ou nûment			

Cette liste semble exhaustive. Profitez-en, ce n'est pas fréquent.

- Enfin, alors que la prononciation ne change pas,
  les adjectifs se terminant par ENT font leur adverbe en EMMENT (deux M) ;
  les adjectifs se terminant par ANT font leur adverbe en AMMENT (deux M) :

emment		amment	
apparent -->	apparemment	brillant -->	brillamment
ardent	ardemment	galant	galamment
éminent	éminemment	savant	savamment
fréquent	fréquemment	vaillant	vaillamment
imminent	imminemment	vigilant	vigilamment

• **Genre de certains mots commençant par une voyelle**

l'astéroïde l'armoire l'argent

Vous ne vous posez certainement pas la question du genre de ces mots. Et pourtant si vous changez l'article défini en article indéfini, si vous adjoignez un adjectif, vous devez savoir s'ils sont du masculin ou du féminin.
Vérifiez dans votre dictionnaire... ARMOIRE, peut-être pas ! mais,

sont MASCULINS :

acrostiche	apogée	astérisque	emblème
ail	appendice	astéroïde	interligne
alcool	arcane	augure	interstice
alvéole	argent	éclair (les deux)	iris
ambre	arôme	effluve	ouvrage

sont FÉMININS :

acoustique	atmosphère	écritoire	équivoque
algèbre	autoroute	épigraphe	immondice
alluvion	ébène	épitaphe	orbite
apostrophe	ébonite	épître	ortie

Bien sûr, il y en a d'autres... beaucoup d'autres !

• **Genre de certains noms commençant par une consonne**

Certains noms commençant par une consonne présentent le même type de difficulté. Ainsi, entre autres,

sont MASCULINS :

balustre	girofle	lignite	planisphère
camée	jade	mausolée	tentacule

sont FÉMININS :

chrysalide	gemme	patère	réglisse
disparate	mandibule	primevère	vésicule

Remarque : certains mots (comme solde) ont deux genres et selon le genre, deux sens. Un solde est une fin de série dont on a baissé le prix, alors qu'une solde est la paie d'un soldat.

Le genre d'un mot peut également changer avec le nombre :

des belles amours, un bel amour,
des délices heureuses, un heureux délice.

Que dites-vous de cette citation ?

Amours, délices et orgues sont féminins au pluriel.
Amour, délice et orgue sont masculines au singulier. (Blaise Cendrars)

- **Guë, nom ou adjectif féminin de gu**

aigu	–>	aiguë	contigu	–>	contiguë
ambigu		ambiguë	exigu		exiguë

Où peut bien se mettre le tréma ?
Vous hésitez ? Heu... Gagné ! Il se met sur le E... et donc toujours au féminin !

- **Illogismes et pièges orthographiques**

béni	–>	bénit	mémoire	–>	mnémotechnique
bonhomme		bonhomie	pécheur		pêcheur
ça = cela		çà et là	pose		pause
dilemme		indemne	psychose		métempsycose
groseille		groseillier	réflexion		réflectif
imbécile		imbécillité	subi		subit
exclu	–>	exclue	perclus	–>	percluse
inclus		incluse	reclus		recluse

compte	–>	comte	–>	conte
fond		fonds		fonts
prud'homme		prud'homie		prud'homal

Devons-nous préciser que la liste n'est pas close ? Nous voulions seulement attirer votre attention sur quelques cas afin de mettre en évidence l'opportunité, l'efficacité, la nécessité de posséder un bon dictionnaire (ou deux) et de l'ouvrir souvent.

Et si vous voulez épater vos amis, pariez qu'ils ne sauront pas écrire sans fautes :

En l'occurrence, l'imbécillité est un dilemme étymologique.

Les homonymes sont tout particulièrement des pièges d'orthographe. Ils ont la même prononciation, mais ils diffèrent par le sens. Ainsi,

- FOND signifie aussi bien "partie la plus basse de quelque chose de creux" que "ce qu'il y a d'essentiel dans une chose" : le fond et la forme ;
- FONDS signifie "bien qu'on exploite, capital, ou encore au figuré se dit des mœurs, du savoir" (un fonds de commerce, un dépôt de fonds en banque, avoir un bon fonds, un grand fonds d'érudition) ;

– les FONTS sont les fonts baptismaux (voir les homonymes p. 85).

Ainsi fond, fonds, fonts... serions-nous des marionnettes ?

• Lorsque et presque

Lorsque ne s'élide que devant : IL, ELLE, ON, UN, UNE. Certains grammairiens ajoutent EN.

Lorsque au bord de l'eau, Narcisse se pencha
Il vit son beau visage, se sourit, puis tomba.
Lorsqu'il sortit de l'onde, les nymphes esbaudies
Le virent s'éponger, vexé mais pas contrit.

Il y a un seul cas d'élision de **presque**, c'est le mot presqu'île. Vous en doutez ? Parfait, nous avançons. Alors, vérifiez !

• NOUS de modestie et VOUS de politesse

Il est d'usage de rédiger un travail universitaire en employant NOUS au lieu de JE. Il s'agit du NOUS dit de modestie.

Ce NOUS représente l'auteur – une seule personne – et les accords sont au singulier.

Si vous êtes une représentante du beau sexe, que ferez-vous ? Oserez-vous accorder au féminin ? Il y a vide grammatical et absence de code écrit sur ce point car tous les exemples que nous donnent grammairiens, historiens et académiciens sont accordés au masculin.

Nous, Louis XIV...
Nous, Napoléon III...

Puisqu'il faut trancher, calquez ces accords sur ceux du vous de politesse. Aurait-on eu idée de dire à Madame de Pompadour, sous prétexte d'un vide grammatical,

Madame, vous êtes bien élégant ?

Les accords se font comme si JE était dit et non pas NOUS. Vous mettrez donc le masculin singulier ou le féminin singulier.

Nous sommes certain...
Nous sommes certaine...

En revanche, si vous dites NOUS pour parler d'un groupe de personnes dont vous faites partie, précisez-le, donnez un repère au lecteur afin qu'il comprenne que les S qui suivent ne sont pas des fautes d'orthographe ou de grammaire.

En tant que spécialiste du sujet, nous pouvons avancer...
En tant que spécialistes du sujet, les universitaires du groupe de recherche et nous-même pouvons avancer...

Cette remarque est valable également en ce qui concerne le VOUS de politesse. Si vous dites :

Vous serez sans doute étonné d'apprendre...

selon que vous mettez ou non S à étonné, le lecteur comprendra que vous employez la forme de politesse ou bien la forme collective de la deuxième personne du pluriel.

Vous pouvez choisir de vous adresser à un lecteur ou bien à des lecteurs, mais l'important est de maintenir votre choix d'un bout à l'autre de votre écrit (à moins que le changement s'impose de façon évidente ou que vous le précisiez).

• **Pluriel des noms empruntés à d'autres langues**[1]

Si ses racines sont le latin et le grec, notre langue s'est enrichie au cours des siècles en se frottant à celle de nos voisins. Nombreux sont les mots d'origine allemande, anglaise, espagnole, arabe, italienne, pour ne citer que les influences les plus importantes.

Lorsqu'on emprunte un mot à une autre langue, on se trouve confronté à un problème de graphie en ce qui concerne le pluriel et les accents.

Une seule possibilité pour vous y retrouver : consultez votre dictionnaire orthographique.

forme étrangère :	un homme targui, une femme targuie, des nomades touareg, un ou une Targui(e), des Touareg ;
forme francisée :	un homme touareg, une femme touareg, des nomades touaregs, un ou une Touareg, des Touaregs.

Mots d'origine latine

Les emprunts au latin sont très nombreux. De nos jours encore, on utilise souvent une racine latine pour créer un néologisme ou mot nouveau.
Dans quels cas serez-vous tenu d'écrire le mot latin en italique, sans accent et avec le pluriel latin ? Quelques exemples :

- sont francisés (avec accent et en romain) :

accessit(s)	curriculum(s) vitæ	intérim(s)
alinéa(s)	duplicata(s)	ultimatum(s)

- conservent la forme latine mais sont invariables (sans accent et en italique) :

mea-culpa	*miserere*	*nota bene*	*post-scriptum*

- conservent la forme du pluriel latin (sans accent et en italique) :

un *desideratum*	des *desiderata*	un *quantum*	des *quanta*
un *erratum*	des *errata*[2]	un *stimulus*	des *stimuli (ou des stimulus)*

[1] D'après le *Dictionnaire de l'orthographe,* Nathan.

[2] Un *errata* (des *errata*) est une liste de fautes dans un ouvrage. On emploie normalement un *erratum* pour ne désigner qu'une seule erreur.

L'Académie des sciences a pris position en 1959 pour la francisation de MINIMUM et MAXIMUM précisant qu'ils sont à employer comme noms masculins. Les pluriels sont des MINIMUMS et des MAXIMUMS ; les adjectifs sont MINIMAL, MINIMALE, MINIMAUX, MINIMALES, etc. :

des températures minimales et maximales, des devis maximaux et minimaux.

Si vous êtes météorologue ou climatologue, l'hésitation des dictionnaires à propos de "thermomètre à maxima-minima" ou à "maximum-minimum" ou "maximums-minimums" vous posera certainement problème... Rusez en optant pour la formule tout à fait admise "thermomètre à maxi-mini".

Afin d'éviter les fautes, accordez à la française aussi souvent que vous le pourrez, en vérifiant systématiquement si la francisation est possible. Votre dictionnaire vous le dira (plus précisément, le dictionnaire orthographique).

Surtout, pour un même mot – graphie et pluriel – soyez fidèle à vous-même d'un bout à l'autre de votre ouvrage.

Les locutions latines

En voici quelques-unes couramment (enfin presque) employées :

ad valorem	*ex æquo*	*intra-muros*	*quasi*
a fortiori	*ex cathedra*	*in vitro*	*sic*
a posteriori	*ex nihilo*	*in vivo*	*sine die*
a priori	*grosso modo*	*ipso facto*	*sine qua non*
ad hoc	*in extenso*	*manu militari*	*statu quo*
de facto	*in fine*	*modus vivendi*	*via*
et cætera	*in situ*	*nec plus ultra*	*vice versa*

Saviez-vous que toutes ces locutions :

- doivent être en italique dans un texte en romain (en romain dans un texte en italique) ou bien entre guillemets ;
- ne prennent aucun accent[1] ;
- ne sont pas comprises par tout le monde ? Si votre lecteur n'est pas un latiniste, il devra chercher dans un dictionnaire et sa lecture sera perturbée.

[1] Les locutions *a posteriori, a priori, a fortiori* ont tendance à être francisées ; elles prennent alors un accent sur le A et sur le E, on les compose en romain (d'après le *Lexique des règles typographiques en usage à l'Imprimerie nationale*).

Accumulées, les locutions latines indisposent le lecteur, car il y a pédanterie à utiliser un langage qui se veut recherché alors que nous avons des locutions françaises capables d'exprimer le même contenu sémantique. Choisissez-les donc avec discernement, utilisez-les si elles ajoutent véritablement quelque chose à la locution française correspondante. Pourquoi utiliser *infra* et non "ci-dessous" ? En revanche, *intra-muros* ne pourrait pas être remplacé par une locution française qui aurait cette concision.

Surtout, évitez le décalage entre ces locutions, qui vous font passer pour un fin latiniste, et le style de votre propre écriture. Si vous vous exprimez en latin, il faut que TOUT votre texte soit d'une très grande qualité littéraire. L'objectif est ambitieux. Soyez sûr de vos capacités.

Imaginez l'humeur d'un lecteur non latiniste - donc gêné par des termes qu'il comprend mal - s'il tombait sur une faute grossière de français !

Mots d'origine allemande

un Land	des Länder
un lied	des lieder
un leitmotiv	des leitmotive (leitmotivs selon certains dictionnaires)
un pfennig	des pfennige

Mots d'origine anglaise

Nos emprunts sont incalculables et le phénomène se poursuit, principalement dans le domaine des techniques. La plupart du temps, les formes anglaise et française du pluriel sont admises. Attention si vous optez pour l'anglais, soyez sûr de vos pluriels dans la langue de Shakespeare. Ils ne sont pas plus simples que les nôtres.

un barman	des barmen ou des barmans
un match	des matches ou des matchs
une tenniswoman	des tenniswomen ou des tenniswomans

Mots d'origine espagnole

un conquistador	des conquistadores
un libertador	des libertadores

Mots d'origine italienne

Les mots *spaghetti, lazzi, graffiti, macaroni, lasagne, ravioli...* sont déjà des pluriels en italien. Cependant, ils sont tellement francisés qu'on leur attribue, en plus, la marque française du pluriel. Nous disons :

un spaghetti	des spaghettis
un lazzi	des lazzis
un graffiti	des graffitis

L'italien étant la langue universelle de la musique, le vocabulaire musical international s'est nourri d'emprunts italiens. Ils sont de deux sortes :

- soit ils indiquent une nuance, un mouvement comme *piano, crescendo, forte, allegro, allegretto* ; ils restent invariables, sans accentuation et sont composés en italique ;
- soit ils représentent des noms de pièces musicales comme des allégros de Verdi, des concertos de Mozart, des andantes de Schubert ; ils s'écrivent à la française avec pluriel en S et accents, et sont composés en romain.

Alors, si à la sortie d'un concert vous entendez :

"Ah, cher ami ! Les *alti* dans les *piani*... !"

vous pourrez répondre sans scrupules, à ce pédant :

"Vous voulez dire : Ah ! chez Rameau, les altos dans les *piano*..."

• Pluriel de quelques mots

Les composés de FRANC :

des Francs-Comtois	des Franc-Comtoises
un fromage franc-comtois	une horloge franc-comtoise
des fromages francs-comtois	des horloges franc-comtoises

franc-maçon et franc-jeu suivent la même règle : franc est invariable, sauf au masculin pluriel.

Les noms apposés comme CLÉ, TEMOIN, TYPE (pas de trait d'union) :

un mot clé	des mots clés[1]
un produit type	des produits types
une fiche témoin	des fiches témoins

• Procédés mnémotechniques

- **L'accent circonflexe** de cime est tombé dans l'abîme.
- **Exclu** (masculin et féminin) est exclu de la série en -CLUS (inclus, reclus, perclus).
- **Courir :** il faut être léger pour courir, on ne met qu'un R,
- **Mourir :** on ne meurt qu'une fois, donc un seul R (sauf au futur et au conditionnel).
- **Nourrir :** on se nourrit plusieurs fois, donc deux R.
- **Je m'aperçois** qu'APERCEVOIR ne prend qu'un P.
- **Attraper** : deux bras en l'air, une jambe par terre.
- **Parallélogramme** commence par deux ailes (L) et se termine par six pattes (deux M).

[1] Le *Petit Robert* est un des seuls dictionnaires à donner mot-clé avec trait d'union.

Toute aide à la mémoire est bienvenue. Vous trouverez sans doute d'autres exemples.

• **Quelque :** selon ce qui suit, les graphies sont variées :

quelque chose quelque part	quelquefois	quelqu'un quelqu'une	quelques-uns quelques-unes
deux mots	un seul mot	une apostrophe	un trait d'union

• **Verbes en GUER**

conjuguer	intriguer	naviguer	subjuguer
épiloguer	haranguer	prodiguer	tanguer

Devant les voyelles I et E, le son dur se fait en mettant un U après le G.

guenille	guêpe	guet	guide
guenon	guère	guêtre	guindé
guépard	guerre	gui	guirlande

Devant les autres voyelles A, O, U, ce U est inutile

gant	goût	gustatif	guttural

Les verbes en GUER conservent ce U dans toutes les formes conjuguées quelles que soient les voyelles qui suivent.

CONJUGUER	je conjugue	je conjuguais	conjuguant
INTRIGUER	j'intrigue	j'intriguais	intriguant
NAVIGUER	je navigue	je naviguais	naviguant
TANGUER	je tangue	je tanguais	tanguant

Ainsi pour un même mot, on mettra ou non un U selon qu'il est participe présent ou autre chose : adjectif verbal ou substantif (voir p. 55).

Le navire tanguant dangereusement, le capitaine décida de jeter l'ancre.
Le tangage est parfois une manœuvre de survie.

En conjuguant un verbe on s'aperçoit que rien n'est simple.
S'exercer à la conjugaison est très rentable.

Le pilote naviguant à vue percuta le pylône.
Le personnel navigant d'Air France a des conditions de travail particulières.
Les navigants d'Air France...

L'intrigant intriguant perpétuellement fut écarté du château.
La courtisane intrigante fut remplacée par sa suivante.

Dans le même ordre d'idée, on voit certains participes présents modifier leur orthographe lorsqu'ils deviennent substantifs ou adjectifs.

PART. PRÉSENT	SUBSTANTIF	ADJECTIF
adhérant	un adhérent	un membre adhérent
affluant	un affluent	une rivière affluente
différant	un différend	une règle différente
précédant	un précédent	la mention précédente
résidant	un résident	une famille résidente

- **Verbes en QUER**

communiquer	expliquer	indiquer	suffoquer
embarquer	fabriquer	mastiquer	vaquer

La lettre Q est toujours suivie d'un U, sauf lorsqu'elle est finale d'un mot (cinq, coq) ou bien dans un nom propre.

Ces verbes conservent le QU dans toutes les formes conjuguées.

je communique	je communiquais
communiquant	communiqué

Dans les autres mots, on écrit le plus souvent C à la place du QU.

fabrication	un fabricant	mais une fabrique
embarcation	un embarcadère	mais un embarquement

Vous étonnerez-vous encore de voir :

le fabricant fabriquant des avions...

le principe des vases communicants, communiquant une idée de physique...

Vérifiez tout de même : il y a trop de "mais" pour que vous soyez infaillible.

Même si on écrit un jour "le nénufar", la belle orthographe, la vraie, restera pour longtemps encore un critère de culture. S'il en va des réformes du français comme des anciens et nouveaux francs, la belle orthographe n'est pas près de tomber dans l'oubli. Alors, à nos dictionnaires !

L'accentuation

Petits signes qui viennent s'ajouter aux lettres, les accents sont un élément de l'orthographe dont le rôle est tout à fait évident. Il n'est pas question de les méconnaître.

Accent aigu, accent grave, accent circonflexe, tréma : une faute d'accent est tout de même une faute... Vérifiez !

• L'accent aigu

Il se place sur la lettre E et change le son en (é) dit fermé comme dans clé, camée, fée, piété... Le son est fermé comme lorsqu'on prononce nez, pied, ces.

Il est l'accent le plus employé, à la fois dans le vocabulaire général et, systématiquement, pour la terminaison des participes passés des verbes du 1er groupe et la forme interrogative chanté-je ? osé-je ? joué-je ? où le son est ouvert.

• L'accent grave

Il se place sur la lettre E et change le son en (è), dit ouvert, comme dans mère, père, crème...

On rencontre cet accent dans la dernière syllabe de plusieurs mots se terminant par la lettre S (autre que le S du pluriel).

abcès	cyprès	herpès	progrès
accès	décès	près	succès
après	excès	procès	très

L'accent grave se rencontre sur la lettre A de à, çà, deçà, déjà, delà, holà, là, voilà et sur le U de où pronom interrogatif ou relatif.

• Faut-il toujours mettre un accent ?

Lorsque la lettre E est suivie de deux consonnes, elle se prononce (è) :

effeuiller	lecture	rets	verdir
est	legs	revers	verger
gemme	leste	velléitaire	vers

Lorsque la lettre E est dans la syllabe finale et qu'elle est suivie d'une consonne comme D, F, G, L, R, S, T, Z..., elle se prononce (é) ou (è) :

cassoulet	clef	formel	nez	ruisselet
chanter	des	guillemet	pied	sel
chef	filet	mes	réel	tes

• Quand mettre un accent grave ? Quand mettre un accent aigu ?

Sur le E de la syllabe précédant une syllabe dont la voyelle est un E, on trouve, le plus souvent, un accent grave :

avènement	chère	colère	nièce
chèque	chimère	mère	père

mais on écrit :

événement	médecin

Ailleurs, on trouve, le plus souvent, un accent aigu.

avérer	chérubin	élève	établir
chéquier	école	émerger	géode

Il arrive que deux mots de la même famille ne prennent pas le même accent :

alléger	–>	allègement	problème	–>	problématique
crème		crémerie	règle		régler
discrète		discrétion	sèche		sécher

ou que l'orthographe change :

frein	–>	effréné	veine	–>	vénal
plein		plénière			

ou encore que l'accent disparaisse :

discrétion –> discret

- **L'accent circonflexe**

Il peut se mettre sur les lettres : A, E, I, O, U (toutes les voyelles sauf Y). Il indique le remplacement d'une lettre disparue, qui est le plus souvent un S, et qu'on retrouve dans des mots de la même famille (ce qui permet de le placer correctement) :

château	–>	castel	fête	–>	festoyer
côte		costal	hôpital		hospitalier
croûte		croustillant	maître		maistrance

Cette lettre disparue peut aussi être A, E ou U :

âge (aage)	sûreté (seureté)	piqûre (piquure)

Il indique que le son est allongé :

frêle	grâce	pâle
frêne	guêpe	tâche

Il se met aussi sur :

- le U de quelques participes passés, au masculin seulement : dû, crû ; l'accent permet d'éviter la confusion avec des homonymes : du (article), cru (adjectif) ;
- le A du suffixe -âtre : mulâtre, jaunâtre (mais pas sur le suffixe -iatre : pédiatre, psychiatre) ;
- le O des pronoms : le nôtre, le vôtre (les adjectifs n'ont pas cet accent) ;
- le I du radical des verbes en -aître et -oître quand ce I précède un T : il paraît, il croît ;
- la terminaison des 1re et 2e personnes du pluriel du passé simple : nous voulûmes, vous voulûtes ;
- la terminaison de la 3e personne du singulier
  de l'imparfait du subjonctif : qu'il chantât ;
  du plus-que-parfait du subjonctif : qu'il eût chanté ;
  du passé 2e forme du conditionnel : il eût chanté.

Souvenez-vous : le conditionnel passé 2e forme a la même conjugaison que le plus-que-parfait du subjonctif.

• **Le tréma**

Il sert à détacher les sons de deux voyelles contiguës :

baïonnette canoë glaïeul inouï Joëlle

Il se met sur le E du féminin des mots en GU (voir p. 73).

Il se trouve sur les trois mots en -GUÏTÉ : contiguïté, ambiguïté, exiguïté.

Les autres mots en -UITÉ n'ont pas ce tréma : acuité, incongruité, ingénuité.

Là encore, aucune règle ne peut être tirée de l'observation. Faites usage de votre dictionnaire.

De plus en plus, on accentue les majuscules. Ce n'est pas une obligation mais souvent une nécessité (voir pp. 192-193).

LE VOCABULAIRE

Connaître le sens exact d'un mot ; savoir dans quel contexte précis il s'emploie ; éviter de le mettre en présence d'autres avec lesquels il ne s'entendrait pas : vous devez faire connaissance avec celui que vous choisissez.

N'oubliez pas. Le mot est votre messager. Vous lui confiez la délicate mission de transmettre votre idée. Assurez-vous qu'il est de toute confiance, qu'il ne vous trahira en aucune circonstance. En retour, soyez grand prince, procurez-lui le confort qu'il aime : faites en sorte qu'il se sente bien sous votre plume, veillez à ce que son environnement lui convienne.

Le dictionnaire, c'est le roman des mots.

Si vous ouvrez un dictionnaire et si vous laissez tomber vos *a priori* et vos réticences... vous allez découvrir un monde nouveau !

Bien sûr, comme pour toute discipline que vous approchez, vous commencez par une petite période d'efforts et de contraintes. Puis, un certain niveau dépassé, c'est le plaisir qui s'installe. Alors, vous ne risquez rien ; vous avez, au contraire, tout à gagner.

Nous aimerions vous donner un conseil supplémentaire : soyez l'heureux propriétaire de deux dictionnaires sémantiques différents. Nous savons que la plupart d'entre vous font déjà un effort en consultant **un** dictionnaire. Vous vous dites peut-être qu'en consulter **deux**... serait du temps perdu. Et pourtant, cette démarche est tout à fait utile. La façon de travailler des uns n'est pas la même que celle des autres. Une nuance sera introduite dans un ouvrage et pas dans un autre, un exemple expliquera - ou pas - un emploi particulier. Avoir deux versions permet de se forger une opinion personnelle plus juste.

Lorsqu'on parle de vocabulaire, on étudie le sens des mots, on observe les manières - correctes et incorrectes - de les employer.

Recourez à votre dictionnaire aussi souvent que possible pour vérifier le sens d'un mot, mais aussi pour savoir si vous l'utilisez à bon escient et correctement : un bon dictionnaire donne de nombreuses expressions dans lesquelles un mot est employé (vous aurez à la fois le sens, l'orthographe - très pratique pour les pluriels douteux notamment - et la syntaxe).

Les mots et expressions difficiles

Parmi les mots et expressions, les lexicologues attirent l'attention sur les paronymes, les homonymes, les synonymes, les barbarismes, les solécismes, les pléonasmes, les provincialismes.

Pour chaque type, nous donnons quelques exemples. Si vous voulez en connaître d'autres, jetez un coup d'œil dans votre bibliothèque de base : le *Bled*, le *Dictionnaire de l'orthographe,* les *Difficultés du français* en donnent chacun quelques pages.

Certaines formes d'emploi sont des incorrections cependant utilisées quotidiennement… pas par vous, cela s'entend.

Les paronymes

Ce sont des mots si proches en forme et en consonance qu'une inattention, une lecture rapide peut amener à les confondre. Utiliser un paronyme pour faire un bon mot, un calembour est comique et plaisant ; en laisser glisser un, tomber dans le piège est cocasse et ridicule. Méfiance donc !

abhorrer	–>	arborer	épuré	–>	apuré
amanite		anamite	eschatologie		scatologie
anoblir		ennoblir	glaciaire		glacial
aréole		auréole	habilité		habileté
article		arctique	harangue		hareng
astronome		astrologue	imminent		éminent
attention		intention	obligatoire		obligataire
colorer		colorier	stupéfait		stupéfié
compréhensible		compréhensif	tendresse		tendreté
conjecture		conjoncture	venimeux		vénéneux

Nous reprenons les définitions de *Lexis* (Larousse) pour deux paronymes :

> *eschatologie : théorie des fins dernières de l'homme, de ce qui doit suivre sa vie terrestre et de la fin du monde ;*
> *scatologie : genre de plaisanterie, de littérature qui a rapport aux excréments, aux grossièretés.*

Nul besoin – n'est-ce-pas – de préciser qu'une confusion serait... très malheureuse !

Les homonymes

Deux homonymes ont la même prononciation, ils ont ou non la même orthographe, ils n'ont pas le même sens :

sans	c'en	cent	sang	sent	s'en
saint	sein	ceint	sain	seing	
verre	vers	vair	ver	vert	
vingt	vain	vint	vin		
(la) ferme	(je) ferme)	ferme (adj.)			
pain	pin	peint			
(la) Parque	(un) parc	(je) parque			
sceau	sot	seau			
(la) glacière	glaciaire (adj)				
(la) grosse	grosse (adj)				
martyr	martyre				
plastic	plastique				

Ils sont dangereux particulièrement à cause de leur orthographe, aussi utilisez-les avec circonspection. En revanche, les comiques, qui les connaissent bien, ne s'en lassent pas ; nombreux sont les jeux de mots, les calembours formés à partir d'homonymes :

> *Le sein le plus militariste est certainement le sein cyrien.* (Pierre Perret)

Les synonymes

Ce sont des mots dont le sens est voisin.
Rares sont les mots qui ont exactement la même signification dans un même contexte d'emploi.
Réfléchissons. Pourquoi aurait-on créé deux mots qui auraient exactement le même sens et qui s'emploieraient dans les mêmes cas ? Un mot est créé parce qu'il répond à un besoin d'expression. Lorsque le besoin a trouvé son mot, il n'y a pas lieu d'en créer un deuxième.

Chercher les synonymes, c'est éliminer aisément une répétition disgracieuse.
Chercher les synonymes, c'est affiner votre vocabulaire, c'est l'enrichir. Ce petit travail vous fera de temps en temps tomber sur LE mot juste (voir p. 96).

Un exemple ? Votre dictionnaire des synonymes en est plein ! Jetez-y un coup d'œil.

Les barbarismes et solécismes

Ils sont TOUJOURS des incorrections et des pièges. Ils sont nombreux, pas très faciles à repérer et ils demanderont une grande attention de votre part.

Le barbarisme est l'emploi d'un mot altéré, le mot est fautif.

C'est le cas lorsqu'on dit : pantomine pour pantomime.

Le solécisme est l'emploi d'un mot dans une structure syntaxique incorrecte, les mots sont corrects mais l'expression est fautive.

C'est le cas quand on dit : Elle est fâchée avec lui au lieu de elle est fâchée contre lui.

L'usage de ces incorrections s'est généralisé : nous sommes tellement habitués à les entendre que, la plupart du temps, nous ne soupçonnons pas le piège.

incorrect	**correct**
au plan de	sur le plan de
aussitôt son retour	aussitôt après son retour
hésiter entre deux alternatives	hésiter entre deux partis
jouir d'une mauvaise santé	avoir une mauvaise santé
pécunier	pécuniaire
rabattre les oreilles	rebattre les oreilles
risquer de gagner	avoir des chances de gagner
se baser sur	se fonder sur
solutionner un problème	résoudre un problème

Les pléonasmes

Le pléonasme, vous le connaissez : deux mots accolés dont le sens de l'un est repris par l'autre. C'est une "lapalissade" sémantique. Pour une oreille moyenne, ils sont beaucoup plus faciles à repérer que les barbarismes. Avec un brin de raisonnement, vous déduirez qu'il y a redondance.

abolir entièrement
ainsi donc
ainsi par conséquent
ainsi par exemple
au grand maximum
car en effet
comme par exemple
descendre en bas
et puis ensuite
il suffit simplement
milieu ambiant
monter en haut
prévoir à l'avance
s'avérer vrai
s'entraider mutuellement
tous sont unanimes
une erreur involontaire
une heure de temps
une panacée universelle
une petite maisonnette

Dans chacune de ces expressions, il y a un mot de trop. Supprimons-le.

Certaines redondances sont voulues, intentionnelles ; elles servent à renforcer une idée. Elles sont alors une figure de style.

Je les ai vus, de mes yeux vus !

Mais méfiez-vous. Votre lecteur pourrait ne pas apprécier.

Les provincialismes

Mots ou tournures syntaxiques usités dans un lieu géographique précis, souvent survivances d'un patois, ils ne sont pas répertoriés dans les dictionnaires usuels et, en dehors de leur région d'origine, on ne les comprend plus.

Bien sûr, ils sont à éviter. Cependant, si vous avez le sentiment que le mot français n'exprime pas la subtilité que vous voulez faire passer (ce serait bien le diable si vous ne trouviez pas le mot juste en français), utilisez votre provincialisme à la condition expresse d'en donner l'explication, au fil du texte ou en note de bas de page. Vous pouvez également le traduire dans votre glossaire-lexique, ce qui n'est pas particulièrement pratique pour votre lecteur (voir p. 242).

Le "murger" est un petit mur en franco-provençal.

Le "boufadou" est un soufflet à feu en provençal.

Dans le Nord et l'Est de la France on "aboutonne" un vêtement.

En Picardie, on "acconduit" si on veut dire qu'on emmène.

Dans le Sud, on entend souvent parler du "fils à Jules", "de la maison à Pépone".

Et, dans le Nord, "se faire peloter", c'est se faire renverser... par une voiture.

Les termes spécifiques

Quel que soit votre sujet, scientifique ou juridique, littéraire ou journalistique, économique ou commercial, vous serez obligé d'employer des termes spécifiques. Ces termes font partie de l'univers de votre matière. Souvenez-vous : votre temps d'apprentissage, vos premières années d'études ont consisté, entre autres, à acquérir le vocabulaire spécifique à votre discipline. À présent, bien sûr, vous allez l'utiliser (voir p. 242).

Il faudra que vous vous demandiez, en fonction de vos lecteurs, quels termes seront compris et lesquels ne le seront pas.

Vous connaissez votre lectorat : Monsieur Tout-le-Monde, clients ou commerciaux, littéraires, scientifiques, chercheurs, professeurs d'université, etc. Vous pouvez donc évaluer leur niveau de connaissances moyen. À chaque groupe correspond un fonds commun du langage et du vocabulaire. Il faudra décider quels sont les termes qui se trouvent au-delà du savoir commun. Vous aurez atteint le niveau de spécificité. À partir de ce moment, vous devrez définir les notions dont vous parlez.

On peut distinguer deux sortes de termes spécifiques.
Un terme employé seulement par les gens de votre discipline : on peut presque parler de jargon professionnel.

La bédière : c'est une rivière creusée dans la glace.

L'anticlinal : c'est un pli convexe vers le ciel.

Un terme fait partie du langage commun, mais dans votre matière il prend un autre sens.

En typographie, la graisse est l'épaisseur du trait, la police est le type de caractères.
En informatique, une souris est un périphérique de pointage et de saisie.
En géographie, la combe est la dépression évidant un anticlinal.
En graphisme, le pistolet est un gabarit servant à tracer les courbes.

Comment allez-vous les présenter ? Distinguons deux situations.

- Si vous utilisez ponctuellement un terme spécifique, vous pouvez en donner l'explication dans le cours même de votre phrase (ou en note de bas de page) :

  La chasse, ou largeur visible de la lettre en typographie informatique, est un signe distinctif d'une police de caractères.

- Si vous l'utilisez de nombreuses fois dans votre écrit : vous le portez dans votre glossaire qui recense et explique tous les termes spécifiques. Par égard pour votre lecteur, à la première utilisation d'un mot spécifique, doublez l'information du glossaire par une explication au fil du texte ou en note de bas de page (voir p. 242).

De A à Z, quelques difficultés à dominer

• **Aéro** : préfixe qui signifie AIR : aérogare, aéroport, aérodynamisme.
Aréo : préfixe (entrant dans la composition de peu de mots), venant de trois sources différentes : du latin *area* qui signifie AIRE comme dans aréole ; du grec *araios* qui signifie PEU DENSE comme dans aréomètre, aréostyle ; du grec *Arès*, nom de la colline d'Arès, comme dans aréopage.

• **Aller** : est suivi des prépositions À, EN ou CHEZ : aller à Paris, en Suisse, chez le coiffeur.
Partir : est suivi de la préposition POUR : partir pour Paris, pour la Suisse.
Mon départ : est suivi de la préposition POUR : mon départ pour la Suisse est fixé à lundi.

• **Alternative** : c'est un choix entre deux partis possibles. On ne peut donc hésiter entre deux alternatives (à moins qu'on ait quatre possibilités) : j'ai une alternative : aller à la montagne ou à la mer.

• **Amener** : se dit plutôt des personnes (mouvement de rapprocher) : j'amènerai mon fils.
Apporter : se dit des choses (qu'on porte, avec mouvement de rapprocher) ou bien d'un bébé qu'on porte dans ses bras : j'apporterai le panier ; j'apporterai le bébé.

Emmener : se dit des personnes (mouvement d'éloigner).
Emporter : se dit des choses (qu'on porte, mouvement d'éloigner).

• **Arrière** : il est le premier terme d'un nom composé, il est adverbe et reste invariable. Il est suivi d'un trait d'union. Le terme qui suit prend la marque du pluriel : des arrière-saisons, des arrière-salles.
Il est aussi employé dans des expressions comme des roues arrière, des capots arrière. Dans ce cas, il est encore invariable car on sous-entend des capots de l'arrière.

• **Au plan de** : expression à éviter absolument et à remplacer par **sur le plan de.**

• **Avoir affaire** : j'ai eu affaire à un drôle de personnage.
Avoir à faire : suivi d'un complément d'objet direct s'écrit toujours en trois mots : j'ai à faire un travail pour samedi.
On écrit toujours **avoir fort à faire** (et non forte affaire).

• **Bihebdomadaire** : signifie deux fois par semaine et non toutes les deux semaines.
Bimensuel signifie deux fois par mois et **bimestriel** une fois tous les deux mois.
Attention : **bisannuel** et **biennal** sont synonymes et signifient une fois tous les deux ans.
Deux fois par an se dit **semestriel**.

• **Ceci, voici** : annoncent ce qui va suivre.
Cela, voilà : reprennent ce qui a été dit. Piège d'orthographe : VOILÀ et ÇÀ ET LÀ prennent un accent grave. Ne pas confondre avec CELA et sa contraction ÇA.
Celui-ci, celui-là n'expriment pas la même distinction. Celui-ci indique une proximité par rapport à celui-là.

• **C'est sans compter avec**... : ne vous semble-t-il pas plus harmonieux de dire : **c'est compter sans**... ?

• **Clore et clôturer** : clore a toujours la priorité sur clôturer qui signifie entourer d'une clôture. Clôturer ne s'emploie pas au figuré alors que clore s'emploie aussi bien au propre qu'au figuré. Pour ne pas commettre d'erreur, employez toujours clore. On clôt les paupières aussi bien qu'un pré, mais on ne clôture jamais une négociation ou un débat.

Mais attention : clore est un verbe défectif, certains temps et modes font défaut et ne se conjuguent pas ; c'est pour cette raison qu'on lui préfère abusivement clôturer.
Clore n'a pas de substantif, on emploie alors celui de clôturer. Si on ne clôture pas les débats, on procède cependant à leur clôture...
Piège orthographique : clôturer a un accent circonflexe, clore n'en a pas. Mais il apparaît à la 3e personne du singulier au présent de l'indicatif : il clôt.

• **Contondant** : est contondant ce qui meurtrit sans percer ni couper. Un marteau, une pierre peuvent être contondants mais pas un couteau.

• Une **décade** : c'est une période de 10 jours.
Une **décennie** : c'est une période de 10 années.

• **De sa faute :** C'est de sa faute : l'expression est correcte contrairement à c'est sa faute.

• **De suite** : à la suite l'un de l'autre : j'ai écrit trois exemples de suite.
Tout de suite : maintenant : je vais écrire à ma tante tout de suite.

• **Deuxième** et **second** ne sont pas synonymes. On emploie l'adjectif DEUXIÈME lorsqu'il peut y avoir un troisième : la deuxième personne du singulier est TU.
On emploie l'adjectif SECOND lorsque le second est aussi le dernier : vous habitez au second, vous êtes donc sous les toits.

• Une **espèce de** fou : et non pas un espèce de fou. Espèce est un nom féminin. En revanche, les accords qui suivent (adjectifs, verbes) peuvent se faire avec le complément de une espèce. Une espèce de fou est arrivé.

• **Exprès - expresse - express** (une même prononciation)
- **exprès** : adjectif masculin qui signifie formel, net, précis ; le féminin est **expresse.** Un ordre exprès. Défense expresse d'entrer ;
- un **exprès** : nom masculin, c'est un employé des PTT, d'où l'étiquette "par exprès" (et non express) ;
- un **express** : nom masculin, c'est un train à grande vitesse, s'arrêtant dans peu de gares. Le RER est le réseau express régional ;
- existent aussi : un café **express** et faire **exprès** (dans cette expression EXPRÈS est adverbe et signifie intentionnellement, sa prononciation change).

• **Extrêmement** et **excessivement** ne sont pas synonymes. Extrêmement signifie au plus haut degré. Excessivement traduit l'excès, le dépassement. Extrêmement c'est beaucoup, excessivement c'est trop.

• Éviter le verbe **faire** : ce verbe est utilisé très souvent à mauvais escient ; dans la plupart des cas, il est mis à la place d'un verbe beaucoup plus précis, qu'on ne se donne pas la peine de chercher. La succession des verbes FAIRE donne un style monotone et pauvre. Alors, pensez systématiquement à les remplacer.

• D'**ici à lundi :** l'expression est correcte et pas d'ici lundi.

• **Lâcheté et laxité** sont tous deux le caractère de ce qui est lâche. On parle de lâcheté pour une action basse, méprisable ; on parle de laxité pour ce qui est peu ou mal tendu, comme une corde, une courroie.
Laxité et laxisme (du lat. *laxus*, relâché) : laxisme est utilisé dans le contexte de la morale.

• **Liquide, fluide, visqueux**
Un **liquide** : c'est un corps qui coule ou qui tend à couler.
Un **fluide** : c'est aussi bien un liquide qu'un gaz.
Visqueux, fluide et liquide : ces trois adjectifs ne sont pas une gradation dans le caractère liquide d'une substance ou d'un corps. **Visqueux** signifie que la substance ne coule pas ou mal, son état est intermédiaire entre le solide et le liquide ; fluide et liquide en revanche sont synonymes la plupart du temps, avec la réserve que nous avons déjà faite par ailleurs sur la synonymie. Ainsi on dira : la circulation routière est fluide. On ne dira pas : la circulation routière est liquide.

• **Lire sur** les tablettes de la Loi mais **lire dans** le journal, dans un livre, dans une grammaire.

• **Pallier** est transitif et signifie remédier incomplètement : Nous avons pallié nos manques.
L'emploi de la préposition À après PALLIER est une erreur fréquente et parfois même cautionnée par nos écrivains ; il n'en reste pas moins interdit par l'Académie.

• **Pire** : comparatif de l'adjectif mauvais, signifie le plus mauvais. Il est lui-même adjectif et accompagne un nom : les pires histoires, les pires sottises.

Pis : comparatif de l'adverbe mal, signifie le plus mal. Il peut être adjectif ou adverbe. Il n'accompagne jamais un nom : aller de mal en pis, tant pis, au pis aller.

• **Préposition devant les moyens de transport** : aller À ski ou EN ski, aller À vélo ou EN vélo, aller À bicyclette ou EN bicyclette, mais aller EN voiture, EN train, EN bateau, EN avion, EN carriole, EN bus, EN autocar, EN camion. Le plus souvent, lorsque le moyen de transport est un lieu clos comme la voiture, le bateau... on emploie la préposition EN.

• **Près de, prêt à** : sont à ne pas confondre.

- **Près de** signifie SUR LE POINT DE : le jour est **près de** se lever ; il n'est pas près de t'oublier ; l'avion est **près de** décoller.
- **Prêt à** signifie DISPOSÉ À, EN ÉTAT DE : il est **prêt à** t'écouter ; le colis est **prêt à** être livré ; le train est **prêt à** partir.

Ainsi, ne confondez pas : il est PRÈS DE mourir (dans le sens de il est sur le point de rendre l'âme) et il est PRÊT À mourir (qui signifie il est préparé à la mort).

• **Réaliser** dans le sens de comprendre est un anglicisme, il vient de *to realize*. En français, réaliser signifie rendre réel, donner existence à quelque chose qui jusque-là n'était qu'une idée. Réaliser et comprendre sont différents, n'employez pas l'un pour l'autre.

• **Risquer** de gagner : le risque est un terme négatif. On ne peut risquer que de perdre. On tente de gagner.

• **S'avérer** faux et s'avérer vrai sont tous deux faux : s'avérer signifie apparaître vrai ; s'avérer faux est donc une aberration, alors que s'avérer vrai est un pléonasme. Il est correct de dire : vos recherches s'avéreront efficaces. Afin d'éviter le piège, préférez : apparaître ou se révéler.

• **Savoir gré** : je vous saurai gré et non pas je vous serai gré.

• **Se rappeler** : comme appeler, est un verbe transitif direct et n'est jamais suivi de la proposition DE. Je me rappelle ce voyage. Je me rappelle que nous avons voyagé. Je me le rappelle. L'expression je m'en rappelle est une faute. Il faut dire : les étapes, le voyage que je me rappelle.
Je m'en rappelle toutes les étapes est correct car le sens est : je me rappelle toutes les étapes de ce voyage. Le pronom EN est mis pour le voyage.
Se souvenir : est suivi de la préposition de : je me souviens des années passées, je m'en souviens. Il faut dire : les années dont je me souviens.

• **Susceptible** : se dit de la possibilité passive. Il est susceptible d'être nommé au grade supérieur signifie que la décision de la nomination sera prise par quelqu'un d'autre.
Capable : se dit de la possibilité active. Il est tout à fait capable de pratiquer ce sport dangereux.

• **Tant** : tant qu'à pour **quant à** est considéré comme un barbarisme.
À tant faire que est l'expression à employer au lieu de Tant qu'à faire, qui est populaire.
En tant que : en tant que spécialiste et non en temps que...

• **Traverser et passer** : traverser la chaussée ou la Seine, mais passer le pont qui lui-même traverse le fleuve[1].

• **Très** et **si** : ce sont des adverbes, ils modifient le sens d'un verbe, d'un adjectif ou d'un autre adverbe. Dans les expression j'ai si peur, j'ai très faim, j'ai si mal, j'ai très envie, j'ai très plaisir, ils modifieraient le sens d'un nom comme peur, faim, mal, envie. C'est une aberration grammaticale[2]. Il faut dire : j'ai grand peur, j'ai une grande faim, j'ai grand plaisir, etc.

Étonnant, non ? aurait dit Pierre Desproges.

Quelques expressions à éviter

Fidèles à notre théorie du moindre risque, nous conseillons vivement d'éviter les expressions suivantes car elles sont ambiguës, sujettes à caution et critiquées.

Bien sûr, elles sont employées quotidiennement. Parfois même, les avis des grammairiens ne sont pas unanimes. Mais ne vous dites pas : "Puisque ce n'est pas incorrect, je peux l'utiliser." Le principe de base est différent : vous mettant à la place de votre lecteur, demandez-vous quels sont les termes et expressions qui peuvent le choquer. Évitez d'être critiquable.

• **Baser sur** : cette expression, bien qu'employée couramment, a de farouches détracteurs. Ne risquez pas d'irriter vos lecteurs en l'utilisant, préférez-lui plutôt **fonder sur**.

---

[1] J. Hanse *(Les difficultés du Français)* conteste ce point et écrit à propos de "traverser un pont" : *Le meilleur usage admet l'expression dans le sens de parcourir le pont dans toute sa longueur.*

[2] J. Hanse écrit à ce sujet : *Il ne semble pas y avoir d'audace à dire : se faire très mal, faire très peur, très attention, ni il fait très vieille France.*

• **Bien que** et **malgré que** : l'emploi du fameux MALGRÉ QUE a depuis longtemps soulevé des polémiques. En fait, il semble que son usage ne soit pas si incorrect qu'on ait voulu le croire (Hanse). Cependant, soyez certain que son emploi à l'écrit vous vaudra des reproches. Évitez-le systématiquement. Si vous pouviez également l'éviter à l'oral... vous prendriez une bonne habitude.

• **Bilan** : vient de l'italien *bilancio* qui signifie balance. Ce sont les doges vénitiens qui inventèrent la comptabilité à partie double dont nous nous servons encore à l'heure actuelle. Un bilan est la comparaison des points forts, positifs, et des points faibles, négatifs. On ne peut donc pas parler du bilan d'un accident ou d'un tremblement de terre lorsqu'on donne le nombre des victimes.

• Un **blessé grave** : GRAVE est un adjectif alors que, dans cette expression, il est employé comme adverbe. En fait, ce n'est pas le blessé qui est grave mais sa blessure.

• **But**

Poursuivre un but, réaliser un but, remplir un but, dans le but de, le but final, toutes ces expressions sont critiquées :

- poursuivre un but doit être remplacé par **tendre à un but, vers un but ;**
- réaliser un but, la critique porte sur le verbe réaliser (voir ce verbe p. 92) ;
- remplir un but, on ne le remplit pas, on **atteint son but.**
- dans le but, DANS marquerait qu'on y est déjà, il faut dire **vers un but**
- le but final est critiqué comme étant un pléonasme : un but ne peut être que final.

• **Causer** : est suivi de la préposition AVEC : nous avons causé avec le percepteur. Mais jamais : nous avons causé du problème.
Parler : est suivi de la préposition À ou DE : nous avons parlé à Julien de ce problème qui te perturbe.
De plus, l'emploi du verbe causer dans ce sens est familier et doit être exclu du langage écrit. Il sera utilisé seulement dans le sens d'être la cause.

• Des **dépenses somptuaires** : l'acception commune est "des dépenses excessives". Et c'est incorrect. Somptuaire vient de *sumptuarius* et signifie relatif à la dépense : une loi somptuaire. Des dépenses somptuaires est un pléonasme car on a confondu avec somptueux.

• **Échelle grande ou petite** :

Deux niveaux de langage pour ces expressions :

- langage commun : un phénomène à grande échelle signifie que son ampleur est importante (à petite échelle étant le contraire) ;
- langage de la représentation graphique : les échelles sont des fractions ; la grande échelle montre une vue de détail et a un petit dénominateur (exemple : 1/10 = 0,1) ; la petite échelle montre une vue d'ensemble et a un grand dénominateur (1/1 000 = 0,001).

Soyez circonspect lorsque vous devez utiliser ces définitions.

- Première difficulté : dans le langage de la représentation graphique, on se perd facilement car on a affaire à des fractions, c'est-à-dire des inverses.
- Deuxième difficulté : du langage technique au langage commun, la définition d'une grande échelle est contradictoire. Si dans un même texte, les deux niveaux de langage apparaissent, il sera très difficile d'éviter l'ambiguïté.

• **Maximum et minimum**

Réduire les risques au maximum : sur quel terme porte au maximum ? Il peut porter sur l'action de réduire, la réduction est maximale (et les risques restants seront minimaux) ou bien sur le résultat de l'action (et les risques seront maximaux). Le sens est complètement différent. En fait, c'est le résultat qu'il faut considérer. Mais, que comprendra votre lecteur ? Difficile à dire. Bref, expression à proscrire.

Limiter au maximum : présente la même ambiguïté, comme toutes les expressions que vous calqueriez qui seraient un verbe d'augmentation ou de réduction suivi de AU MAXIMUM ou AU MINIMUM.

• **Par contre** et **suite à** : tolérés en langage commercial seulement (et encore !), donc à éviter absolument à l'écrit. Remplacer par **en revanche** et **en réponse à**.

Nous terminons ces pages à regret. Mais restons-en là, nous ne viendrions pas à bout des difficultés de notre langue.

Nous espérons simplement vous avoir donné… grand-envie d'en savoir davantage !

Vous saurez tout – ou presque – des subtilités et des pièges de notre langue en consultant un dictionnaire des difficultés du français.
À consommer sans modération.

Habituez-vous à parler correctement : il vous sera d'autant plus naturel d'écrire correctement.

Ne vous a-t-on pas donné le conseil de parler et parler encore pour acquérir une langue étrangère ? La pratique orale est capitale. Adoptez ce principe dans votre langue maternelle. Utilisez le langage oral comme champ d'exercice et de pratique au sein duquel vous pouvez acquérir les bons réflexes.

La détermination du langage

Au cœur de la réflexion sur le choix des mots se trouve le problème essentiel de la détermination du langage.

Nous ne parlerons pas ici des techniques de détermination liées à l'emploi des articles, définis ou indéfinis, et des différentes familles de déterminants ; nous nous intéresserons en revanche à la gestion des niveaux de détermination par le seul choix des noms, des verbes ou des qualificatifs.

Il ne suffit pas, en effet, que vos mots soient corrects grammaticalement et cohérents sémantiquement, encore faut-il que vous maîtrisiez parfaitement leur position dans **l'échelle de précision** au sein de laquelle ils sont inscrits.

Lorsque intervient pour vous le moment de choisir le mot que vous allez écrire, vous vous trouvez devant une liste, plus ou moins importante, de termes qui peuvent être classés du plus général au plus spécifique. Ils ne sont absolument pas synonymes, car ils ne correspondent pas aux mêmes **étendues de signification**, mais ils peuvent, sous certaines conditions, être utilisés l'un pour l'autre.

À tel endroit précis d'un texte sur la marine d'autrefois, direz-vous "le navire", "le trois-mâts" ou "la frégate" ?

Assurez-vous que les acceptions de vos différents termes **s'emboîtent** rigoureusement les unes dans les autres.

Ici, pas de problème, la frégate est effectivement un trois-mâts, lequel appartient à la grande famille des navires. Mais il n'en eût pas été de même si vous aviez hésité entre "navire", "trois-mâts", et "brick", car le brick ne peut être classé dans les trois-mâts ; il s'agit certes d'un navire de jadis, mais qui relève de la catégorie des deux-mâts, c'est-à-dire d'un autre embranchement de la classification. Il y a donc, ici, **rupture** dans la chaîne d'emboîtement, et cela est source d'erreur.

Vérifiez que l'objet dont vous parlez relève bien de la **division la plus fine** de votre classification.

Le navire auquel vous faites référence est-il bien une frégate ? Ou bien est-ce un trois-mâts d'une autre sorte ? Dans ce dernier cas, deux possibilités se présentent :

- soit vous n'en connaissez pas le nom spécifique, alors le choix se restreint à "navire" et à "trois-mâts" ; en somme, vous **reculez d'un cran** dans l'échelle de détermination ;
- soit vous le savez, alors vous avez le choix entre utiliser l'appellation précise adéquate, ou en rester néanmoins à un terme plus englobant.

Si vous devez utiliser plusieurs de ces termes dans le même texte, il vous faudra également organiser leur emploi par rapport au **déroulement chronologique** de votre discours.

D'une façon générale, vous aurez intérêt à opter pour une logique ascendante de la chaîne d'emboîtement (du particulier au général). Sauf cas particulier, vous ne vous autoriserez à utiliser des termes généraux qu'après avoir nommé précisément l'objet dont il est question. Lorsque, pour éviter une répétition, vous direz "le trois-mâts" au lieu de "la frégate", cela n'aura de sens que si vous avez, auparavant, annoncé à vos lecteurs que vous parliez bel et bien d'une frégate.

Dans ces conditions, et seulement dans ces conditions, votre **glissement terminologique** sera correct ; votre lecteur aura été averti, il saura que le terme générique renvoie en fait à l'un de ses sous-ensembles clairement désigné, pas à un autre. Le nom le plus englobant fonctionnera dès lors comme **substitut synonymique**.

Si votre cheminement est au contraire descendant (du général au particulier), vous prenez des risques. Votre terme global de départ ne signifiera rien d'autre que lui-même, sans renvoyer le moins du monde à une partie spécifique du tout ; lorsque vous resserrerez la détermination, cela pourra être perçu, non pas comme une clause de style, mais comme un apport d'information. Or, celui-ci risque de perturber la gestion générale de votre processus d'expression. Le lecteur ne saura pas si ce que vous dites s'applique toujours à **l'ensemble** complet ou à une **partie** seulement de celui-ci.

Ainsi, vous ne direz pas :

> La France avait envoyé plusieurs navires sur le théâtre des opérations. Les trois-mâts avaient quitté La Rochelle au début du mois d'avril, et les premiers à apercevoir les frégates au large de la côte américaine furent les habitants de P...

Dans ce paragraphe pourtant irréprochable grammaticalement, on ne saisit pas très bien s'il est fait allusion à des **groupes** ou des **sous-groupes** de navires différents, ou si, conformément à l'objectif de l'auteur, les trois appellations successives n'ont pour fonction que d'éviter une répétition.

En revanche vous direz :

> La France avait envoyé plusieurs frégates sur le théâtre des opérations. Les trois-mâts avaient quitté La Rochelle au début du mois d'avriL, et les premiers à apercevoir les navires au large des côtes américaines furent les habitants de P...

Dans cette seconde formulation, aucune ambiguïté n'est possible, on comprend, même si l'on n'est pas spécialiste de la chose maritime, que vous évoquez à chaque fois la même escadre et, bien sûr, à chaque fois dans sa totalité.

Attention, une certaine nuance doit cependant être apportée à la règle précédente. Si vous devez évoquer à de nombreuses reprises la même réalité, objet, état ou action, vous respecterez le principe ascendant pour les premières mentions, celles qui apparaissent au début du texte ; cela vous permettra de montrer à votre lecteur que vous tenez pour équivalentes les appellations utilisées successivement. En somme, vous annoncez la règle du jeu valable pour la suite du texte. À partir de là, vous pouvez faire intervenir les différents termes comme bon vous semble.

Et maintenant une exception à la règle ou, plutôt, un type de situation où elle ne doit pas être appliquée. Si une autre logique du discours impose un ordre différent, c'est celui-ci qui devra être choisi.

Un habitant de P..., s'il décrit l'arrivée de l'escadre française telle qu'il l'a vue depuis la côte, dira par exemple :

Je distinguai sur l'horizon plusieurs navires se dirigeant vers nous ; après qu'ils se furent quelque peu rapprochés, je pus voir que l'escadre était composée d'une dizaine de trois-mâts, filant toutes voiles dehors. Quelques instants plus tard, nous comprîmes, mes compagnons et moi, qu'il s'agissait de frégates battant pavillon de France.

Ici, c'est bien entendu la **logique temporelle** du discours qui prime, les différents niveaux de précision apparaissent en temps réel, au fur et à mesure de l'arrivée des navires ; la perception complète graduellement les informations et permet à **l'observateur-locuteur** de passer de la désignation "navire" à la désignation "trois-mâts", puis enfin à celle de "frégate".

De la même façon, si vous souhaitez utiliser les différents termes en cause, non pas en tant que synonymes, mais en fonction de leur place dans **l'arbre de classification**, vous serez délivré des règles. Cela pourra donner :

Parmi les navires qui sillonnaient les mers au XVIIIe siècle, la frégate était particulièrement adaptée aux missions rapides. Ce n'était pas le cas de tous les trois-mâts du roi.

La pertinence de la démonstration repose précisément ici sur les divers niveaux d'emboîtement introduits dans la phrase. On circonscrit d'abord le cadre conceptuel au sein duquel on va raisonner : les navires du XVIIIe siècle ; ensuite, on focalise l'attention sur un type très précis de navire : la frégate, dont on énonce une qualité intrinsèque ; enfin, on remonte à un niveau intermédiaire pour mentionner que cette qualité ne saurait être appliquée à l'ensemble des navires de l'époque ni même à la sous-classe des trois-mâts.

On comprend bien qu'ici l'enjeu du discours est contenu tout entier dans la correcte attribution des caractères aux classes et sous-classes concernées.

Tout ce que nous venons de voir est vrai pour les noms, mais des principes semblables doivent être appliqués à la gestion des **verbes** et des **adjectifs qualificatifs**.

Le budget prévisionnel d'une réalisation peut être :
- modifié (on évoque un changement par rapport à un état initial) ;
- augmenté (on précise le sens du changement) ;
- doublé (on quantifie l'importance de l'augmentation).

Là encore, pour ces trois verbes, deux cas sont possibles : ou bien vous usez de tel ou tel d'entre eux en fonction de son niveau d'acception particulier ; ou bien, vous les tenez pour équivalents, vous les faites se succéder, pour éviter par exemple de fâcheuses répétitions. Mais alors, vous tombez sous le coup des règles émises ci-dessus.

Pour les qualificatifs ? Même problème et aussi même palette de possibilités. D'ailleurs, à propos de palette, que dire, madame, de la couleur de votre robe ? Qu'elle est "vive", qu'elle est "rouge", ou qu'elle est "vermillon" ? À votre complimenteur de choisir !

Quoi qu'il en soit, gardez présente à l'esprit cette nécessité d'une **maîtrise constante** des degrés de détermination ; relisez vos écrits récents, surtout ceux qui ne vous ont que modérément satisfait, vous verrez que, dans bien des cas, un simple réajustement sur ce plan peut améliorer considérablement le résultat.

LE STYLE

Vous créez ! votre liberté est conditionnelle ou limitée.

Le style est l'aspect de l'énoncé qui résulte du choix des moyens d'expression déterminé par la nature et les intentions du sujet écrivant. Le *Petit Robert.*

On est donc bien ici dans le domaine du choix, donc de l'embarras ; mais attention, choix ne signifie pas liberté absolue : de nombreuses contraintes s'imposent à vous et restreignent singulièrement votre libre arbitre... sans pour autant réduire votre embarras !

Plusieurs préceptes peuvent toutefois être retenus, leur observation vous permettra de résoudre la plupart de vos problèmes et vous conduira, surtout, à vous interroger sur la nature profonde de votre acte d'écriture.

Car si nos sociétés ont placé à l'ordre du jour la communication de l'individu au sein de la famille ou du cercle professionnel, elles nous ont rarement conviés à réfléchir sur cet instrument très puissant qu'est l'écriture. À l'heure où les professions s'intellectualisent, où les traitements de texte facilitent la réalisation de documents, vous voilà condamné à écrire. On vous lira ou pas, on vous comprendra ou pas, on vous jugera de toute façon sur votre compétence d'écriture. Celle-ci constituera, que vous le vouliez ou non, une des principales clés de votre intégration au monde social.

Respecter les règles élémentaires de l'expression écrite

Si l'on a coutume de parler de règles plutôt à propos de l'orthographe ou de la syntaxe, on peut néanmoins considérer comme incontournables un certain nombre de principes rédactionnels.

Ne rédigez pas un rapport comme un télégramme

Ainsi n'écrivez pas :

point de vue exportation...

mais plutôt :

au point de vue de l'exportation...

Ce qui est admissible à l'oral (et encore !) ne l'est plus à l'écrit ; c'est au respect ou à l'ignorance de ce genre de code que l'on vous évaluera immanquablement. Ce n'est d'ailleurs pas qu'une question de convenances, le style télégraphique est souvent équivoque, on ne supprime pas impunément un mot sur deux dans un texte. Qui n'a le souvenir de cours pris en notes dans l'urgence et devenus incompréhensibles au moment des révisions, car dépouillés de leurs déterminations, de leurs liaisons ou de leurs formes verbales ? Contrairement à une opinion répandue, un texte ne peut être réduit à une suite de mots clés, surtout s'il comporte une démonstration ou une argumentation logique.

Évitez de modifier la nature grammaticale des mots

Les adjectifs ont généralement pour tâche de qualifier des noms, pas des verbes, alors n'en faites pas abusivement des adverbes. Ici encore les licences du langage oral menacent votre style.

Vous bannirez donc les

produire jeune
gérer dynamique
travailler efficace

qui tendent à submerger le monde du marketing et de la publicité.

Ne laissez pas les prépositions sans objet

N'écrivez pas :

Nous avons étudié leur dossier, nous pensons pouvoir travailler avec,

tout à la fois incorrect et ambigu, mais préférez :

Nous avons étudié leur dossier, nous pensons pouvoir travailler avec eux.

Unifiez les constructions de compléments

Vous ne direz pas, car c'est grammaticalement incorrect :

La secrétaire de direction prépare et assiste au conseil d'administration,

mais :

La secrétaire de direction prépare le conseil d'administration et y assiste.

Soyez prudent avec les participes présents

N'en abusez pas, ils sont pratiques à utiliser mais ont tendance à alourdir le propos. Ils peuvent tendre de véritables pièges. Si vous les convoquez aussi souvent dans vos phrases, c'est qu'ils ne nécessitent ni accord ni conjugaison, qu'ils sont absolument invariables, en somme qu'ils ont tout pour plaire ! Cependant, leur utilisation doit prendre en compte de manière très rigoureuse la structure de la phrase, sinon vous risquez de provoquer des ambiguïtés et des incorrections grammaticales.

> Étant malade, je vous informe que mon collaborateur ne pourra participer à la réunion que nous avions programmée.

C'est très bien de prévenir, mais vous venez de dire que VOUS êtes malade ! Certes, dans cet exemple, le destinataire des excuses saisira, grâce au contexte, que c'est le collaborateur qui est mal en point, mais il comprendra surtout que votre expression écrite, elle aussi, mériterait un fortifiant. Alors écrivez :

> Je vous informe, qu'étant malade, mon collaborateur... (voir p. 67).

Attention aux tournures négatives

Pourquoi utiliser des négations pour exprimer une proposition positive ? Si la litote[1] est une clause de style prisée des grands littérateurs - souvenez-vous du très indulgent "Va, je ne te hais point" du *Cid* de Corneille - vous risquez, quant à vous, d'être mal compris, ou de passer pour quelqu'un d'indécis ou de retors. Alors dispensez-vous de formulations du type :

> Il ressort de notre dernière réunion que nous ne refusons pas votre participation au projet et ne souhaitons pas vous tenir à l'écart du groupe de travail.

Préférez :

> Il ressort de notre dernière réunion que nous acceptons votre participation au projet et souhaitons vous intégrer au groupe de travail.

Et si vous voulez manifester une réserve, exprimez-la par le choix du vocabulaire. Écrivez par exemple :

> Il ressort de notre dernière réunion que nous acceptons le principe de votre participation au projet et envisageons de vous associer au groupe de travail.

Les **négations** deviennent tout à fait acrobatiques lorsqu'elles sont **multiples** (voir p. 65).

De manière générale, évitez les effets de style, l'emphase ou le paraître

Essayez d'être tout simplement vous-même et surtout n'écrivez pas au-dessus de vos moyens ; si vous n'avez pas la plume alerte, si vous êtes (comme nous) un besogneux de l'écriture, ce ne sont pas quelques termes ronflants ou quelques constructions savantes qui vous feront passer pour un littérateur. Alors adoptez un profil moyen, assurez-vous que ce que vous dites est à la fois clair et correct grammaticalement ; votre lecteur vous saura gré de votre sobriété.

---

[1] La litote "consiste à atténuer l'expression de sa pensée pour faire entendre le plus en disant le moins". (Le *Petit Robert*)

D'ailleurs, ne dit-on pas "simple comme le discours d'un académicien" ?

La relecture est primordiale. Lorsque vous venez d'écrire quelque chose, long texte ou simple paragraphe, relisez l'ensemble à haute voix.

L'oreille est souvent très bonne conseillère, elle vous révélera les erreurs de construction, les discordances de temps, les hiatus inélégants (il demanda à aller...) ou, tout simplement, les omissions de mots.

Écrire, c'est être lisible, c'est-à-dire compréhensible et mémorisable

Par-delà les quelques règles de bon sens évoquées précédemment, qui se limitent à un certain nombre d'interdits ou de mises en garde (la liste n'en est pas close bien évidemment), se posent en effet des problèmes plus complexes de stratégie d'expression liés à des questions de **lisibilité**.

La plupart des manuels d'expression écrite conseillent d'éviter les lourdeurs de style et suggèrent, par exemple, de remplacer une succession de relatives par des propositions indépendantes ou même par plusieurs phrases courtes.

Vous avez tous en mémoire les réprimandes de vos professeurs de français qui vous invitaient à plus de légèreté et de simplicité. Certes, les constructions alambiquées, les phrases avec articulations multiples et confuses sont à bannir ; elles sont inélégantes et souvent incompréhensibles ou ambiguës.

Pour autant, l'évidence de ce principe salutaire ne saurait faire oublier ses limites, voire ses pièges. En effet, les expériences menées depuis quelques années par des chercheurs sur la perception du langage[1] montrent que la simplicité de la construction ne constitue pas toujours la garantie d'une bonne assimilation par le lecteur.

La réflexion sur la lisibilité de l'écrit suppose donc que l'on porte attention aux processus en jeu dans l'appropriation de l'information par le récepteur. Nous n'en exposerons ici que quelques aspects, ceux qui nous paraissent utiles à une amélioration des pratiques d'écriture.

---

1 En particulier, en France, les travaux de François Richaudeau.

Lorsqu'on lit un texte, on ne se contente pas de déchiffrer un message, on produit véritablement du sens grâce à des mécanismes permanents **d'anticipation**.

C'est-à-dire que l'esprit est toujours en avance par rapport à l'œil ; il émet des hypothèses sur les mots à venir, sur leur nature, leur registre ou leur sens. Ce travail **probabiliste** du lecteur lui permet de circonscrire rapidement le sens de l'énoncé, donc de le mémoriser, car la mémoire à long terme ne retient pas les détails linguistiques mais la signification du message.

Il apparaît donc nécessaire que l'émetteur construise son texte de manière à favoriser ce travail du récepteur ; là résident les fondements d'une optimalisation de la communication écrite.

Mémoire de travail et mémoire à long terme

Vous comprendrez sans peine qu'un texte rédigé selon une structure énumérative, c'est-à-dire apparemment simple et fluide, ne facilite guère la tâche du lecteur. Celui-ci manque de points de repère, de jalons, de présignalisations, d'avertisseurs ; les processus d'anticipation sont compromis et, avec eux, la perception du sens. La **mémoire de travail** est alors vite encombrée par de multiples données mal reliées entre elles et se trouve ainsi dans l'incapacité de livrer quoi que ce soit à la **mémoire à long terme.**

Dans le meilleur des cas, le lecteur attendra la fin du texte pour décider d'un sens à donner. Mais alors il aura oublié certaines informations données précédemment et devra **remonter** vers le début du texte.

Une phrase structurée par une relative ou une conjonctive est mémorisée plus facilement qu'une phrase de même sens constituée par deux propositions indépendantes[1].

Vous aurez donc **plus d'efficacité** en écrivant :

> J'ai répondu rapidement parce que les conditions du contrat étaient satisfaisantes.

qu'en écrivant :

> J'ai répondu rapidement, les conditions du contrat étaient satisfaisantes.

---

[1] Travaux de P. David Pearson, cités par F. Richaudeau.

Dans cet exemple, la première formulation présente en fait plusieurs atouts :

- elle **articule** explicitement les deux déclarations dans une relation de cause à effet, ce qui n'est pas évident pour la seconde ;
- elle comporte un **mot-avertisseur,** la conjonction de subordination PARCE QUE, qui place le lecteur dans une position d'**attente-attention** apte à faciliter son assimilation du message ;
- enfin, elle évite qu'au cours du processus de mémorisation la chaîne causale ne soit inversée. Vous vous assurez ainsi que votre lecteur ne retiendra pas finalement :

  Comme j'ai répondu rapidement, les conditions du contrat furent satisfaisantes.

Néanmoins, il faudra proscrire les subordonnées en cascade du genre :

  Ce sondage qui montre que la situation que nous avions prévue...

Phrases courtes ou phrase longue ?

Contrairement à une opinion fréquemment admise, vous gagnerez souvent à remplacer deux ou trois phrases courtes par une seule phrase un peu plus longue (sans excès), à condition bien sûr de relier correctement les idées entre elles. Là aussi, de nombreux tests ont montré que des phrases de longueur moyenne, autour d'une trentaine de mots, étaient plus efficaces qu'une juxtaposition systématique de phrases courtes.

Au lieu de :

  La carte des aides de l'État a été établie à la suite de discussions avec les régions. Celles-ci ont formulé parfois des contre-propositions intéressantes. Certaines ont pu être retenues par le gouvernement.

Préférez :

  La carte des aides de l'État a été établie à la suite de discussions avec les régions qui ont formulé parfois des contre-propositions intéressantes, dont certaines ont pu être retenues par le gouvernement.

La **segmentation** nuit à la compréhension et à la mémorisation du message, elle casse le fil conducteur indispensable à toute lecture active.

En préconisant les phrases courtes et simples, les manuels classiques de rédaction choisissent en somme la solution de facilité, le niveau 1 d'une écriture sans défauts esthétiques et sans erreurs de construction. Mais il est préférable de relever le défi et d'utiliser au mieux les nombreuses possibilités logiques de la langue.

Il semble bien qu'en cette affaire, les pourfendeurs de la phrase complexe aient confondu la cause et l'effet ; si vos phrases avec subordonnées sont souvent lourdes et confuses, c'est parce que vous leur confiez la délicate mission d'exprimer des idées compliquées ou mal maîtrisées, les pronoms relatifs et les conjonctions de subordination n'y sont pour rien !

Les enchâssements et les écrans linguistiques

Un autre obstacle à une correcte et rapide assimilation de vos productions par le lecteur est constitué par les **enchâssements** de tous ordres que votre pensée foisonnante a tendance à disposer trop souvent au sein de vos phrases et de vos paragraphes.

Et pourtant, qu'elles sont pratiques les appositions, les incises et autres parenthèses, qui permettent de traduire par l'écriture les méandres de la pensée ! Mais attention, cela finit par donner quelque chose dont on perçoit certes la richesse, mais qui peut être difficilement compréhensible :

> Si l'on accorde au référendum, procédure prévue par la constitution de 1958, élaborée dans un contexte de crise nationale particulièrement grave, et d'ailleurs renforcée par une tendance mondiale à l'émancipation des peuples, une place importante dans le débat politique...

À l'instar de la segmentation évoquée plus haut, les enchâssements provoquent des **ruptures** dans le langage et, quand ils ne génèrent pas d'ambiguïté, ils compromettent le travail de la mémoire à long terme. Vous éviterez donc d'interposer de trop longs **écrans linguistiques** entre deux idées ou deux mots fortement liés et, en particulier entre le sujet et le verbe. On peut estimer qu'un écran d'une quinzaine de mots est un maximum à ne dépasser qu'avec beaucoup de prudence.

De manière générale, **hiérarchisez** la distribution des informations dans la phrase, livrez l'essentiel au début, rejetez à la fin les annexes, les réserves ou les considérations secondaires.

Placez la barre le plus haut possible

Un bon texte ne s'écrit jamais d'un seul jet, relisez sans cesse les lignes que vous êtes en train de composer, raturez, modifiez, déplacez autant de fois que cela est nécessaire.

Tant que demeurent des zones d'ambiguïté ou d'incohérence, tant que vous n'avez pas réussi à exprimer exactement ce que vous vouliez dire, tant que vous n'êtes pas convaincu de la bonne transmissibilité de votre message, vous ne pouvez pas livrer votre texte à ses destinataires.

Et comme vous ne savez jamais véritablement quel sera le cheminement de votre prose lorsque vous l'aurez transmise, soyez intransigeant avec vous-même. "Les paroles s'envolent, les écrits restent", dit la sagesse populaire, on pourrait ajouter qu'ils vous suivent et même qu'ils vous précèdent. Cela mérite bien quelque attention. Dites-vous que le temps et l'énergie que vous avez consacrés à l'apprentissage d'un logiciel de traitement de texte n'ont de sens que si vous savez rédiger.

Communiquer c'est transmettre, mais c'est aussi établir une relation

Une communication ne se borne pas à transmettre une information, mais induit en même temps un comportement. (P. Watzlawick)

Lorsque vous écrivez une thèse, un rapport, un article ou un compte rendu d'activité, le lecteur auquel vous vous adressez est très souvent un **lecteur-évaluateur**, membre de jury, supérieur hiérarchique, confrère à la recherche d'analyses pertinentes, voire un lecteur-payeur, sponsor, éditeur, adjudicateur de contrat, etc.

Il faut donc susciter chez lui un comportement d'adhésion, une attitude bienveillante, un désir de vous accompagner sur le chemin de votre démonstration ou de votre requête. Si vous éveillez la méfiance, l'agacement, ou pire le rejet, votre énoncé, si rigoureux soit-il, perdra de son efficacité, ou même se retournera contre vous.

Il est donc nécessaire de penser à une **pragmatique de la communication**, c'est-à-dire aux processus qui gouvernent la relation que vous établissez avec votre lecteur.

Pragmatique de la communication orale et écrite

Dans le langage oral, les choses sont beaucoup plus simples que dans le langage écrit : vous êtes face à votre interlocuteur et vous percevez ses réactions en temps réel.

Vous pouvez donc utiliser ce **feed-back** pour corriger votre discours au fur et à mesure que vous le composez. Il vous est ainsi possible de l'infléchir dans tel ou tel sens, de le raccourcir, de le compléter afin d'atteindre au mieux votre objectif. Vous le ferez d'ailleurs très naturellement car le langage oral possède une particularité fort intéressante : il superpose une expression codée, faite de mots et de groupes de mots délivrant un sens (le **langage digital**) et une expression non verbale, faite de gestuelle, de mimiques, d'intonations (le **langage analogique**) qu'on utilise souvent, même sans en être vraiment conscient.

L'orateur a beau préparer son allocution, le professeur son cours et l'amoureux sa déclaration, chacun sait qu'à la dernière seconde, les mots seront mis en scène de telle ou telle manière, en fonction du déroulement de l'action.

À l'écrit, rien de tout cela : le message, c'est-à-dire le contenu plus la relation, est lancé une fois pour toutes ; désormais son émetteur n'a plus prise sur lui.

Il vous faudra donc être extrêmement attentif à la relation induite, dès la fabrication du message et, pour cela, anticiper sur les réactions, les comportements probables du lecteur.

Cela nécessite bien sûr que vous sachiez à qui vous vous adressez, et dans quel type de situation sera lu votre texte. Vous devez, à ce stade, vous poser plusieurs questions :

- Le lecteur est-il ciblé ?
- Les instances auxquelles s'adresse le texte sont-elles hiérarchiquement positionnées par rapport à l'auteur ?
- Quelle est la nature exacte et l'objectif de cet acte d'écriture ?

Le lecteur est-il ciblé ?

Vous vous adressez à un individu ou à un groupe d'individus précis (jury, assemblée, communauté scientifique ou professionnelle particulière) : tenez compte de ses critères habituels de jugement, de son échelle de valeur supposée. La même requête envoyée à un président d'université et à un chef d'entreprise ne saurait être formulée dans les mêmes termes, leurs univers culturels respectifs ne les rendront pas sensibles aux mêmes arguments, aux mêmes priorités. Si vous visez un public plus diversifié, votre discours sera décliné en termes plus neutres. Le vocabulaire sera moins spécialisé, la relation établie avec le lecteur sera moins caractérisée. Il s'agira de n'exclure personne !

Écrire dans une revue n'est plus aujourd'hui réservé à une élite scientifique ou littéraire. La multiplication des journaux d'entreprise, d'école, d'association ou de quartier, des bulletins internes, des revues professionnelles ou des productions destinées au grand public, vous conduira certainement, un jour ou l'autre, à rédiger une chronique, une note de lecture ou un article. Vous devrez alors probablement reconsidérer vos **habitudes d'écriture**. Car vous allez vous adresser à un public qui sera, au moins en partie, différent de celui qui vous est familier.

Il vous faudra cibler de manière très précise ces lecteurs inhabituels, définir très rigoureusement la **sphère culturelle ou professionnelle** à laquelle ils appartiennent, ainsi que le style général de la publication.

Un lectorat doit être considéré à la lumière de la théorie des ensembles. Vos lecteurs s'inscrivent dans des cercles qui s'emboîtent, se superposent partiellement ou se juxtaposent, c'est cette organisation que vous devez maîtriser si vous voulez **gérer correctement vos écrits**.

Si vous êtes un jeune chercheur en économie dans un laboratoire universitaire, vous écrirez fréquemment dans des revues de type universitaire spécialisées dans votre branche. Votre degré de **connivence** avec le lecteur sera ici maximal, vous pourrez vous permettre les **ellipses**, les **allusions** et les **codes de langage** dont vous saurez qu'ils seront saisis par les confrères ou collègues qui vous liront.

Vous pourrez aussi être conduit à fournir un article à une revue du même genre, mais produite par des sociologues ; vous vous adresserez alors toujours à des chercheurs mais non plus aux économistes du cas précédent. Le cercle visé sera cette fois plus large, il englobera le vôtre, ainsi que celui des sociologues ; la connivence sera plus réduite, limitée à ce qui vous est commun.

Si vous écrivez dans une revue professionnelle, vous changerez complètement de grand cercle pour entrer dans celui des praticiens, des hommes de terrain et de décision, votre discours devra encore **être réajusté**. Mais pour autant, vous vous adresserez encore à des spécialistes et vous pourrez considérer qu'ils font partie avec tous les précédents d'un cercle, plus vaste encore, de lecteurs initiés à ces questions socio-économiques. Ce que ne seront pas forcément les lecteurs d'une revue grand public dans laquelle vous pourrez aussi faire état de vos analyses ou de vos convictions.

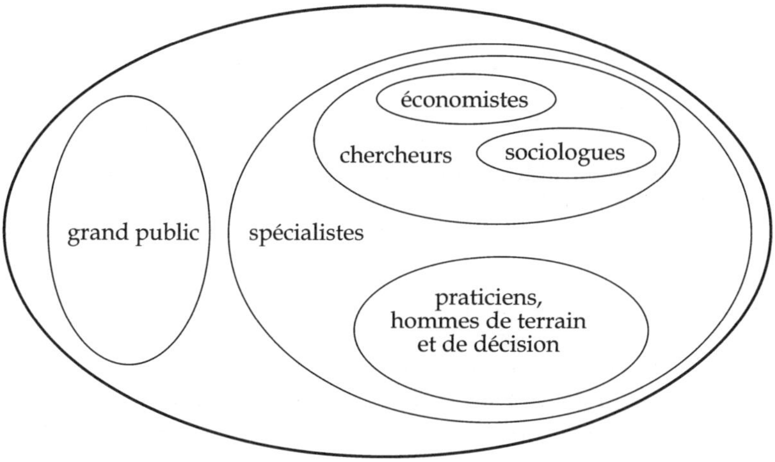

Les instances auxquelles s'adresse le texte sont-elles hiérarchiquement positionnées par rapport à vous ?

Si oui, tenez compte du sens et de l'importance du rapport hiérarchique. La familiarité de ton, l'adresse au lecteur, le clin d'œil complice peuvent agrémenter un rapport destiné à des collègues de bureau, un article grand public ou un ouvrage de vulgarisation ; en revanche, ils ne sont pas à conseiller dans une thèse, une réponse à un appel d'offre ou un compte rendu de recherche, toutes situations qui placent l'auteur dans une position de demandeur.

Les apprentis-chercheurs qui écrivent leur mémoire de maîtrise ou de fin de formation devront également veiller à conserver une certaine modestie de propos ; l'enthousiasme oui, les certitudes définitives non !

De même, l'expression de la critique ne saurait être confondue avec le règlement de compte. Vous gagnerez toujours à nuancer les jugements négatifs portés sur vos devanciers.

Quelle est la nature exacte et l'objectif de votre écrit ?

S'agit-il d'informer, de démontrer, de rendre compte, de clarifier, d'initier ? Le texte à réaliser est-il un document de travail, une base de réflexion ou une synthèse finale ? Le développement des études et recherches sous convention multiplie les situations d'écriture ; or, bien des contrats sont manqués par défaut de clairvoyance à ce niveau.

• **Une proposition d'étude** que vous destinez à des élus n'aura pas la même forme que si vous l'adressiez à un comité de sages. Le style sera plus direct et les mots plus concrets, les propositions d'action et les scénarios auront la priorité, au point de reléguer d'éventuelles considérations théoriques en fin de document ou en annexe.

• **Un exposé général** des domaines de travail de votre laboratoire ou de votre bureau d'étude acceptera une écriture légèrement promotionnelle. Il en ira de même pour une demande de stage. Les arguments scientifiques et techniques pourront être renforcés par quelques phrases à tonalité plus affective, exprimant votre dynamisme, votre pertinence, votre éthique, votre projet personnel.

• **La réponse à un appel d'offre** nécessitera une expression plus froide et plus ciblée, référée en permanence aux objectifs mentionnés par le donneur d'ordre. Chaque phase de travail prévue sera décrite avec le maximum de précision et clairement identifiée car elle correspondra en même temps à une ligne financière du devis. Mais votre formulation ne devra pas pour autant apporter déjà des réponses au problème posé. Ce serait imprudent à ce stade du travail !

• Si votre projet est accepté ou présélectionné, on vous demandera probablement **un dossier plus circonstancié,** avec le détail des méthodes et le calendrier des opérations. C'est ici qu'un discours plus formalisé, renvoyant à des concepts, des modèles, des problématiques, pourra trouver sa place. Sans excès bien entendu. Il convient de ne pas tomber dans le pédantisme ou pire, si vous nous autorisez ce terme, dans le psittacisme[1].

---

[1] Psittacisme : n. m. (lat. *psittacus,* gr. *psittakos,* perroquet ; v. 1700). 1. Psychopatholol. Trouble intellectuel consistant à raisonner sur les mots sans avoir dans l'esprit les idées qu'ils représentent - 2. Répétition mécanique de notions qui n'ont pas été assimilées. Le *Lexis Larousse.*

• **Les synthèses partielles** quant à elles auront pour objet de présenter les premiers résultats et, surtout, d'informer sur l'état d'avancement des travaux. Ici, c'est donc un style technique et dépouillé qui s'impose.

• **Le document final**, rapport ou mémoire, implique en revanche une généralisation et une mise en perspective. Votre registre de langue sera encore différent, vous ne vous adressez plus seulement à la personne-contact ou à une commission restreinte, mais à l'instance directionnelle de l'entreprise ou de l'organisme, éventuellement à son conseil d'administration. Or celui-ci n'a sans doute pas suivi l'opération de bout en bout, vous vous garderez donc d'un style allusif ou d'un langage d'initié. Vous vous efforcerez au contraire de situer chaque résultat par rapport aux problématiques de départ. C'est ce document-là, et lui seul, qui restera : il devra donc être compréhensible par lui-même et pas seulement à l'instant de sa présentation.

Retenez l'idée que l'écriture doit dépendre aussi de la durée de vie supposée du document. Le niveau d'exigence du lecteur en tient compte implicitement. On acceptera plus facilement un style énumératif dans un compte rendu intermédiaire, on attendra plus d'ampleur d'un mémoire de synthèse.

Si plusieurs partenaires sont impliqués, rien n'empêche de leur confectionner des mémoires partiellement différents, en fonction de leurs attentes spécifiques.

Les mots
si vous deviez ne retenir que 5 points

- Grammaire : remplacez et vérifiez.
- Orthographe : reconnaissez et composez.
- Vocabulaire : le dictionnaire est votre aide le plus précieux.
- Style : mettez-vous à la place de votre lecteur.

- D'une manière générale, doutez, doutez, doutez et... vérifiez.

CHAPITRE 3
LES IMAGES

Ce chapitre sur les images pourra vous sembler plus ardu que les autres : c'est qu'il s'agit cette fois, non pas de compléter un savoir déjà rôdé, mais d'acquérir un nouveau langage, comme lorsqu'on démarre l'anglais ou un langage de programmation.

Plus que difficile, ce langage de l'image peut apparaître déroutant par sa logique, à la fois rigoureuse et universelle. Quelques heures de travail vous suffiront cependant à intégrer les quelques principes fondamentaux qui servent de base à toute réalisation graphique.

Si vous souhaitez simplement insérer des images dans un document, reportez-vous plutôt au chapitre "La présentation".

Les progrès réalisés depuis une vingtaine d'années dans le domaine de la vidéo et de l'informatique nous ont fait basculer dans ce qu'il est convenu d'appeler une civilisation de l'image. Pour évocatrice qu'elle soit, cette expression n'en contient pas moins une ambiguïté fondamentale. L'émergence d'une authentique civilisation de l'image implique en effet le développement d'une véritable culture de l'image. Or, les conditions de sa mise en place sont loin d'être réunies.

Si les arts plastiques font de timides apparitions dans les programmes de nos écoles et de nos chaînes de télévision, il est d'autres images qui nécessiteraient un apprentissage, voire une éducation : ce sont les images qui servent à traiter et à communiquer des données.

Les graphiques, les schémas, les cartes sont des images, tout comme les peintures de la Renaissance italienne ; elles ne sont certes pas destinées à inspirer une émotion artistique ou une expérience mystique, mais elles appartiennent bien à l'univers de l'image, avec son langage et ses codes spécifiques.

Osez donc le détour par l'image, vos analyses en seront plus pertinentes et vos documents plus convaincants et finalement plus mémorisables. Les logiciels de micro-informatique vous offrent de vastes possibilités, mais il est des horizons à découvrir et des règles à respecter.

• Des images par milliers

Des *Demoiselles d'Avignon* de Picasso à l'affiche publicitaire ou à la courbe du *Dow Jones*, en passant par les documents satellitaires, les images sont non seulement nombreuses et variées, mais leur présence à nos regards est multipliée à l'infini par les médias audiovisuels. Certaines s'adressent surtout à notre sens esthétique, d'autres à notre rationalité, d'autres encore fonctionnent essentiellement sur le mode symbolique.

Mais bien souvent, la même image possède plusieurs statuts intimement mêlés. Les tableaux représentant les batailles du Roi-Soleil avaient certes une dimension artistique affirmée, mais ils constituaient également des documents d'information pouvant être consultés lors d'une campagne ultérieure. Cependant, leur fonction principale était bien de glorifier la puissance du souverain et d'impressionner tel voisin ou vassal remuant.

Les concepteurs de campagnes publicitaires jouent habilement de cette pluralité de niveaux. Leurs images nous séduisent généralement, nous informent parfois, mais pendant ce temps, que disent-elles à notre inconscient ?

Les images qui vont nous intéresser ici ne sont pas, elles non plus, au-dessus de tout soupçon. Chacun a déjà pu éprouver cette impression de malaise provoquée par un graphique dont la courbe plonge invariablement vers le bas. Mais si l'image n'est restée que trois secondes sur l'écran de télévision ou si l'on a tourné rapidement la page économique du journal, a-t-on pu remarquer le type de graduation utilisé et l'échelle de temps considérée ? Or ce sont pourtant là des paramètres indispensables à une correcte interprétation de la figure, et peut-être à une relativisation de son contenu informatif. Les possibilités de désinformation sont donc nombreuses, et aussi les sources d'erreur, à la lecture comme à la réalisation.

Ce que l'on attend d'une carte ou d'un graphique ou même d'un simple tableau, peut se décliner en quelques mots :
- fournir des informations ;
- décrire ;
- mettre en relation ;
- démontrer ;
- simuler.

Il s'agit donc de choisir le mode de représentation le plus adapté à l'objectif retenu. Et si, en plus d'être fidèles et efficaces, vos figures sont agréables à regarder, elles n'en seront que plus remarquées et on les gardera plus longtemps en mémoire. La prolifération des documents iconographiques au sein de l'écrit et de l'audiovisuel a d'ailleurs tendance à hausser le niveau d'exigence ; plus personne aujourd'hui ne se contenterait d'une carte alibi troussée à la va-vite ou d'un graphique labyrinthique.

• **Voir plutôt que lire**

On reçoit d'un coup l'essentiel du message. (Roger Brunet)

Ici réside la principale spécificité de l'image en tant que langage visuel. Alors que le texte fait l'objet d'un déchiffrement linéaire, l'image est un langage de type analogique, elle met en scène et donne à voir les quantités, les proportions, les évolutions ou les structures qu'elle est chargée de représenter.

Une bonne carte ou un bon graphique doit permettre une perception instantanée et globale de son contenu informationnel. Cela n'exclut pas, bien entendu, un second niveau de lecture, plus détaillé, plus analytique, surtout pour les cartes dites d'inventaire (voir plus loin) ; mais pour la plupart des images porteuses de données, l'essentiel se joue dans les toutes premières secondes. La compréhension et la mémorisation sont alors optimales et c'est ce qui décide finalement de la confiance que le lecteur accorde ou n'accorde pas au document qu'on lui présente.

Sur le graphique ci-dessous, vous distinguez d'un rapide coup d'œil les cercles noirs et les cercles blancs. Vous constatez que les cercles noirs ont tendance à se regrouper vers la gauche, alors que les cercles blancs s'agrègent dans la partie droite.

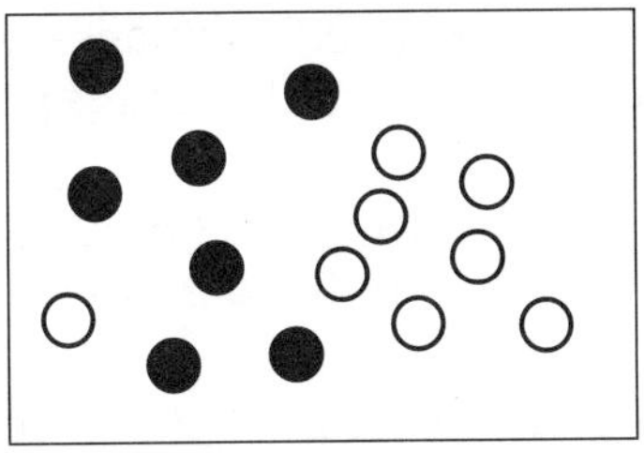

Cette image, vous ne l'avez pas lue, mais vue. La structure mise ainsi en évidence pourrait être celle de deux types de commerce dans un quartier urbain ou celle de deux espèces végétales sur un territoire donné : dans tous les cas, elle apporte un plus par rapport au texte qui aurait laborieusement énuméré les emplacements de chaque élément, sans jamais produire une vision globale.

Toute image visuelle peut être considérée comme un ensemble structuré de taches, le vide interstitiel constituant d'ailleurs une tache comme une autre. Lorsque vous dessinez (par exemple un schéma), vous avez donc théoriquement une grande variété de possibilités à votre disposition, mais en fait nous allons voir dans ce chapitre que tous les types de taches, ou d'agencements de taches, n'ont pas les mêmes aptitudes à générer des images perceptibles globalement.

• **Les images et les mots**

Si les lignes qui précèdent vous ont convaincu, si vous décidez de confier à l'image le soin de "mettre votre information debout", il vous restera encore un problème à envisager, celui des relations entre votre texte et vos images.

Vous devrez bien entendu respecter les règles générales de présentation exposées au chapitre suivant. Vous devrez veiller également à relier clairement vos développements écrits aux figures qui leur sont associées. Rien n'est plus désagréable en effet que de voir simplement coexister les deux chaînes de discours, sans qu'aucune passerelle ne permette au lecteur de cheminer de l'un à l'autre en tout sens.

Des appels de figures placés dans le texte doivent fréquemment renvoyer le lecteur aux images ; des commentaires de celles-ci doivent être intégrés aux développements écrits ; enfin, les images doivent être le plus près possible des pages consacrées à leur contenu.

Pour les relations de fond entre le texte et les images, plusieurs situations peuvent se présenter, autrement dit, **l'image peut entretenir plusieurs types de rapport à l'écrit.**

La redondance : l'image dit à peu près la même chose que les mots, mais de manière plus univoque et en allant à l'essentiel. Une assurance contre l'équivoque !

L'ancrage : l'image est ici porteuse exclusive de l'information. Banque de données à laquelle on se reporte ou représentation élaborée résultant d'un traitement interprétatif, elle est le cœur même du discours autour duquel gravitent les commentaires.

Le relais : ici, l'image prolonge le propos exprimé par l'écrit. Elle offre un lot de précisions supplémentaires. Cela permet de gagner du temps et de la place, mais à condition que le lecteur puisse comprendre clairement le rôle alors confié à l'image.

Le résumé-synthèse : à la suite d'un long développement, une figure peut constituer un rappel général et une mise en cohérence des différents points abordés. Cette fonction est fréquemment attribuée à l'organigramme, au croquis de synthèse ou au tableau récapitulatif. La figure choisie doit, dans tous les cas, être particulièrement propice à la mémorisation.

Le repérage : l'image est ici une "aide à la navigation" auquel le lecteur aura recours tout au long de sa progression. Arbre généalogique, trombinoscope d'entreprise, schéma relationnel des éléments traités plus loin ou carte de localisation, l'image-repérage est souvent la clé indispensable à une compréhension correcte de l'ensemble du dossier.

La mise en valeur : dans certaines circonstances, la fonction informationnelle de l'image peut être associée à sa fonction esthétique ou emblématique. L'objectif est d'attirer l'attention du lecteur, de lui donner envie d'aller plus loin en le séduisant ou en l'interpellant, comme le font les titres et les photos de la "une" d'un journal. C'est l'extraordinaire puissance évocatrice de l'image qui est utilisée ici. L'image satellitaire et ses couleurs enjôleuses, la courbe démographique et ses plongées inquiétantes, pour être des documents scientifiques n'en ont pas moins de force émotionnelle. Mais attention, tout abus peut être dangereux !

Pour être bien perçue, une image doit respecter certaines normes de construction et d'esthétisme. Une image atteint mieux son but si elle est claire, lisible et belle : la qualité de la représentation est aussi importante que la qualité du traitement des données. Plus une image est claire et attrayante, plus le message a de chance d'être mémorisé ; lorsqu'on a pris plaisir à regarder une image, on s'en souvient.

Plaisir n'est pas forcément synonyme de futilité, l'esthétisme d'une image ne diminue en rien sa valeur scientifique.

• **Apprendre à fabriquer des images**

Avant d'apprendre à fabriquer des images, gardez en tête que, d'une manière générale, votre lecteur n'a pas appris à les lire. L'image que vous allez construire sera vue et non pas lue.

Seules les cartes d'inventaires (plans de ville, cartes routières) sont des images à lire : le lecteur-utilisateur, guidé par un index, y cherche une information précise, comme il chercherait un nom dans un annuaire.

Toutes les autres catégories d'images sont d'abord globalement vues. Les spécialistes de la perception visuelle s'accordent à penser que c'est dans les six premières secondes que le lecteur saisit l'information de l'image. Six secondes ! À peine un coup d'œil ! Il s'agit donc d'aller droit au but si vous voulez que votre message passe.

Si riche soit-elle, l'information que vous voulez transmettre doit atteindre votre lecteur au premier coup d'œil, sans quoi votre mission sera manquée.

Nous verrons au chapitre "La présentation" qu'en dehors du roman, votre texte a peu de chance d'être lu dans son intégralité.

Il en va de même pour les images. À vous donc de sélectionner le message que vous souhaitez faire passer et de guider vers l'essentiel l'œil non éduqué de votre lecteur.

L'art de l'image, support d'informations, ne réside pas dans la simple maîtrise du trait, il ne suffit pas de savoir tenir un crayon pour fabriquer des images cohérentes.

Pour élaborer vos images et les intégrer à l'ensemble de votre travail avec un maximum d'efficacité, vous devez connaître quelques règles de graphisme et les principes de base de la graphique.

Le graphisme est l'ensemble des règles esthétiques et pratiques de fabrication de toutes les images et des règles de composition du texte avec l'image.

La graphique est l'ensemble des principes de conception des images fabriquées à partir des données que vous possédez ou que vous collectez. Elle suppose une réflexion sur la nature de ces données et sur la pertinence des traitements graphiques à mettre en œuvre.

L'application des règles du graphisme et de la graphique permet d'obtenir des images agréables à regarder et scientifiquement irréprochables.

Le premier volet de ce chapitre sera plutôt consacré aux règles de base du graphisme et de la graphique, le second portera sur le choix et la conception des divers types de tableaux et graphiques, le troisième enfin sera consacré au langage cartographique.

LES DONNÉES FONDAMENTALES

La signification du document, carte ou graphique, va donc être supportée entièrement par un certain agencement de traces élémentaires. Or, celles-ci sont en nombre limité : vous pouvez composer toutes les images que vous souhaitez en croisant **trois types d'implantation et six variables visuelles**.

Implantations et variables visuelles

Les **trois implantations** ou composantes de l'image sont aussi les éléments de base de la géométrie ; ce sont : le **point**, le **trait** et la **surface.**

Toute trace que vous appliquez sur un support appartient nécessairement à l'une de ces catégories. Les images sont constituées par une ou plusieurs de ces trois formes d'implantation. À vous de les choisir en fonction de ce que vous avez à exprimer.

Vous pouvez travailler sur ces implantations en utilisant les **six variables visuelles** que sont : **la taille, la forme, l'orientation, la valeur** (ou intensité)**, le grain et la couleur.** Ce sont elles qui vont habiller les trois implantations évoquées précédemment et leur permettre de dire ce qui est semblable et ce qui est différent, ce qui est plus et ce qui est moins.

La taille

La taille des signes ponctuels ou linéaires **varie selon l'importance**, l'intensité d'un phénomène : des traits plus ou moins larges indiqueront l'importance d'un flux ; des cercles, gros ici et plus petits là, suggéreront une présence nuancée de tel caractère. La taille ne permet pas seulement de distinguer, elle **hiérarchise** : elle est donc particulièrement adaptée à l'expression des quantités.

La forme

Elle offre certaines possibilités de **différenciation**, par exemple un carré signifiera "château" et un triangle "église", sur tel dépliant touristique. En implantation linéaire, on imaginera des traits de formes variées, traits simples, tiretés, avec barbules (comme les voies ferrées), maillons de chaînes ou succession d'étoiles. En revanche ici, pas de hiérarchie : à taille égale, un carré n'est pas supérieur ou inférieur à un triangle.

L'orientation

Elle permet également au lecteur de **distinguer** les différentes natures d'objets ou de caractères. Un rectangle "couché" et le même rectangle "debout" se distinguent au premier coup d'œil, pourtant la taille et la forme en sont rigoureusement identiques ; il en est de même pour les hachures verticales, horizontales ou obliques. Cependant, le pouvoir de différenciation de l'orientation est moins évident en disposition zonale et linéaire qu'en implantation ponctuelle.

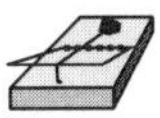

La variable orientation comporte des limites ; pour que la distinction soit évidente, il faut réunir deux conditions : que la différence entre hauteur et largeur du symbole soit importante, 1/3 au moins ; que la différence d'orientation soit de 45° au minimum.

La valeur

C'est le rapport entre la quantité de noir et la quantité de blanc. Tout comme la taille, la valeur **permet de traduire un principe d'ordre** : le gris foncé signifiera le plus ou le croissant, le gris clair indiquera le moins ou le décroissant.

Les différentes valeurs de gris sont obtenues par un semis régulier d'éléments noirs, traits ou points, répartis sur une surface blanche : c'est la trame. La valeur d'une trame est son intensité de gris exprimée en pourcentage, de 0 pour le blanc à 100 pour le noir.

L'œil humain peut distinguer de faibles écarts de valeur lorsque les zones sont côte à côte comme dans l'exemple A où les valeurs de gris vont de 10 % en 10 %.

A

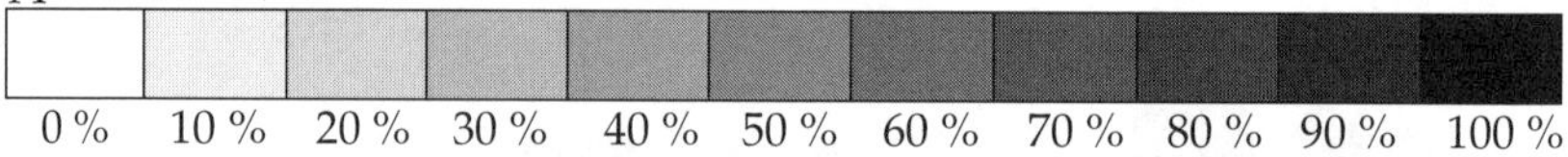

B

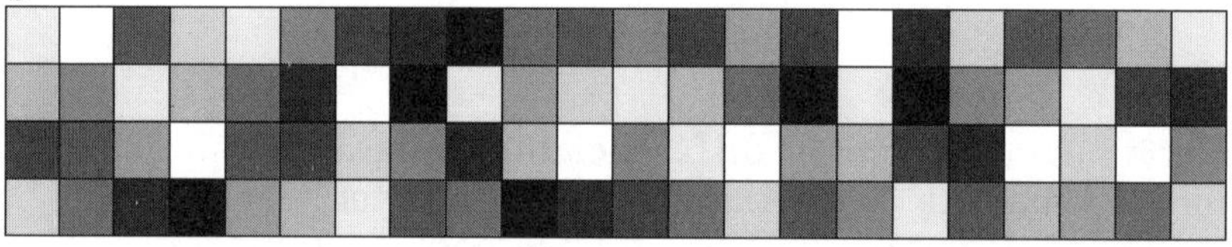

En revanche, en B où ces mêmes valeurs sont dispersées, l'œil ne fait plus la distinction entre un gris à 10 % et un gris à 20 %.

Pour fabriquer une gamme dont les gris soient bien différenciés, l'écart entre chaque valeur doit être au minimum de 20 %.

Le grain

Jouer sur le grain, c'est **différencier** en modifiant la texture du point, du trait ou de la surface, sans toucher pour autant au rapport du noir et du blanc. Pour les hachures, des traits fins, maigres mais serrés, peuvent offrir le même rapport noir/blanc (même valeur) que des lignes épaisses, grasses mais plus espacées : l'œil les distinguera sans peine. Cependant, il éprouvera des difficultés à les classer hiérarchiquement, ce qu'il fait tout naturellement avec la valeur. Le grain est donc plus adapté à la distinction sans hiérarchisation.

Trames de valeur proche mais de grain différent

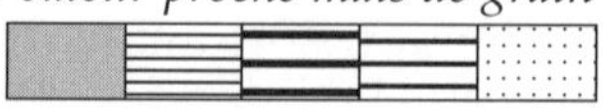

La couleur

Son utilisation va grandissant dans les réalisations graphiques. On jouera sur la **valeur**, appelée aussi ton (rouge très pâle à rouge très foncé), **pour hiérarchiser** ou sur la **nuance** (rouge, jaune, bleu, etc.), **pour séparer**.

• Les **couleurs fondamentales** ou primaires sont les trois couleurs qui, mélangées entre elles et associées au noir, donnent toutes les couleurs ; ce sont : le **bleu**, le **rouge** et le **jaune**.

Les mélanges se font à partir de couleurs bien précises :
- le bleu fondamental ou cyan est un bleu pur, il est clair et correspond au bleu manganèse des tubes de gouache ;
- le rouge est un carmin clair appelé magenta ;
- le jaune est plus proche du citron que de la jonquille.

En mélangeant un bleu avec un rouge on s'attend à obtenir un violet, mais si le rouge utilisé est un vermillon, on obtiendra un brun foncé car le vermillon est déjà un mélange qui comporte environ quatre parts de carmin pour une part de jaune.

Les couleurs primaires sont souvent désignées en anglais par les imprimeurs :
- bleu ou **cyan** = process blue ;
- rouge ou **magenta** = rubine red ;
- **jaune** = yellow.

Associées au noir, elles forment les couleurs de base de la quadrichromie[1], procédé qui permet d'imprimer toutes les teintes.

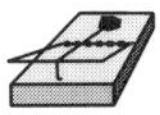

Si vous utilisez des logiciels de dessin en couleur, sachez que la couleur vidéo (sur l'écran de votre ordinateur) et la couleur imprimée (avec des encres) ne se travaillent pas du tout de la même façon.

En vidéo, la lumière est à l'origine des couleurs qui sont perçues directement. Le mélange des teintes se fait par addition. Avec les pigments, la couleur est perçue par réflexion, indirectement. Le mélange des teintes se fait par addition ou soustraction. En vidéo, les couleurs fondamentales sont le rouge, le vert et le bleu. Pour obtenir du jaune, on mélange du rouge et du vert ; pour faire un violet, il faut mêler du bleu à 100 % et du rouge à 60 %.

Beaucoup de logiciels de dessin traduisent le RVB (Rouge-Vert-Bleu vidéo) en CMJ (Cyan-Magenta-Jaune pigments) soit dans les

[1] En quadrichromie, l'impression se fait par quatre passages successifs : un premier passage imprime le jaune, ensuite le rouge, puis le bleu et enfin le noir. Les couleurs sont traitées sous forme d'à-plat (couleur à 100%) ou sous forme de trames très fines dont les points sont à peine visibles à l'œil nu. Pour fabriquer un orangé moyen, le jaune est à 100 % (en à-plat) et le rouge sous forme de trame à 40 ou 50 %.

menus à l'écran, soit seulement au moment de l'impression. Attention, certains logiciels ne sont pas compatibles avec certaines imprimantes, la traduction du RVB en CMJ n'est pas ou est mal faite, vous risquez d'avoir des surprises au moment de l'impression. Soyez prudent, faites-vous une palette de couleurs et effectuez des essais de tirage avant de vous lancer dans la fabrication définitive de vos images couleur.

- **Le mélange des teintes en quadrichromie**

Voici quelques exemples de mélanges obtenus à partir des couleurs de base.

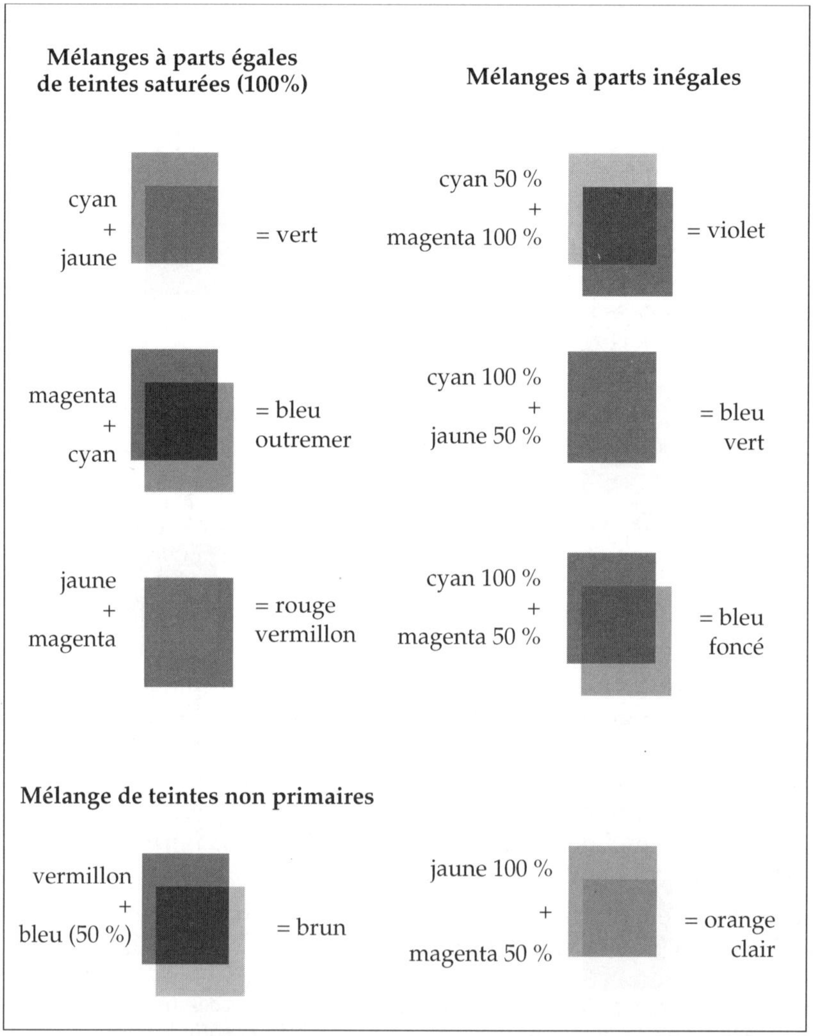

Tout document en couleurs est appelé à se retrouver un jour ou l'autre en noir et blanc (voir p. 222).

Sur le tirage en noir et blanc d'une palette de 12 couleurs, il se dégage à peine 3 tonalités de gris : même en jouant habilement sur les tons, le transfert en noir et blanc d'un document de plus de trois couleurs ne se fera pas sans pertes.

Les couleurs ne sont pas perçues de manière identique tant physiologiquement que symboliquement.

Physiologiquement : les couleurs ont des longueurs d'onde différentes, des plus courtes pour les bleus aux plus longues pour les rouges. Les couleurs qui ont les plus grandes longueurs d'onde sont perçues plus rapidement : ainsi, le rouge est vu quelques millièmes de seconde avant le bleu, c'est peu mais cela suffit pour créer l'impression que la couleur rouge "saute aux yeux".

Symboliquement : on associe les bleus au froid, les rouges au chaud ou au dynamisme. Pour cette raison, les couleurs dites chaudes sont employées presque systématiquement pour mettre en avant, faire ressortir un phénomène, qu'il soit négatif ou positif.

L'utilisation des couleurs est complexe : nous aborderons des cas plus précis et plus détaillés dans la section "Les cartes".

Les bases du graphisme

Offrir une image synthétisée à votre lecteur ne peut se faire que sur des bases saines. Avant toute chose, étudiez les données que vous possédez. Pour ce faire, quel que soit votre domaine de travail, vous devez :

• **répertorier vos données et les organiser**. Ce travail très utile vous permettra d'avoir une vision d'ensemble, de dégager des relations et des corrélations. Vous pourrez ainsi faire le point sur la matière que vous avez à traiter graphiquement ;

Rangez vos données dans un tableau, cela vous permettra de ne pas en oublier et de vérifier leur cohérence.

• **les traiter** : un minimum de traitement mathématique est utile pour rendre les données comparables, par exemple transformer les valeurs absolues en valeurs relatives, etc. ;

• **établir des sous-ensembles, des catégories, des classes**, ce qui vous conduira éventuellement à simplifier.

C'est uniquement à partir d'un tel travail sur vos données que vous pourrez communiquer l'information découverte avec le maximum d'efficacité. Les règles de base que nous vous indiquons ici sont communes à la construction de tout type d'images.

D'autres indications plus spécifiques à propos des tableaux, des graphiques et des cartes seront développées en deuxième et troisième partie du chapitre "Les images".

La rapidité de "lecture" est votre devise, n'oubliez pas que c'est dans les six premières secondes de contact avec l'image que le lecteur va saisir l'information.

N'encombrez pas inutilement sa mémoire visuelle. Pour faire de votre image un document lisible et mémorisable, retenez et appliquez ces trois règles d'or : **simplifier, hiérarchiser, normaliser.**

Simplifier

Vous pouvez déjà simplifier au moment de la préparation des données et du dessin lui-même. Penchons-nous sur cinq moyens de simplification : on peut regrouper les informations, épurer les symboles, supprimer les signes brouilleurs, séparer les données, jouer sur les similitudes.

- **En regroupant les données**

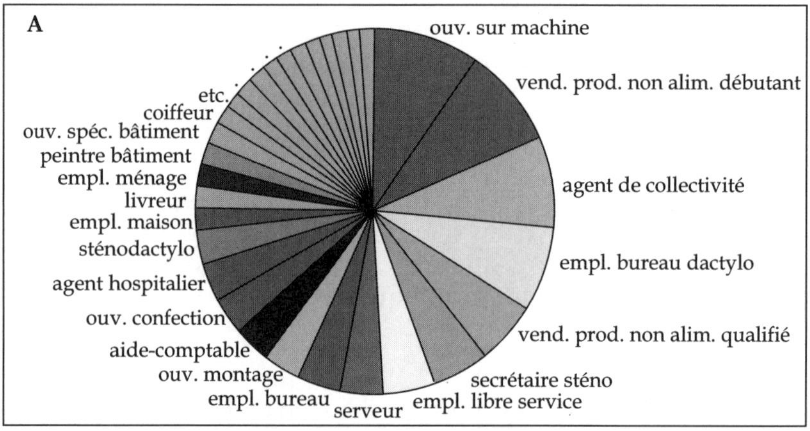

Dans l'exemple ci-dessus sont représentées des proportions d'emplois au sein de la population active : l'information est abondante.

Le graphique A est lisible mais il faut un certain temps pour le déchiffrer. Si votre objectif est de présenter toute l'information, un simple tableau est plus adapté.

Pour une présentation graphique de ces données, vous regrouperez par thèmes les sténodactylos, secrétaires sténos, aides-comptables, employés de bureau, etc., dans une même catégorie, celle des employés administratifs et ainsi de suite pour les autres catégories. De 31 informations en A, vous passerez à 4 en B.

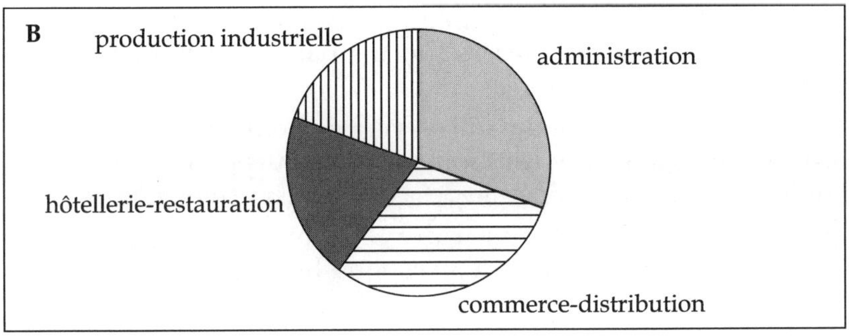

Certes, vous avez perdu le détail de l'information, mais vous avez gagné en clarté, en lisibilité et au bout du compte, votre lecteur percevra et mémorisera mieux votre message. Ce principe de simplification est valable aussi bien pour une carte que pour un schéma ou un graphique.

- **En épurant les symboles**

Des groupes de symboles aux dessins complexes (même s'ils vous semblent évocateurs) sont difficilement dissociables de l'ensemble d'une figure alors que des formes géométriques simples tels que les carrés, les triangles et les cercles, sont perçues groupe par groupe très facilement.

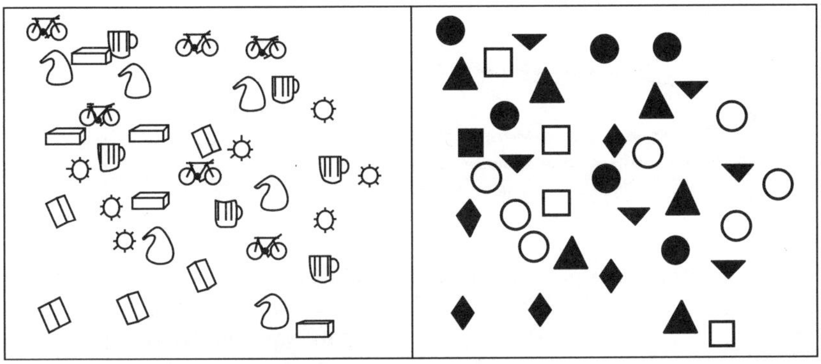

- **En supprimant les signes brouilleurs**

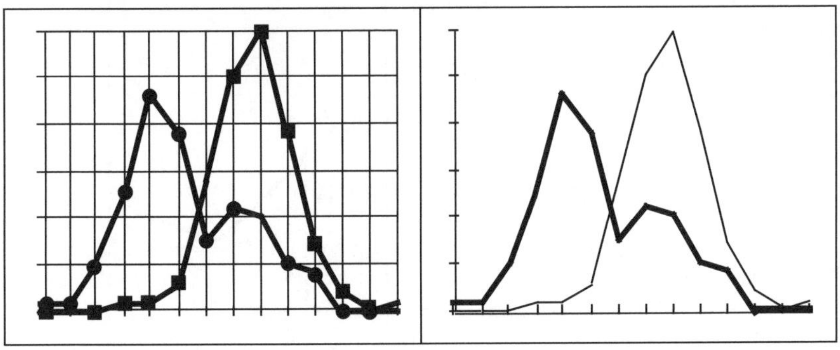

Les signes distinctifs portés sur le graphique de gauche sont peu évidents. Il vaut mieux différencier les courbes par le trait au lieu de les surcharger avec des symboles.

Les lignes verticales et horizontales qui servent de point de repère ont été supprimées. La lecture est moins précise puisqu'il n'y a plus de guides, mais l'allure générale des courbes est privilégiée.

À vous de choisir, au moment de construire votre image, ce qui, de la précision ou de la vision globale, correspond le mieux à votre propos.

- **En séparant des données**

Dans l'exemple suivant (en A), les valeurs les plus fortes sont lisibles, les valeurs faibles le sont nettement moins du fait de leur superposition.

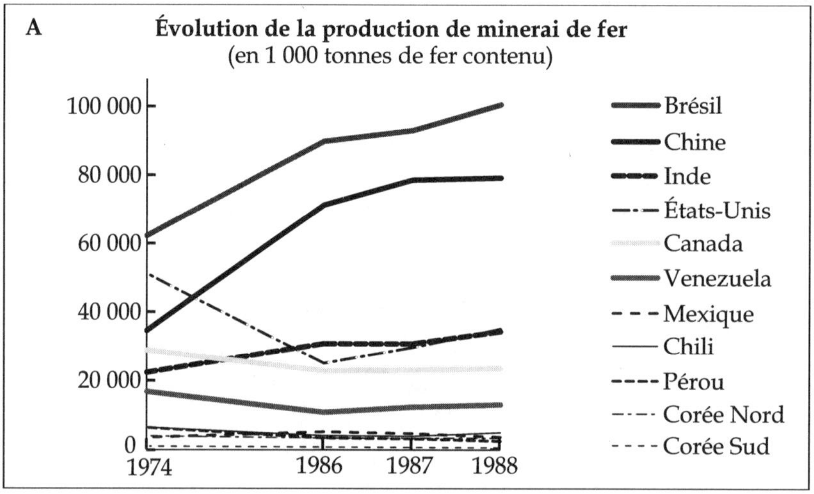

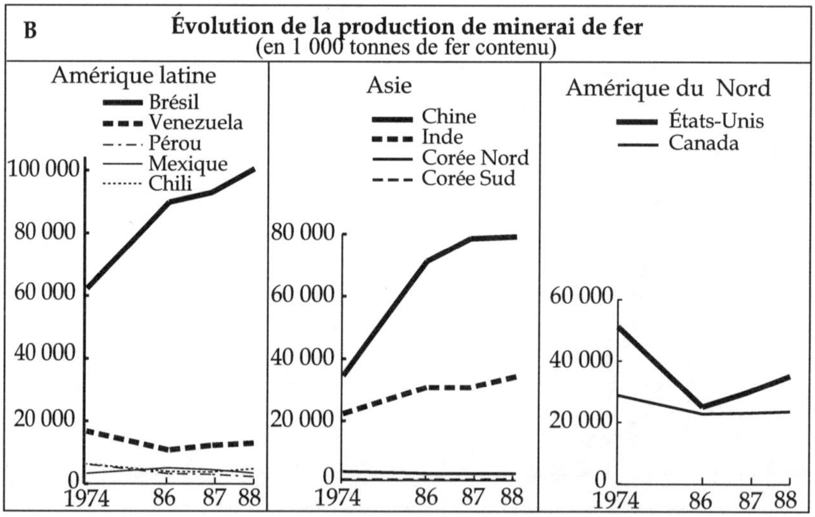

Le grand nombre des figurés ne permet pas de les différencier les uns des autres avec certitude.

En B, l'information a été séparée, de façon logique et cohérente, en trois graphiques ; les données sont regroupées en régions géographiques et les échelles sont identiques pour faciliter les comparaisons. De cette façon, les figurés se superposent peu ou pas du tout, rendant ainsi la lecture plus facile puisqu'il n'y a plus d'équivoque entre eux.

Ainsi fractionnée, l'information prend un sens qui saute aux yeux du lecteur : on constate immédiatement que les plus gros producteurs sont des pays en voie de développement, que la production est globalement stagnante en Amérique du Nord, alors qu'elle progresse dans les deux autres continents. Ce n'est qu'après un long temps d'observation que le lecteur serait parvenu aux mêmes conclusions à partir du graphique général.

• En jouant sur les similitudes

Pour aider le lecteur à mémoriser l'information, essayez d'attribuer symboles et figurés de façon logique, en jouant sur les similitudes.

Légende de carte répertoriant les magasins à grande surface d'une ville

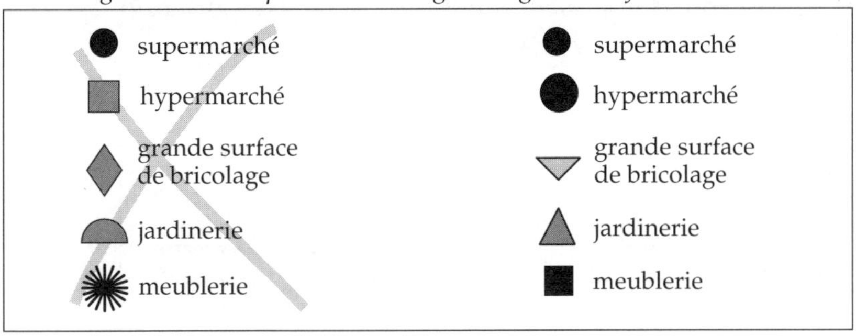

À gauche, ce qu'il ne faut pas faire, un symbole très différencié a été attribué à chaque élément à représenter.

À droite, les éléments ont été regroupés et des symboles similaires ont été choisis par catégories.

Les super et les hypermarchés ne diffèrent que par leurs surfaces : ils sont représentés par un signe de forme identique, le cercle, mais de taille différente.

Jardinerie et bricolage impliquent une activité concernant la maison et son environnement proche, mais ils ne distribuent pas les mêmes produits : les symboles sont de taille et de forme similaires (triangle) mais d'orientation différente, ce qui les distingue.

La meublerie concerne la maison mais n'implique pas d'activité. Le symbole peut donc être différent des deux autres.

L'exemple donné ici concerne une carte mais vous pouvez appliquer ce principe à un schéma ou un graphique.

Imaginons le cas d'un graphique présentant des évolutions de productions agricoles, vous choisirez par exemple des traits pleins et d'épaisseurs différentes pour les fruits, des tiretés plus ou moins longs pour les céréales.

Les similitudes ne sont pas toujours aussi évidentes que dans ces exemples, bien sûr, mais vous aurez toujours intérêt à chercher ce genre d'analogies entre éléments, en particulier lorsque vous avez un nombre important de figurés à placer.

Hiérarchiser

Il s'agit d'organiser les informations afin de guider l'œil de votre lecteur vers l'essentiel. Plusieurs méthodes facilitent la hiérarchisation : on peut différencier les tracés, dégager l'information principale, fournir des points de repère.

• En différenciant les tracés

Prenons l'exemple d'un graphique. En A, la différenciation se fait par le texte accompagnant les tracés (ici, des noms de pays) : cette indication est nécessaire, mais elle n'est pas suffisante.

En effet, les tracés sont d'épaisseur identique, rien ne ressort, rien n'est évident au premier coup d'œil.

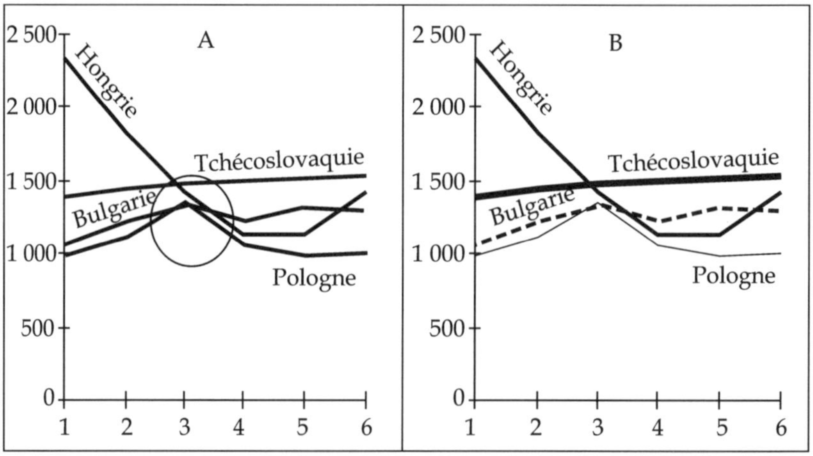

En B, les traits les plus épais sont affectés aux valeurs les plus fortes, les traits les plus minces aux valeurs les plus faibles. Première incidence sur la lecture et la compréhension : les différents tracés sont immédiatement perçus.

En A, dans la zone entourée d'un cercle, suivre les lignes est possible, bien sûr, mais grâce à un effort d'attention. Cette difficulté de différenciation a une incidence négative sur la lecture et la compréhension : en B, le figuré est différent pour chaque ligne, la confusion devient impossible.

• **En dégageant l'information principale**

Vous aurez peut-être besoin de mettre l'accent sur un point particulier d'un schéma, d'un graphique ou d'une carte. S'il vous semble que l'image ne parle pas d'elle-même, que l'information est noyée dans un ensemble, n'hésitez pas à faire appel à des guides visuels.

Dans l'exemple ci-dessous, nous avons mis en évidence deux phénomènes différents qui correspondent à deux discours différents.

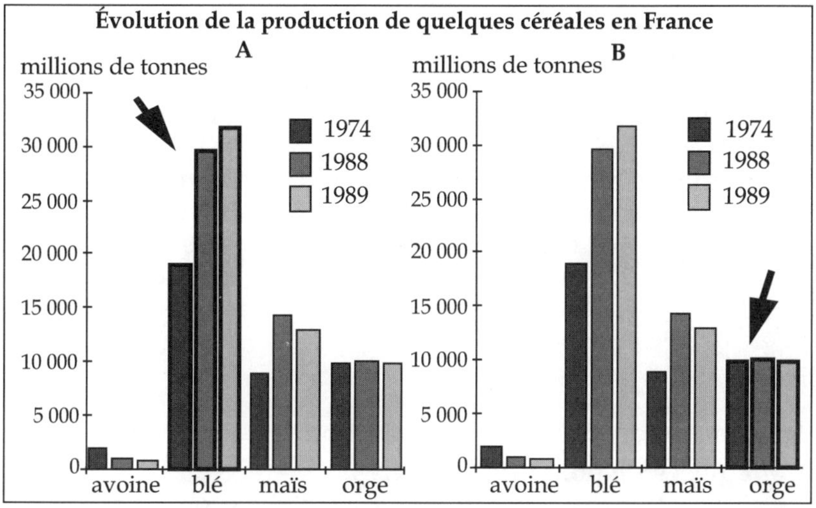

De la même manière, encadrez d'un trait plus épais les valeurs phares de votre schéma, celles que vous reprenez dans votre propos (en A, le blé, les plus grosses productions ; en B, l'orge, les plus constantes). Pour renforcer encore votre discours et guider votre lecteur vers l'essentiel, vous pouver attirer son regard à l'aide d'une flèche.

• **En fournissant des points de repère**

Sur un graphique vous pouvez ajouter des indications telles que la moyenne, la médiane, etc.

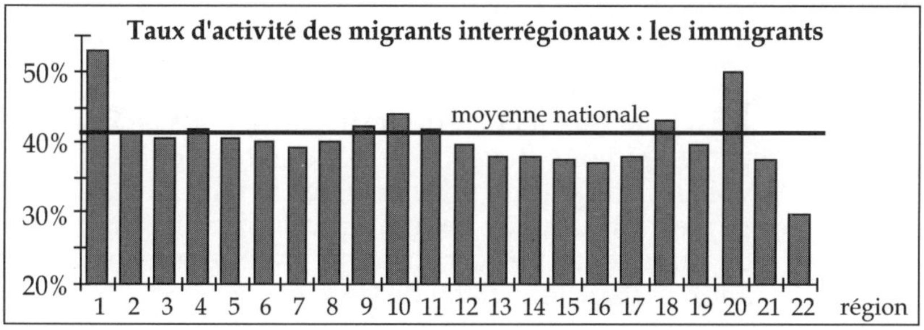

Dans vos cartes vous pouvez aussi mettre l'accent sur les moyennes, les médianes, etc., en calant vos classes sur ces chiffres.

Exemples de légende de carte de densité de population

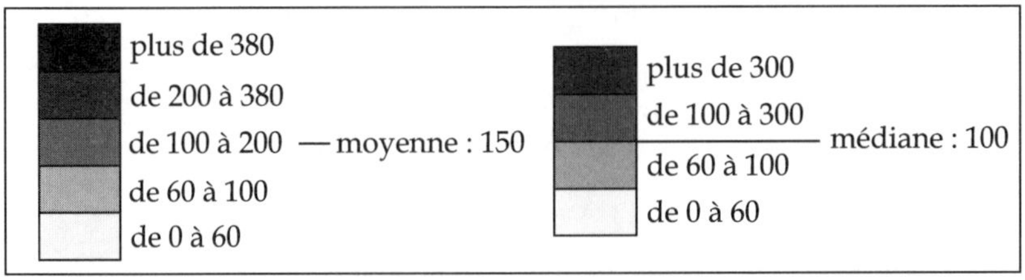

Dans la légende de gauche, la moyenne : 150 habitants au km^2 est incluse dans la classe centrale (100 à 200).
Dans la légende de droite, les classes se répartissent de part et d'autre de la médiane.

Lorsque vous utilisez moyennes ou médianes pour bâtir vos classes, n'oubliez pas d'en donner l'information dans la légende de la carte : inscrivez les chiffres de référence que vous avez utilisés pour construire vos classes comme dans l'exemple ci-dessus.

Normaliser

C'est un des principes de base de toute production, texte ou image.

• **En utilisant une seule police de caractères**

Pour un même document, la police de caractères du texte figurant dans vos images doit être unique ET identique à celle du texte général et à celle des titres.

Lorsque vous reproduisez sans la retravailler une image issue d'un autre document, vous n'avez pas la possibilité de changer le texte qui y figure : c'est le seul cas où sera admise une police de caractères différente du texte ; en ce qui concerne le titre (s'il existe) de cette image importée, recomposez-le en utilisant une police de caractères identique à celle de votre texte.

Le titre d'une image peut se placer
- en haut ou en bas,
- à l'intérieur ou à l'extérieur d'un cadre.

Placer le titre à l'extérieur du cadre vous facilitera la tache : si vous devez y porter des corrections par la voie informatique, vous pourrez le faire directement par le traitement de texte, alors que si le titre fait partie de l'image, toute correction devra être effectuée à la source, dans le logiciel de dessin.

• **En plaçant légendes et titres toujours aux mêmes endroits** pour les images de même type, vous augmentez la rapidité de lecture. Votre lecteur ne cherche plus ces éléments, il sait par avance où les trouver. Décidez une fois pour toutes de les inscrire en haut ou en bas. Si votre première figure est construite comme en A, les suivantes, B et C, doivent être organisées de manière identique.

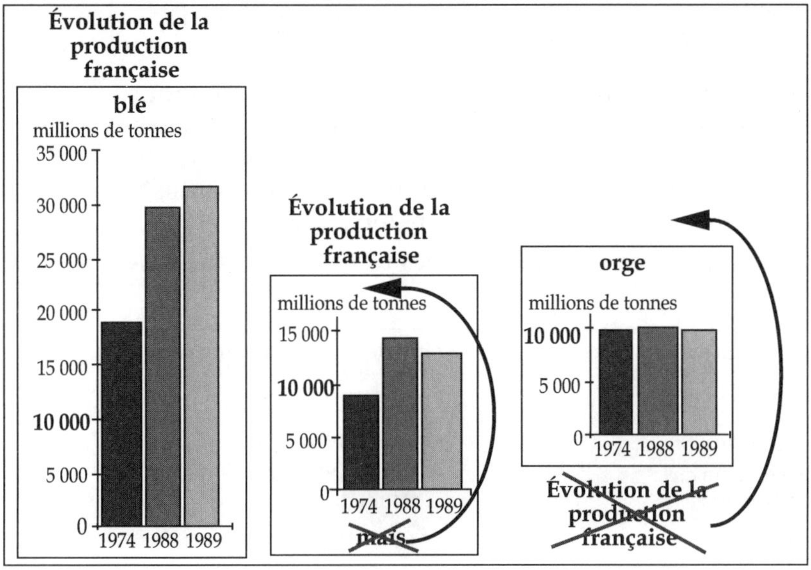

Les notes qui concernent les images s'inscrivent directement sous l'image et non pas en bas de page comme les notes concernant le texte général.

Même en très petits caractères, indiquez toujours vos sources : l'organisme qui vous a fourni l'image ou l'information, l'origine des données chiffrées que vous avez utilisées et, pour une photo, le nom du photographe ou de l'agence de presse.

• **En utilisant des formes identiques de représentation pour des images traitant de sujets similaires** vous facilitez les comparaisons entre plusieurs figures.

Prenons un exemple : vous avez étudié une série de données et vous aboutissez à une typologie concernant des espaces différents (les régions françaises et les Länder allemands), vous utiliserez alors la même série de trames pour chacune des cartes régionales.

A : déconseillé *B : préconisé*

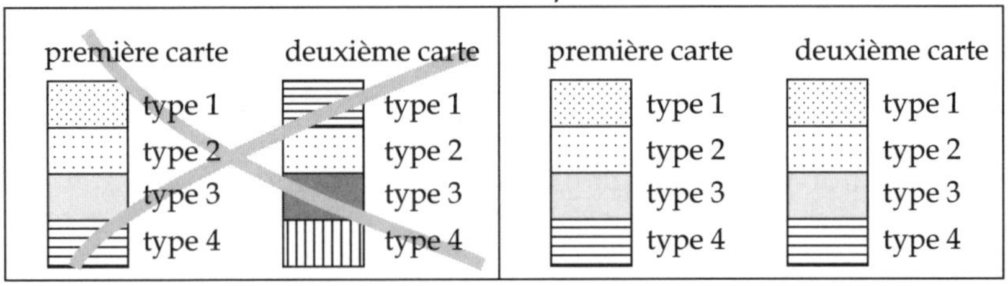

En A, le dessin des trames d'une carte à l'autre n'est pas identique : votre lecteur, dérouté, aura des difficultés à faire des comparaisons. En B, les trames sont identiques, les comparaisons sont faciles. Votre lecteur mémorisera, une fois pour toutes, les trames utilisées (même si les figures ne sont pas sur la même page).

Le principe est le même avec les courbes d'un graphique ou les symboles d'une carte.

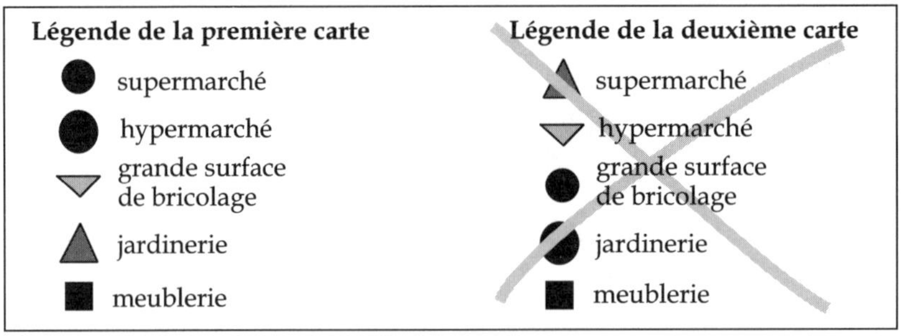

• **En utilisant les mêmes échelles** pour une série de graphiques traitant de données identiques.

En A, les comparaisons visuelles sont impossibles puisque la valeur 10 est représentée tour à tour par 1, 2 et 3 cm. L'erreur est flagrante lorsque les graphiques sont côte à côte. Elle est moins évidente lorsque les graphiques sont sur des pages séparées. Si vous souhaitez que la comparaison soit aisée d'une figure à l'autre, veillez à garder la même échelle.

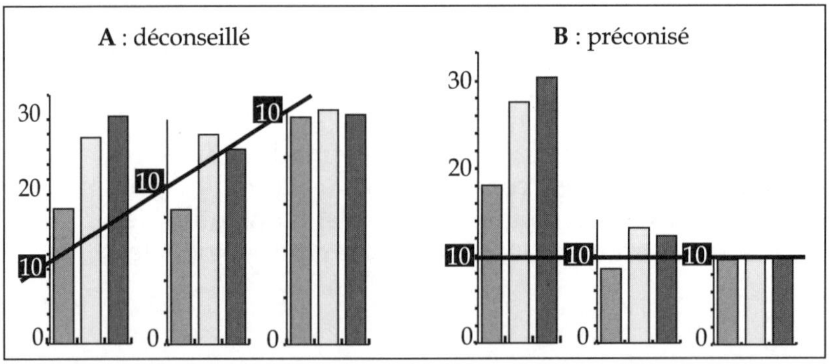

• **En plaçant les mêmes éléments aux mêmes endroits** dans une série de graphiques ou de cartes similaires.

Si vous réalisez plusieurs graphiques en secteurs (fromages) destinés à être comparés, vous placerez toujours l'élément que l'on considère comme le premier de la série au même endroit sur tous les graphiques, et les différents éléments dans le même ordre.

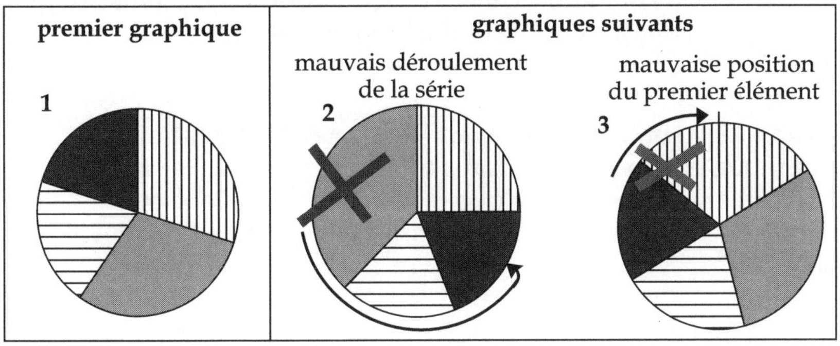

En 2, la série n'est pas dans le même ordre qu'en 1, la trame la plus claire doit être permutée avec la plus foncée. En 3, le premier élément en partant du dessus devrait démarrer de "midi".

Si les graphiques sont normalisés, la comparaison est immédiate : un seul regard suffit pour apprécier les écarts entre les volumes respectifs de chacun.

En normalisant vos présentations, vous offrez à votre interlocuteur un confort de lecture qui ne peut qu'augmenter vos chances de faire passer votre message.

Si vos graphiques sont sur des pages séparées, vous devez également vous astreindre à respecter cette règle. En effet, votre lecteur mémorise le premier graphique, tourne la page et plaque inconsciemment l'image mémorisée sur celle qui vient d'apparaître : il y a donc bien comparaison même si elle n'est pas directe.

• **En respectant certaines règles de présentation**

– Les titres

Toutes les images doivent comporter un titre qui situe le contexte : sujet ou lieu. Selon son titre, une image peut figurer dans des thèmes très divers. En titrant, l'auteur attire l'attention du lecteur sur ce qu'il faut voir.

Une peinture représentant une église peut ainsi prendre plusieurs significations :

- l'auteur fait référence à l'œuvre de l'artiste :
  Les ocres dans la peinture de Michel-Ange ;
- l'auteur fait référence au style architectural :
  Exemple de style roman, l'église Sainte Madeleine de Vézelay ;
- l'auteur fait référence à des techniques de construction :
  Les arcs-boutants de l'église Saint Sernin de Toulouse ;

- l'auteur décrit un village ou une région :
  L'église de Sainte-Alvère dans la vallée de la Dordogne.

Le titre est parfois appelé légende. Dans ce guide, nous employons le terme "légende" uniquement pour désigner l'explication des différents éléments graphiques figurant dans une illustration.

Le titre se dispose en haut ou en bas de l'image. Seule obligation : adoptez un mode et conservez-le dans tout l'ouvrage.
Les composantes sont les mêmes que celles des pages de texte : marge, police de caractères, taille des caractères (voir p. 184 et suivantes).

Lorsqu'une image occupe une page entière (à l'intérieur du cadre), les marges, la pagination, les en-têtes et les pieds de pages doivent être absolument identiques à ceux des pages de texte : même caractère, même taille, mêmes emplacements (voir p. 196 et suivantes).

Vous devez écrire le mot "figure" en entier dans le titre et réserver à son appel dans le texte l'abréviation "fig." que vous mettrez entre parenthèses.

Les titres des tableaux sont précédés de la mention "Tableau" suivi du numéro d'ordre.

- La numérotation

La numérotation a deux fonctions : répertorier l'image en table finale et l'appeler à l'intérieur du texte (fig.1).

Si vous avez plus de deux images de même type (tableaux, schémas, graphiques, cartes, photos...), vous devez les numéroter séparément et tirer autant de tables que de types.

Pour simplifier la tâche et la lecture, on ne distingue généralement que trois catégories : tableaux, figures, photos. Sous la rubrique "figures" sont rangés les graphiques, les schémas et les cartes (voir p. 247).

Les ficelles du graphiste

Ces données fondamentales seraient incomplètes si nous ne vous donnions pas quelques conseils pratiques pour la réalisation matérielle de vos figures.

Le Scotch

Lorsque vous dessinez à la main, la toute première chose à faire est de fixer votre feuille de dessin sur la table de travail, en scotchant ses quatre coins. Bien des novices ne prennent pas cette précaution élémentaire : ils pensent au contraire que si la feuille est libre, ils pourront, en la tournant, tracer des traits dans tous les sens plus facilement.

C'est vrai, mais vous vous exposez à des déboires bien pires tels que cornes (qui se voient à la photocopie) ou déchirements (qui gâchent définitivement le travail). Lorsque rien ne maintient les coins du papier de dessin, les déplacements des équerres, règles et rapporteurs (ou simplement de la main) risquent de les soulever et de les plier à votre insu. Ce fait, répété plusieurs fois, finit par marquer et déchirer les angles si vous avez le geste un peu vif. En prenant la précaution de placer le Scotch comme indiqué ci-dessous, vous aurez moins de risques de déchirement.

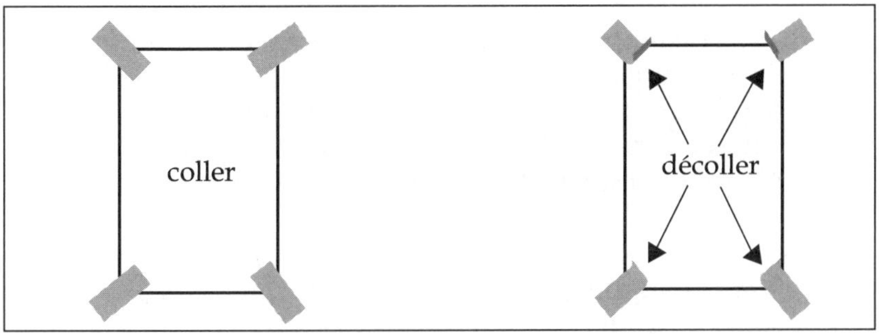

Quand vous avez terminé votre illustration, pour la décoller de la table, pensez à enlever d'abord la partie du Scotch qui se trouve sur le calque, de cette façon vous évitez un autre risque de déchirement.

L'encre

L'encre met un certain temps à sécher ; voici trois ficelles qui limiteront les risques de pâtés :

- commencez toujours votre dessin, en haut à gauche si vous êtes droitier, en haut à droite si vous êtes gaucher. Vous éviterez de poser par inadvertance votre main sur ce que vous venez de dessiner ;
- lorsque vous tracez des traits horizontaux, commencez toujours par ceux du haut ;
- lorsque vous tracez des traits verticaux - puisque votre feuille est fixée au quatre coins et que vous ne pouvez lui faire subir de rotation - si vous tenez votre règle de la main gauche, commencez par le bord droit puis déplacez la règle progressivement vers la gauche ; si vous la tenez de la main droite, commencez par le bord gauche.

Le papier millimétré

Si vous travaillez sur un support transparent (calque, Rhodoïd), fixez d'abord du papier millimétré sur votre table : en collant votre calque par-dessus, vous obtiendrez un excellent guide de tracé.

Les tracés

Les novices ont tendance à tracer des traits fins par souci d'élégance. C'est souvent une source de problème par la suite, notamment si vous employez des trames autocollantes. En effet, plus le trait est fin, plus l'exercice consistant à suivre le tracé avec la pointe du cutter pour découper la trame est périlleux, le moindre décalage devient alors visible. Facilitez-vous la tâche et utilisez des pointes tubulaires supérieures à 0,2 mm, voire 0,3 mm.

Les trames autocollantes

Ce sont des surfaces grisées (ou de grains différents) imprimées sur un support autocollant (polyester en général) qui, fixé sur un papier, se détache facilement de ce dernier. Il faut prélever une partie de la trame pour la placer sur tout ou partie de votre image. Découpez une surface largement plus grande que nécessaire et appliquez-la sur la zone à tramer, en respectant le sens de la trame (voir p. 25).

À l'aide d'un cutter (de préférence à la dangereuse lame de rasoir), découpez en suivant le contour de la zone visible en transparence et enlevez le surplus de trame.

Les trames sombres cachant le trait, le découpage devient difficile, utilisez donc des trames relativement claires.

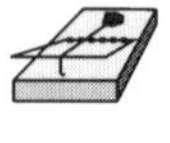

Si le découpage laisse apparaître des blancs, surtout n'essayez pas de les combler avec de l'encre. Vous risqueriez de poser la pointe tubulaire au contact de la trame, l'encre filerait alors en-dessous par capillarité, et ferait un beau pâté. Si vous avez des vides à combler, utilisez un crayon : ce n'est pas l'idéal mais c'est sans danger.

Les tracés de courbes

L'emploi d'une règle souple ou d'un gabarit est nécessaire pour tracer des courbes régulières (voir p. 23). Avec ce type de matériel, l'erreur la plus courante consiste à démarrer le tracé de la deuxième partie d'une courbe exactement à l'endroit où se termine la première partie.

Si vous faites vos tracés de cette manière, vous risquez d'obtenir une courbe comportant des ruptures (A et B) puisque les deux tracés ne concordent pas. Ainsi dessinée, la courbe ne peut absolument pas être rectifiée. Si vous essayez de gratter la partie du trait qui déborde de la ligne générale de la courbe, vous n'obtiendrez qu'un rétrécissement du trait (C).

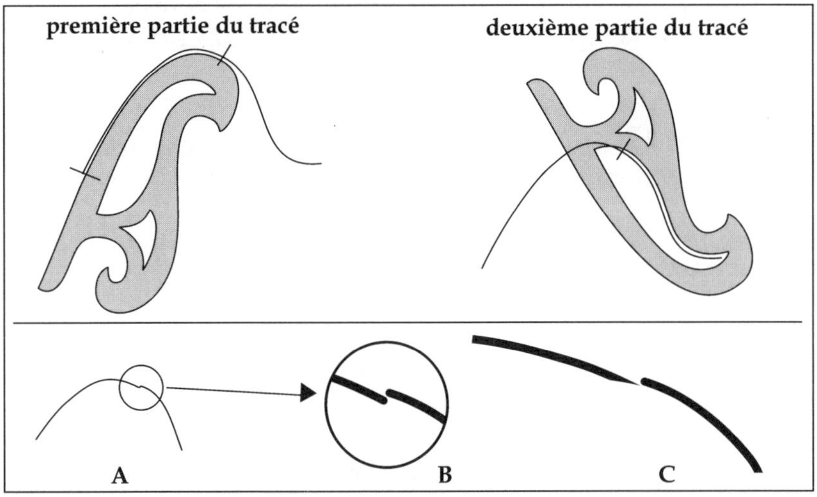

Vous obtiendrez de bien meilleurs résultats en superposant le deuxième tracé au premier sur quelques millimètres.

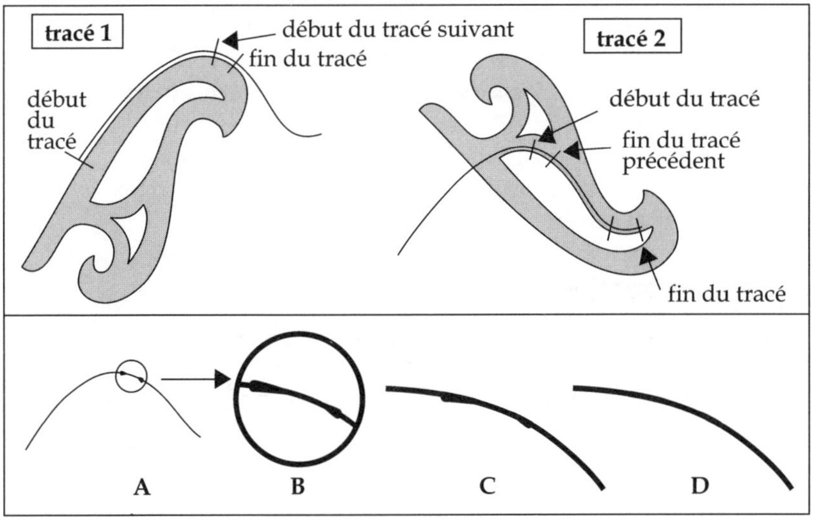

En cas de bavure, vous effacerez par grattage ce qui dépasse de chaque côté du trait. Dans l'exemple ci-dessus, le tracé général de la courbe est respecté malgré les bavures (A et B). En C, l'encre dépassant au-dessus de la courbe a été grattée, en D les deux côtés sont grattés, la courbe est parfaite.

Le tracé de courbes parallèles

C'est un exercice périlleux donc, principe de base, contournez la difficulté.

Un simple trait large symbolise aussi bien une route, une voie ferrée ou une rivière que deux traits parallèles.

Si vous construisez une courbe double, comme pour les courbes simples, vous devrez vous servir d'une règle souple ou d'un gabarit.

Deux courbes parallèles ne sont jamais parfaitement identiques même si elles le paraissent.

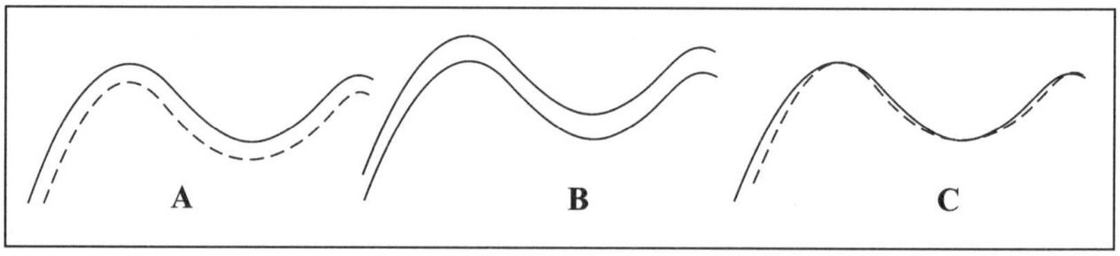

En A, les deux courbes sont parfaitement parallèles.
En B, la même courbe figure deux fois, le parallélisme n'est pas obtenu.
En C, sont superposées les deux courbes de A : vous remarquez à quel point elles diffèrent.

Si vous dessinez à la main, tracez au préalable à main levée vos deux courbes parallèles au crayon sans appuyer.

Si vous utilisez l'ordinateur, il est tentant de reproduire la première courbe dessinée et de la décaler, mais vous obtiendrez la même chose que dans l'exemple ci-dessus (B). Pour gagner du temps vous pouvez effectivement recopier la première courbe, qu'il faudra alors retravailler.

Le dessin en perspective

Rien ne vaut un dessin pour expliquer une erreur courante et pourtant facile à éviter.

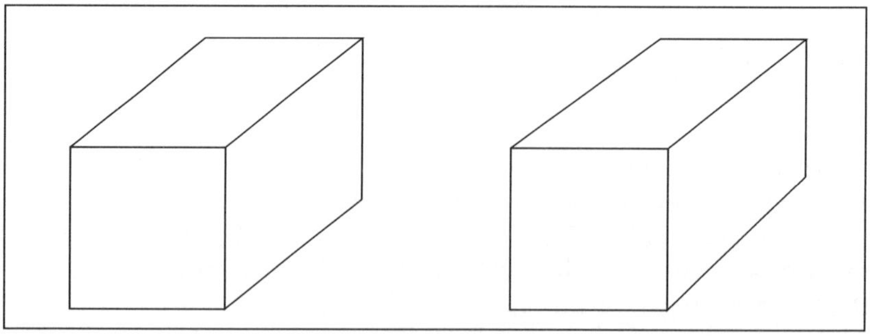

Quel parallélépipède vous paraît le plus juste ? Celui de gauche ou celui de droite ?

À gauche les côtés des carrés qui représentent les faces verticales avant et arrière du volume sont identiques, la perspective est fausse. À droite les côtés des carrés qui représentent les faces verticales avant et arrière du volume ne sont pas identiques, la perspective est juste.

Les règles de construction établies par les peintres de la fin du Moyen Âge et du début de la Renaissance sont extrêmement simples à comprendre, à retenir et à appliquer.

Dans le sens de la profondeur, deux droites parallèles finissent par se rejoindre en un point appelé point de fuite.

Imaginez-vous en train de rouler sur une longue route rectiligne. À l'horizon, les deux côtés de la route semblent se rejoindre : la largeur de la route au loin est devenue égale à 0.

Dans la réalité, lorsque vous regardez un volume, la face arrière est plus éloignée de vous que la face avant, vous la percevez plus petite : vous devez donc la dessiner plus petite, si vous voulez que votre lecteur la voie comme vous.

Dans un dessin, les lignes horizontales et verticales n'ont pas de point de fuite, elles restent parallèles, alors que toutes les diagonales se rejoignent au point de fuite.

L'emplacement du point de fuite dépend de l'endroit où vous êtes fictivement placé par rapport à l'objet à représenter.

Marche à suivre : dessinez la façade avant du volume, puis placez un point de fuite. Tirez des traits au crayon depuis le point de fuite jusqu'aux angles de la façade déjà dessinée, faites plusieurs essais pour obtenir le meilleur tracé. Ensuite, tirez les traits verticaux et horizontaux représentant les arêtes de la facade arrière. Ils sont, eux, parallèles aux côtés de la façade.

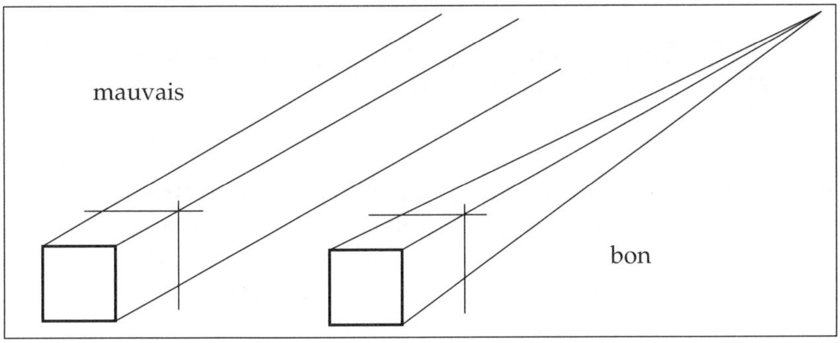

Plus vous placez le point de fuite près de l'objet, plus vous êtes censé être près de lui et plus la déformation est grande. En règle générale, le point de fuite est assez éloigné, il est parfois placé en dehors de la feuille de dessin. À vous de choisir ce qui vous convient le mieux.

TABLEAUX ET GRAPHIQUES

Vous souhaitez présenter à votre lecteur des données chiffrées pour étayer votre propos. Vous disposez, pour ce faire : du tableau, ensemble organisé de chiffres et de rubriques ; du graphique, illustration bâtie à partir des chiffres du tableau.

En premier lieu vous devez réfléchir sur l'intérêt de présenter l'un ou l'autre, voire les deux.
À vous de définir le message que vous souhaitez faire passer, et de voir s'il est vraiment nécessaire que votre lecteur croule sous des colonnes de chiffres qu'il risque de ne pas lire.

Un bon graphique est souvent plus percutant qu'un tableau.

Si vous tenez à présenter tout ou partie de vos données chiffrées, vous pouvez les réunir dans des tableaux que vous placerez en annexe afin d'alléger le texte principal.

Les graphiques servent à mettre en ordre l'information, et donc à mieux comprendre, et faire comprendre, la réalité d'une situation ou d'un processus qui présentent généralement de multiples aspects. Vous allez donc choisir le type de graphique en fonction du phénomène précis que vous cherchez à mettre en évidence.

Un graphique ne doit pas seulement être exact et beau, il doit être pertinent.

Chaque discipline, chaque corporation a ses propres habitudes, voire ses propres codes ; nous ne prétendons pas ici normaliser la pratique du graphique, mais quels que soient les sujets abordés, les types de problèmes à traiter et les solutions graphiques se réduisent à un nombre limité de cas. Ce sont ces situations communes que nous allons passer en revue, étant bien entendu que les formules proposées pourront donner lieu à de multiples variations.

Faire un tableau classique, ou le point de départ de l'information

A priori la réalisation d'un tableau ne pose aucun problème particulier. Et pourtant, comme un texte, il doit regrouper et hiérarchiser : pour aider votre lecteur à cheminer dans le tableau et lui éviter l'épreuve du labyrinthe, il suffit de lui donner d'emblée des points de repère. Pour cela vous avez à votre disposition les types de caractères, le jeu des lignes et des colonnes, la présentation d'ensemble.

Tableau A

Chiffre d'affaires d'un magasin de sport (en milliers de francs)

	1987	1988	1989	1990
sports plein air	92,1	90,1	91,3	91,3
cycles	33,6	33,8	34,4	34,1
sports d'eau	40,2	40,1	41,3	41,5
sports d'hiver	18,3	16,2	15,6	15,7
canoë-kayak	6,8	6,6	7,0	7,1
cyclotourisme	12,8	12,7	12,3	12,9
dériveur	15,5	15,2	15,7	15,6
luge	5,4	3,9	3,1	3,0
patin à glace	2,8	3,1	3,2	3,3
planche à voile	13,7	13,7	13,9	14,1
plongée	4,2	4,6	4,7	4,7
ski	10,1	9,2	9,3	9,4
vélo de course	10,6	9,4	9,7	9,3
VTT	10,2	11,7	12,4	11,9

Tableau B

Chiffre d'affaires d'un magasin de sport (en milliers de francs)

	1987	1988	1989	1990
sports plein air	**92,1**	**90,1**	**91,3**	**91,3**
cycles	33,6	33,8	34,4	34,1
sports d'eau	40,2	40,1	41,3	41,5
sports d'hiver	18,3	16,2	15,6	15,7
cyclotourisme	*12,8*	*12,7*	*12,3*	*12,9*
vélo de course	*10,6*	*9,4*	*9,7*	*9,3*
VTT	*10,2*	*11,7*	*12,4*	*11,9*
canoë-kayak	*6,8*	*6,6*	*7,0*	*7,1*
dériveur	*15,5*	*15,2*	*15,7*	*15,6*
planche à voile	*13,7*	*13,7*	*13,9*	*14,1*
plongée	*4,2*	*4,6*	*4,7*	*4,7*
ski	*10,1*	*9,2*	*9,3*	*9,4*
luge	*5,4*	*3,9*	*3,1*	*3,0*
patin à glace	*2,8*	*3,1*	*3,2*	*3,3*

Dans l'exemple ci-dessus, le tableau A est correct et soigné, mais il peut être amélioré.

En B, plusieurs transformations ont été réalisées :
- les valeurs globales concernant l'ensemble du rayon plein air ont été inscrites en corps 9 et en gras ;
- les trois grandes subdivisions du rayon sont en corps 9, normal ;
- plutôt qu'alphabétiquement comme en A, dans le tableau B les différents articles ont été classés par catégories, séparées par une ligne blanche. Ils se distinguent des valeurs globales par l'italique et le corps 8.

La hiérarchie est donc indiquée de deux façons :
- par l'emplacement : la première ligne correspond à la somme des trois suivantes, mais aussi à la somme des dix dernières ;
- par l'aspect, c'est-à-dire la taille et la forme des lettres.

Les traits horizontaux ne sont pas tous indispensables, les séparations internes des groupes sont une surcharge inutile et uniformisante. En revanche, les traits verticaux restent nécessaires car les colonnes sont ici très serrées.

Si vous vous servez d'un tableur pour saisir et travailler vos données, vous pouvez l'utiliser aussi pour transférer vos tableaux dans vos fichiers textes et éviter ainsi de les ressaisir.

Dans tous vos tableaux, vérifiez bien les totaux, en particulier les pourcentages si leur somme doit être égale à 100.

Mettre en correspondance des réalités qualitatives

Le tableau de correspondances est une forme de présentation intermédiaire entre le tableau classique et les graphiques proprement dits. Il est utile pour traduire des informations qui *a priori* ne se prêtent guère à la rigueur de la mesure et du calcul. L'image ci-dessous est la simple représentation de correspondances entre des stations de montagne et des équipements sportifs[1] ; la logique retenue ici est celle de la présence-absence.

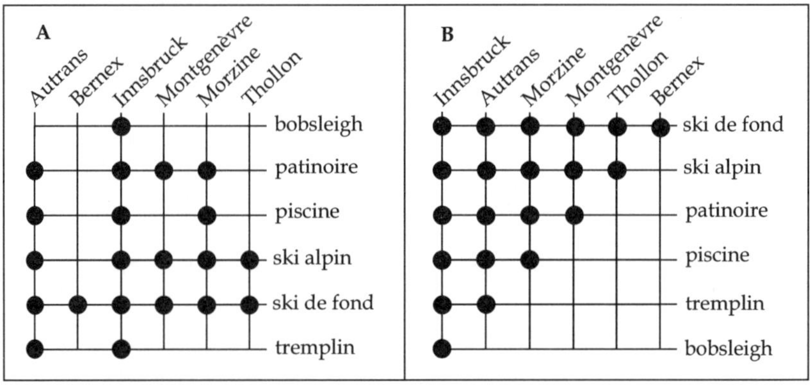

D'après J. Bertin, *op. cit.*

En A, stations et équipements ont été mis en correspondance par ordre alphabétique strict des stations et des équipements.
En B, lignes et colonnes ont été **recomposées :**
- les stations sont regroupées et classées par nombre d'équipements observés ;
- les équipements sont regroupés et classés par nombre de stations concernées.

L'information a donc été **hiérarchisée**, de la station qui comporte le plus d'équipements à celle qui en comporte le moins, de l'équi-

[1] Exemple fictif ne correspondant peut-être pas à l'équipement réel des dites stations.

pement le plus courant au plus rare. D'une image complexe, on est passé à une image simple qui permet de comprendre et de mémoriser.

Présenter l'organisation d'un ensemble

L'organigramme rend compte des liens et des interactions qu'entretiennent les différents éléments d'un ensemble. Il peut représenter une **structure** (comme un réseau de vente), une **classification** (comme celle des embranchements végétaux), les **étapes** d'un processus (comme dans l'exemple ci-dessous).

Les éléments de base sont représentés par des points ou des figures géométriques simples qui peuvent avoir une signification particulière (des rectangles pour les filiales de production, des cercles pour les agences de vente) ; les liaisons sont représentées par des lignes munies ou non de flèches, dont la taille et le dessin peuvent traduire l'importance et la nature.

De la mine au stockage, le cycle du combustible nucléaire

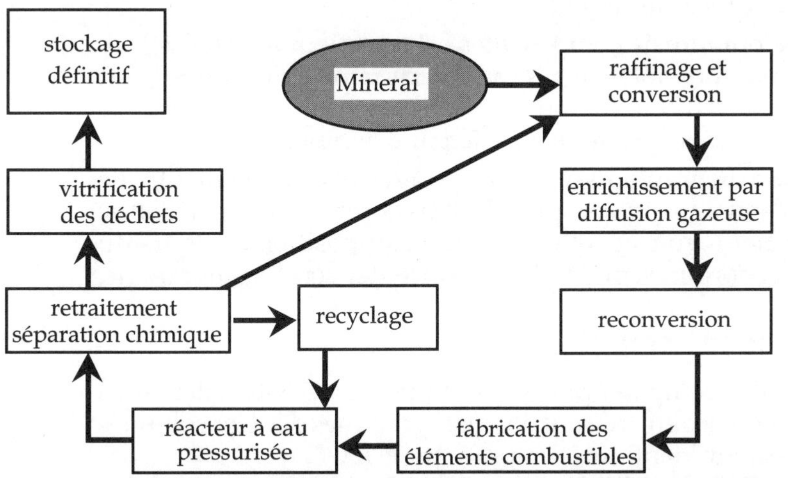

Dire de quoi est constitué un tout

On est souvent conduit à **exprimer la part que représentent les différentes composantes d'un tout.** Il faut alors donner au destinataire la possibilité de comprendre rapidement de quoi est constituée la totalité et de comparer l'importance relative des composantes.

Le graphique en secteurs

La solution la plus simple, et généralement la plus efficace, est de dessiner un graphique en secteurs, encore appelé "fromage", "camembert" ou "tarte" (*pie* en anglais). Les données traduites par de telles figures sont toujours des pourcentages dont la somme doit être égale à 100.

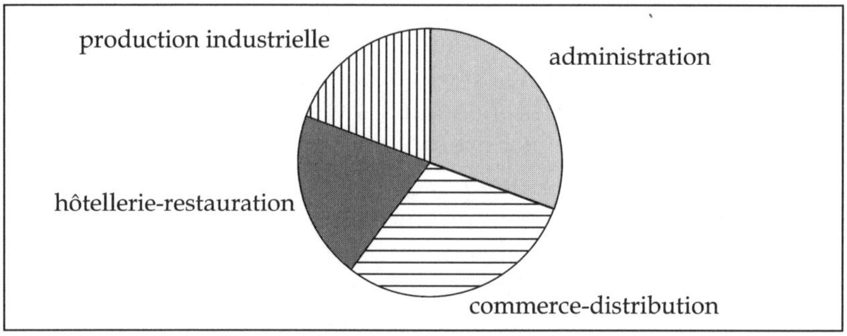

Avec certains logiciels tableurs-grapheurs, il suffit de saisir les chiffres bruts : la fonction *Graphique en secteurs* calcule automatiquement les pourcentages dont vous pouvez même demander l'affichage sur le graphique.

Lorsque le nombre de composantes est supérieur à 5 ou 6, s'il ne vous est pas possible de regrouper certaines rubriques (voir p. 124), vous aurez tout intérêt à utiliser une autre forme de graphique, un histogramme empilé par exemple.

L'utilisation du graphique en secteurs devient également difficile lorsqu'il s'agit de comparer plus de deux compositions entre elles, ou de donner à voir l'évolution d'une composition au cours du temps. Là encore, il est préférable de s'orienter vers l'histogramme.

L'histogramme empilé

Si vous voulez comparer plusieurs compositions entre elles, vous serez plus efficace en utilisant des histogrammes dont les colonnes sont de hauteur identique et représentent 100 %.

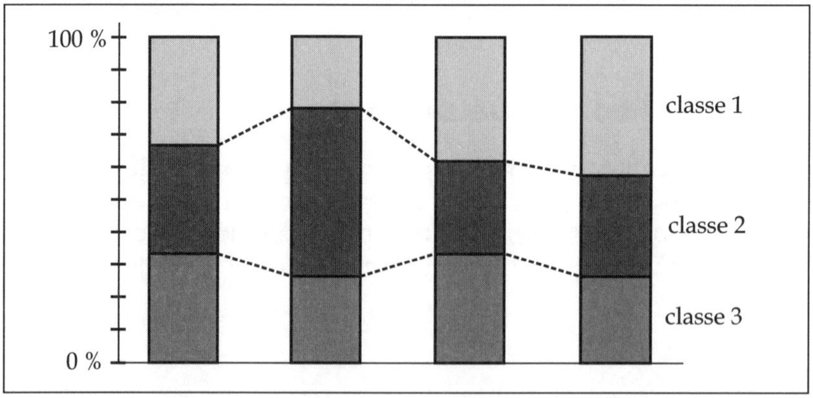

Des lignes de jonction entre les segments homologues faciliteront le travail du lecteur ; par ailleurs, inscrivez la signification des différents segments en regard de la dernière colonne, ce qui servira de légende.

Le diagramme triangulaire

Ce type de graphique ne peut être utilisé que lorsque chaque entité considérée est constituée de trois composantes exprimées sous forme de pourcentages, dont le total est alors égal à 100. Son intérêt provient de la capacité qu'il détient à traiter ensemble un assez grand nombre d'individus et à mettre en évidence une **typologie**.

Dans l'exemple présenté, on voit nettement se différencier les deux pays étudiés en fonction de l'importance relative des trois groupes d'âge : la position de la Bolivie dans le triangle indique d'emblée que sa population est plus jeune que celle du Danemark.

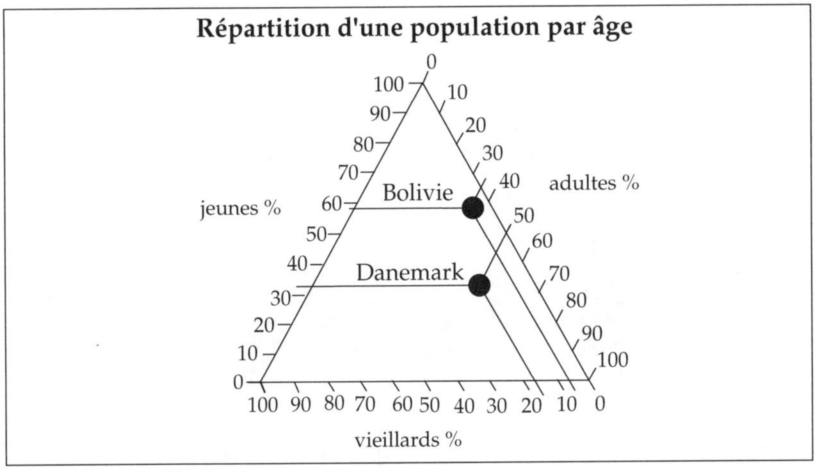

D'après P. Georges, *Questions de géographie de la population*, PUF, 1959.

Comparer des grandeurs entre elles

La manière la plus convaincante de comparer entre elles des quantités est d'utiliser des graphiques de la famille des **histogrammes**, soit sous forme de colonnes, soit sous forme de barres horizontales.

Dans l'histogramme suivant, vous constatez d'emblée que les ressources en eau sont largement supérieures aux consommations. Vous pouvez voir également que la consommation d'eau de surface est la plus importante, bien que les ressources soient plus faibles.

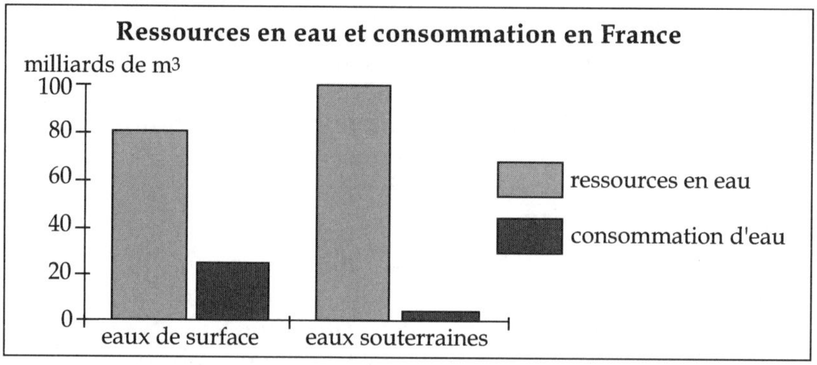

Lorsque vous avez plusieurs variables à représenter sur un seul graphique, vous pouvez regrouper les colonnes en **faisceaux** comme ci-dessous. Vous donnerez ainsi la possibilité de comparer les différentes colonnes d'un même faisceau, mais aussi les colonnes homologues d'un faisceau à l'autre. Cependant, la comparaison des quantités totales d'un faisceau à l'autre sera plus difficile.

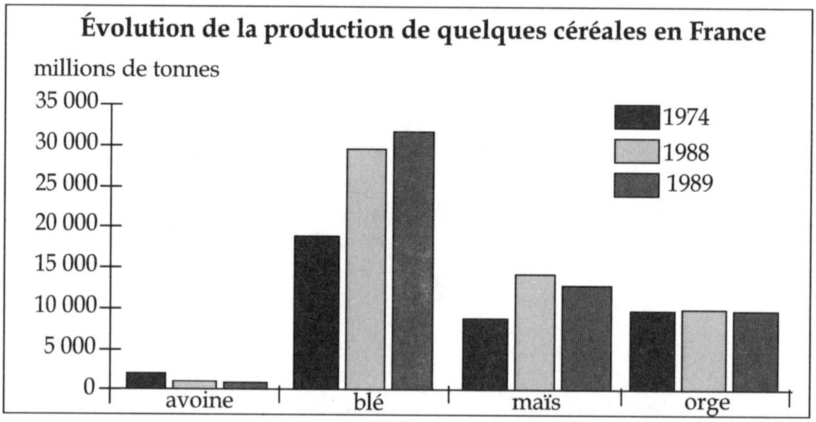

La solution des **colonnes empilées** donne, quant à elle, la possibilité de comparer les quantités totales ainsi que les quantités partielles à l'intérieur de chaque colonne ; la comparaison des segments homologues d'une colonne à l'autre est cependant délicate si ces colonnes sont composées de plus de trois éléments.

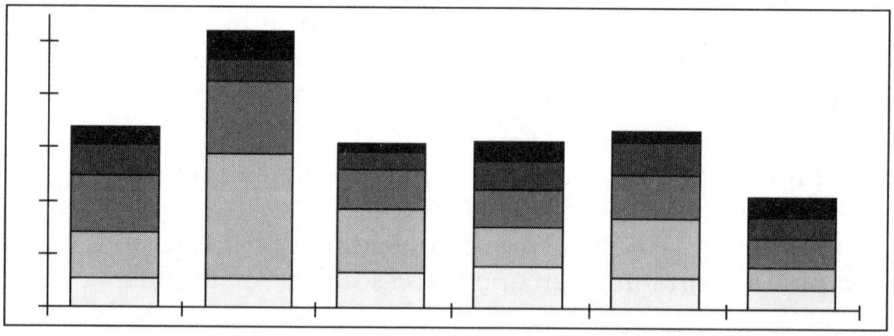

Il peut être intéressant de construire un histogramme à largeur de colonne variable.

Le graphique suivant présente deux variables quantitatives : en abscisse, des productions d'acier en millions de tonnes, en ordonnée, le prix en dollars d'une tonne d'acier. On peut donc, pour chaque pays, découvrir la valeur de ces deux paramètres et en même temps le chiffre d'affaires de la sidérurgie, c'est-à-dire le produit entre les deux nombres précédents. Chaque colonne de l'histogramme devient un rectangle dont les deux dimensions peuvent varier : dans notre exemple, la surface de chaque colonne est ainsi proportionnelle au chiffre d'affaires.

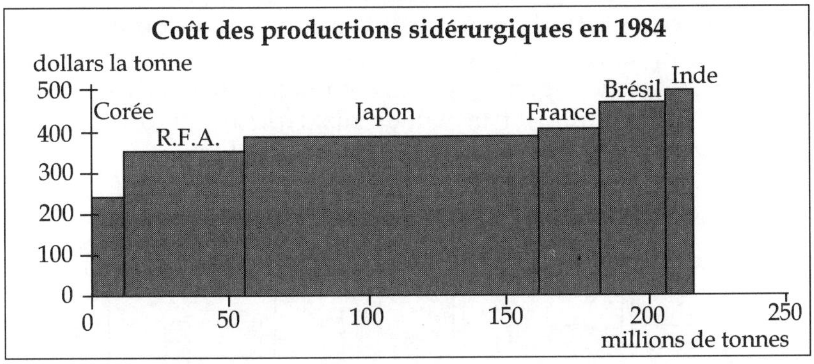

Moins connues, mais d'utilisation identique à celle des colonnes, les **barres horizontales** sont plus pratiques si les textes illustratifs de chaque colonne sont longs.

Lorsque les segments sont longs, les barres sont également plus faciles à insérer dans un document que les colonnes : ce type de graphique est moins gourmand en place que l'histogramme.

Enfin, les barres évitent toute confusion avec les histogrammes d'évolution, qui eux sont toujours en colonnes lues de gauche à droite (voir plus loin).

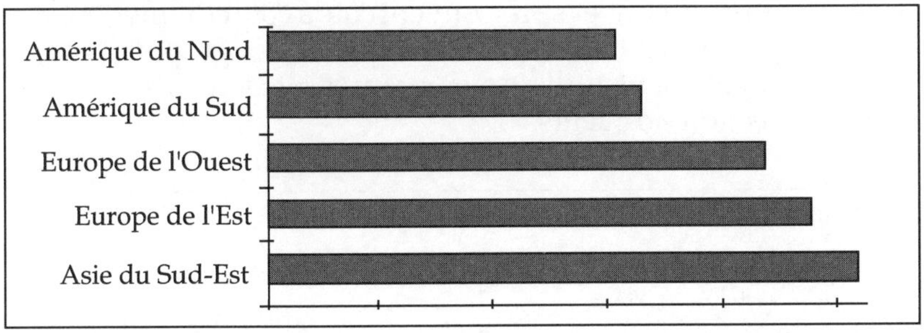

Lorsque les écarts entre les chiffres les plus petits et les plus grands sont importants, il est préférable d'utiliser une échelle **logarithmique**. Cela permet de visualiser correctement les valeurs faibles tout en "casant" sans problème les valeurs élevées.

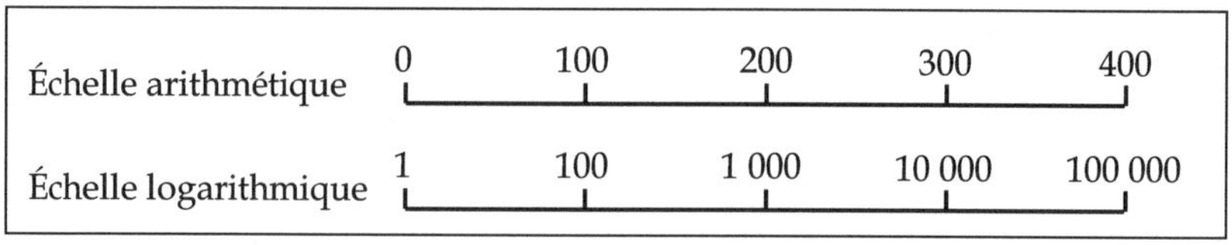

Vous pouvez enfin varier à l'infini la disposition de vos barres et de vos colonnes : des colonnes **positives** et des colonnes **négatives** juxtaposées et positionnées de part et d'autre de l'axe des abscisses pour des bilans positifs et négatifs de filiales (a) ; des barres disposées **symétriquement** pour comparer deux entreprises ou deux pays ou pour construire une pyramide des âges (b) ; des colonnes ou des barres **partiellement** positives et négatives pour comparer, par exemple, les entrées et les sorties de population dans un certain nombre de régions (c) ; des **colonnes-fourchettes** pour indiquer la valeur mini et la valeur maxi prise par une variable, prix de vente d'une série de produits à forte fluctuation saisonnière, températures au cours de la journée pendant une période donnée, etc. (d).

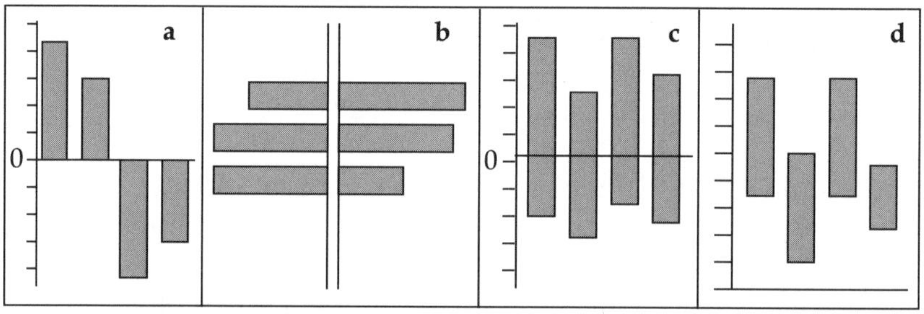

D'après G. Zelazny, *Dites-le avec des graphiques, op. cit.*

Les graphiques polaires sont moins connus que les histogrammes, mais ils sont pourtant pratiques pour comparer des valeurs correspondant à un phénomène cyclique. Dans le graphique ci-dessous, les mois de décembre et de janvier se retrouvent côte à côte comme dans la réalité, ce qui permet de mieux les comparer. Les graphiques polaires sont également utilisés pour représenter des fréquences dans la direction des vents.

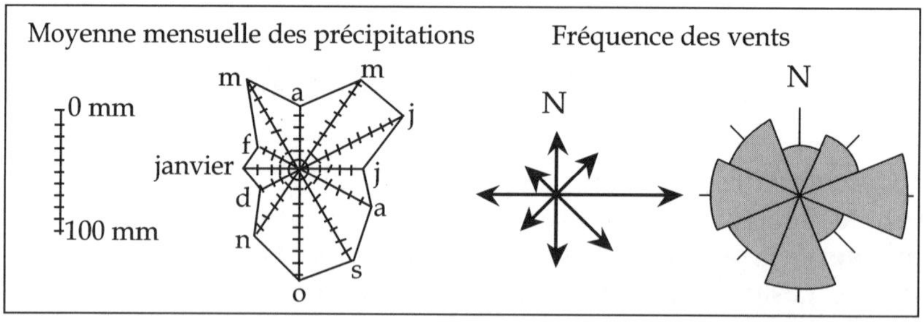

Montrer une évolution

L'expression des tendances, des changements, des mutations, des évolutions, de manière générale, constitue sans doute l'une des fonctions les plus importantes de la représentation graphique. C'est aussi un de ses enjeux les plus délicats, l'impact psychologique des valeurs d'évolution est toujours supérieur à celui des chiffres concernant des situations (cf. les chiffres du chômage). Les erreurs de choix seront donc plus graves encore que dans les autres cas envisagés.

Deux types de graphiques peuvent rendre compte de changements dans le temps : les **histogrammes d'évolution** et les **courbes d'évolution**.

Histogramme d'évolution

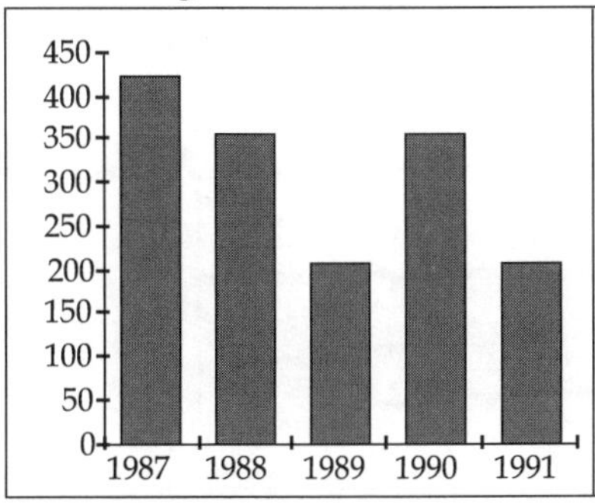

Courbes d'évolution

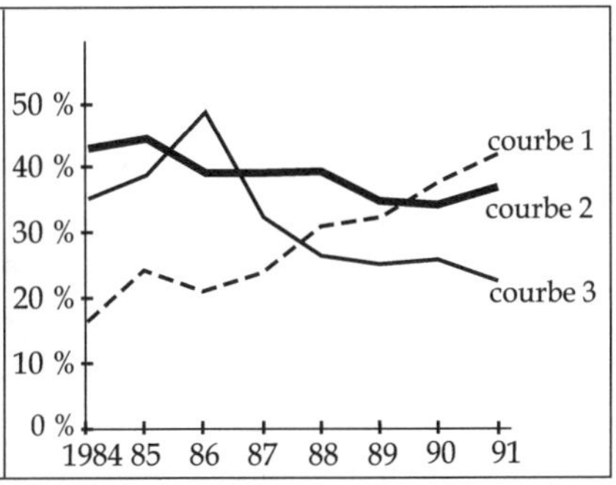

Le choix entre les deux modes de représentation dépend du **nombre de repères chronologiques** et de la **nature de la variable évolutive**. Si les repères sont peu nombreux, vous pouvez opter pour l'un ou l'autre des deux modes, en réservant plutôt l'histogramme à des valeurs qui impliquent un **renouvellement** à chaque étape, par exemple des quantités produites ou échangées, et la courbe à des grandeurs qui se contentent de varier à la **marge**, par exemple le cours des monnaies, l'indice des prix, ou la cote de popularité d'un homme politique.

Si les repères retenus sont nombreux, vous aurez tout intérêt à utiliser systématiquement les courbes.

Plus que les histogrammes, les courbes permettent aussi de **superposer** sur le même graphique plusieurs variables dont les évolutions doivent être comparées. Qui n'a déjà observé dans son journal favori les courbes superposées de l'évolution du chômage dans les douze pays de la Communauté européenne ? Mais là encore, le mieux est souvent l'ennemi du bien, le lecteur ne doit pas avoir à démêler des enchevêtrements, la superposition est faite pour faciliter et non pour embrouiller ni agacer !

Pour éviter ce travers, respectez les principes énoncés dans les généralités du chapitre "Les images".

Lorsque la courbe que vous tracez occupe tantôt des paliers à faibles valeurs et légères fluctuations, tantôt des valeurs fortes, il sera préférable de recourir à une **échelle logarithmique**, sinon, soit vous ne pourrez loger les valeurs élevées dans votre page, soit les légères fluctuations des valeurs faibles seront écrasées. Même remarque si vous superposez une courbe rampant sur l'axe des abscisses et une courbe s'envolant vers les sommets du graphique.

Mais ce choix n'est par ailleurs pas sans conséquences sur ce que vous allez exprimer : l'échelle logarithmique privilégie les **rapports** entre les valeurs plus que les valeurs elles-mêmes, elle permet de mieux apprécier les **dynamiques relatives** d'un phénomène (par exemple des accélérations au sein d'une phase de croissance) et de mieux comparer des dynamiques de courbes entre elles.

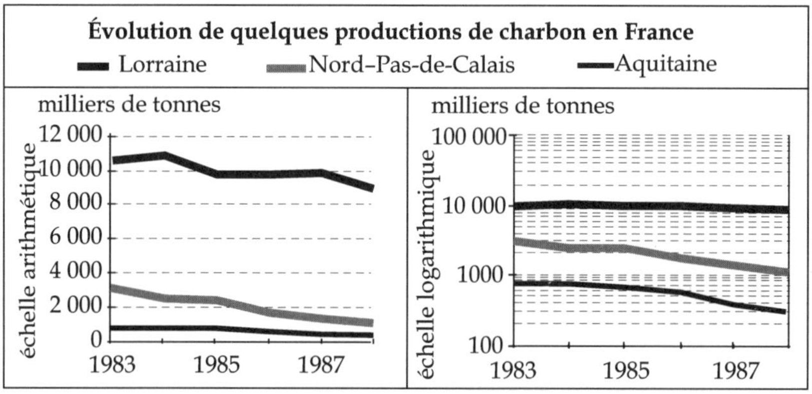

Révéler la distribution d'un caractère

Vous voulez maintenant montrer la manière dont se répartissent les valeurs prises par un caractère, c'est-à-dire les **fréquences** obtenues par chacune de ces valeurs (par exemple, les fréquences de revenus au sein d'une entreprise).

Les résultats sont le plus souvent exprimés sous la forme d'une **fraction** ou d'un **pourcentage** qui permettent de visualiser facilement les proportions et dans certains cas de les généraliser en termes de probabilités.

Si le caractère traité est de type **continu**, par exemple des superficies d'exploitations agricoles ou la répartition des prix des loyers dans un quartier, vous tracerez de préférence une courbe ; s'il est de type **discontinu** (les mathématiciens parlent de variable discrète), par exemple des nombres de personnes par logement, l'histogramme sera mieux adapté.

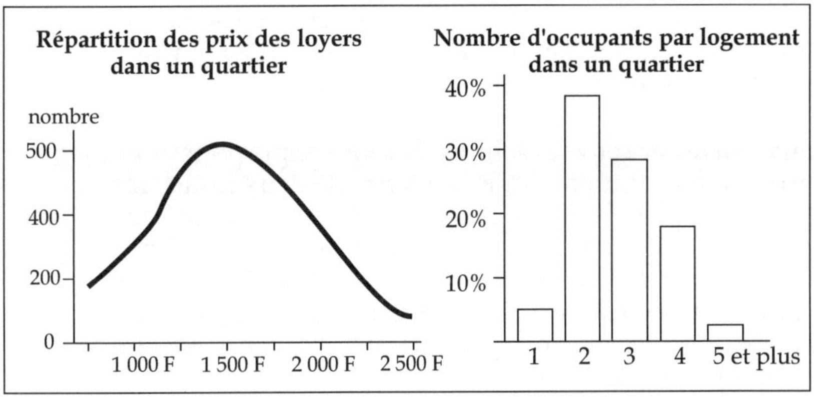

Mais la difficulté majeure est celle de la **gestion des valeurs**. Quand elles sont discontinues et peu nombreuses, on peut les porter directement sur l'axe des abscisses ; quand elles sont continues ou discontinues, mais très nombreuses, par exemple les âges en années de la population parisienne, il est nécessaire de les découper en **classes** (voir p. 165).

À propos des classes, vous devez être attentif à deux problèmes, celui du nombre de classes et celui des limites de classes.

Le **nombre de classes** ne doit pas être trop faible, la **perte d'information** serait excessive ; il ne doit pas être trop élevé non plus, pour des raisons de clarté et pour des raisons statistiques (les classes à effectifs faibles afficheraient des résultats en partie **aléatoires**).

Le nombre de classes à définir dépend de l'importance de l'effectif total : s'il est faible, il faudra retenir peu de classes ; s'il est élevé vous pourrez être plus généreux. Le nombre raisonnable se situe selon les cas entre 5 et 15 classes. À vous également d'évaluer le degré de précision qui vous est nécessaire.

Les **limites de classes** sont déterminées selon le type de découpage en classes que vous adoptez : ces méthodes font l'objet du dernier point de la section "Les cartes" (voir p. 172).

Préciser les relations entre deux caractères

Lorsque nous avons abordé le tableau de correspondances en début de section, nous avons vu qu'il permettait d'établir l'appartenance de certains caractères à certains individus et de procéder à la description des individus par des combinaisons de caractères. Mais un même individu statistique est souvent décrit ou, en tout cas, concerné par **deux caractères** ; on peut juger intéressant de mettre en évidence des relations éventuelles entre ces caractères, de se demander par exemple si les individus possédant le caractère "A" possèdent également (toujours ou en règle générale) le caractère "B", voire si l'un de ces caractères est "explicatif" de l'autre. Trois cas de figure méritent d'être distingués en fonction du nombre et du conditionnement des individus.

• **Individus peu nombreux** : la solution la plus simple pour montrer la liaison ou au contraire l'indépendance de deux caractères est alors d'utiliser des **barres opposées**. Chaque individu est positionné centralement sur une ligne, les barres correspondant à la valeur prise par chacun des deux caractères sont disposées de part et d'autre. On classe les valeurs d'un des caractères par ordre croissant de haut en bas. (On choisit généralement celui que l'on pense être "explicatif" de l'autre.)

Si le second caractère présente une image **symétrique** de celle du premier, on peut en conclure qu'il y a dépendance entre les deux caractères ; si l'image du second est renversée par rapport à l'autre, les deux caractères sont inversement proportionnels (corrélation inverse) ; si les barres du second affichent des longueurs disposées de manière incohérente par rapport à leurs homologues, c'est que les deux caractères ne sont apparemment pas corrélés.

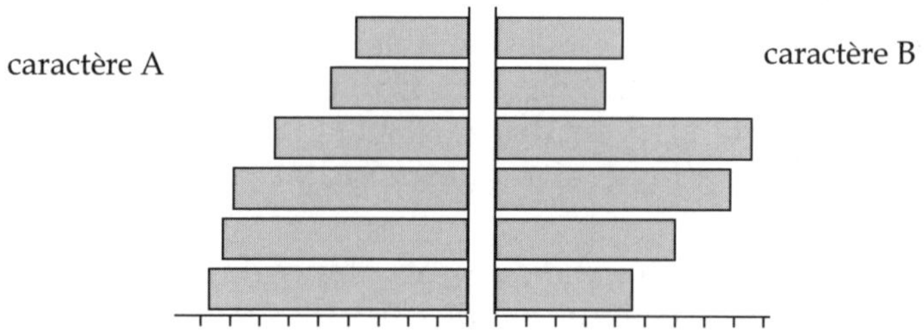

Les caractères A et B ne sont pas corrélés.

D'après G. Zelazny, *Dites-le avec des graphiques, op. cit.*

• **Individus nombreux et identifiés un par un** : c'est sans doute le cas le plus fréquemment rencontré par ceux qui ont à traiter des données, la réponse la plus pertinente est alors celle du **nuage de points**. On trace un **graphique cartésien**, avec un axe horizontal représentant l'un des caractères et un axe vertical représentant le second ; chaque individu est alors placé dans l'espace du graphique en fonction des valeurs obtenues pour chacun des caractères.

C'est la **forme** d'ensemble du nuage de points qui rend compte de la relation entre les deux caractères. S'il évoque une ligne disposée en diagonale, on pourra en conclure une forte **dépendance statistique**, donc probablement fonctionnelle entre les caractères. Si le nuage est disposé en ligne verticale ou horizontale ou s'il est étalé en surface, on sera dans une situation d'indépendance des deux caractères.

Dans un nuage de points, la diagonale de dépendance absolue peut être tracée comme référence (voir 2), afin de bien montrer la non-corrélation et les écarts par rapport à ce qu'aurait été une situation de corrélation.

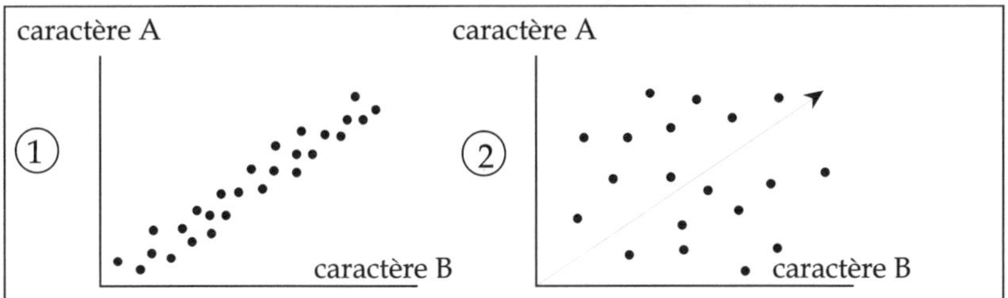

dépendance linéaire entre A et B

relation d'indépendance entre A et B et flèche correspondant à la corrélation soupçonnée et infirmée

La liaison entre les deux caractères peut également exister sans pour autant être **linéaire**, le nuage de points prend alors la forme d'une courbe qu'il convient d'interpréter.

- **Individus nombreux et groupés en classes**

Si l'information dont vous disposez se présente sous la forme d'un **tableau de contingence**, vous ne pouvez plus construire de nuage. Le tableau de contingence présente en lignes les valeurs par classes d'un caractère, en colonnes celles d'un second. Dans chaque case est indiqué l'effectif des individus possédant la valeur de la ligne et la valeur de la colonne.

Tableau de contingence

	10	20	30	40	50	60
100	22	250	183	74	29	23
200	75	210	57	227	207	128
300	130	66	139	243	178	43
400	90	45	26	38	248	59

Les nombres en tête de colonnes et de lignes représentent les centres des classes.

Ce qu'il faut représenter alors, c'est l'importance des différents effectifs du tableau, en passant du nombre écrit à une figuration visuelle de la quantité grâce à des cercles ou des carrés proportionnels. C'est le **diagramme de contingence**.

Diagramme de contingence

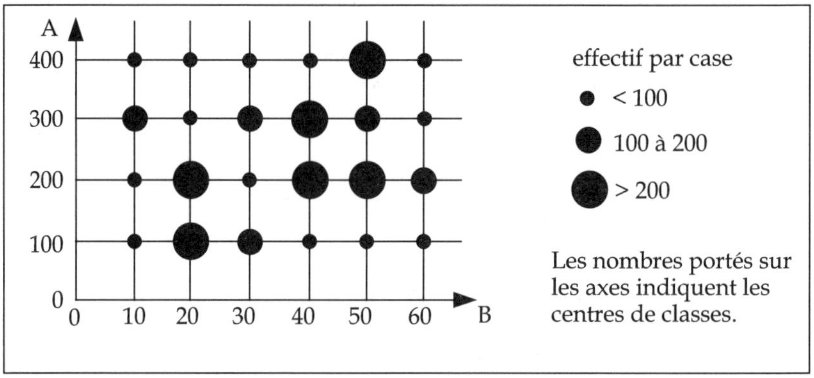

D'après Chadule, *op. cit.*

La disposition et la taille des taches élémentaires permettent ensuite de tenir des raisonnements comparables à ceux évoqués à propos du nuage de points. Les cercles ou les carrés de grande taille formeront un amas ou une dorsale orientée qui diront l'existence et le sens d'une éventuelle corrélation.

LES CARTES

Les cartes sont des représentations graphiques d'un genre particulier : les deux dimensions de la feuille de papier, de l'affiche ou de l'écran y figurent toujours l'espace géographique, même si diverses opérations de réduction, de généralisation, voire de modélisation, ont été nécessaires.

En fait, une carte est un graphique construit à partir de trois variables, les deux dimensions x et y du plan, et une variable z correspondant à **l'information** portée sur le document.

Pour que ce montage complexe puisse réellement fonctionner en tant qu'image efficace et agréable à regarder, il est indispensable de respecter quelques principes de base que nous allons présenter ici.

Mais soyez tout de suite rassuré, les techniques esquissées dans les lignes qui vont suivre n'ont rien à voir avec les opérations de planimétrie nécessaires, par exemple, à la réalisation de cartes topographiques. Les cartes que vous aurez à produire dans vos rapports ou mémoires seront de deux types :

- la **carte d'inventaire**, c'est-à-dire une carte à lire comme un mémento, du type carte routière ou carte des richesses touristiques d'une région ;

- la **carte** que nous appellerons **"statistique"**, qui a pour objectif de révéler la dimension spatiale de vos données (exemple : carte de la production de blé à l'hectare en France).

Lorsque vous étiez enfant, vous avez appris à dessiner des cartes de géographie qui se devaient d'être exactes et précises ; l'exigence sur laquelle nous allons insister ici est d'une autre nature, il s'agit de la connaissance et de la mise en œuvre des règles du **langage** cartographique.

Les accessoires indispensables

Sans eux votre carte serait incompréhensible. Ne les considérez donc pas comme des éléments décoratifs ou conventionnels, ils font partie intégrante de votre message.

Le titre

Il ne doit pas être noyé dans la figure, vous le placerez bien en évidence, en haut ou en bas de la carte, à l'extérieur ou à l'intérieur du **cadre**. Veillez à ce qu'il soit distinct du reste : valorisez-le en utilisant le gras et un corps plus grand. Surtout, choisissez une fois pour toutes une formule de présentation et appliquez-la à toutes vos illustrations. Optez pour un titre court, précis, annonçant si possible le **message** délivré par la carte.
Au lieu de :

> Carte de l'implantation des industries métallurgiques aux États-Unis,

préférez :

> Aux États-Unis, des industries métallurgiques regroupées surtout dans le Nord-Est.

La légende

On la place généralement dans un angle de la carte, plutôt en bas, mais tout dépend de l'espace disponible. Exhaustive et concise, elle doit être bâtie avec beaucoup de rigueur, car c'est elle qui permet le décodage de la variable *z*, c'est-à-dire de l'information. Les signes doivent être regroupés par familles : surfaces tramées, traits, symboles ponctuels.

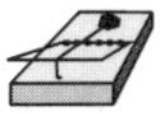

Vous éviterez les symboles avec numérotation qui renvoient à une signification donnée en dehors de la légende, cela transforme l'observation de la carte en un véritable jeu de piste, agaçant pour le lecteur et contraire aux principes de perception immédiate. Enfin, n'omettez jamais de préciser les unités de mesure utilisées.

L'orientation

Sa mention est indispensable pour les contrées lointaines ou supposées mal connues du lecteur. Pour les territoires plus familiers, elle est obligatoire si le **Nord** n'est pas en direction du haut de la page, facultative dans les autres cas.

Mais la flèche indiquant le septentrion est toujours un attribut à forte valeur emblématique ; en plus de son utilité en termes de repérage, elle donne un parfum de grand large à vos cartes : ce peut être utile dans certaines situations de communication. Elle pourra cependant être remplacée par quelques **coordonnées** (méridiens et parallèles) ou parfois de simples amorces de ces lignes imaginaires.

L'échelle

Toute carte suppose une **réduction** par rapport à l'espace réel, la valeur de cette transformation est donnée par l'échelle. Connaissant celle-ci, le lecteur peut en sens inverse calculer, ou plus simplement estimer, les distances entre différents points de la carte et les dimensions des phénomènes territoriaux représentés.

Il existe deux manières d'exprimer l'échelle :

- sous la forme d'une **fraction**, cela permet de connaître l'échelle du document en lecture directe, ce qui est très utile lorsqu'on doit jongler avec plusieurs cartes. Mais attention, quand vous photocopiez votre document avec réduction, ou quand vous le projetez sur un écran, les dimensions x et y du plan sont modifiées et l'échelle numérique n'a plus alors aucun sens ;
- sous la forme **graphique**, la lecture est moins directe mais on peut facilement estimer des distances ou des dimensions en reportant plusieurs fois les segments de l'échelle graphique sur la carte ; surtout, cette échelle analogique peut être au besoin réduite ou agrandie en même temps et dans les mêmes proportions que la carte. Elle permet ainsi toujours de recalculer l'échelle numérique quelles que soient les transformations dimensionnelles subies par la carte.

Les origines

Comme pour les textes, vous indiquerez vos **sources**.

Si vous reprenez une carte conçue ou publiée par une autre personne, vous écrirez son nom au bas du document après avoir éventuellement demandé l'autorisation de reproduire à l'auteur ou à l'éditeur.

Si vous modifiez une carte existante, vous pourrez faire précéder le nom du premier auteur de la mention "d'après".

Si vous concevez vous-même la carte mais à partir de données obtenues auprès d'un organisme officiel, scientifique ou professionnel (INSEE, Institut Pasteur, CNPF, etc.), vous mentionnerez sous la mention “source” ce pourvoyeur d'information (Source : INSEE), non seulement pour vous acquitter vis-à-vis de ce dernier, mais également pour informer votre lecteur et lui permettre de juger par lui-même de la validité de votre document cartographique.

Enfin, dans tous les cas, vous préciserez la **date de référence** de la carte, qui ne sera pas forcément la date de réalisation mais celle qui correspond à l'information présentée.

Le taux de chômage en France en 1936.

Les tracés

Les moindres contours d'une côte ou d'une frontière, les plus petits méandres d'une rivière n'ont souvent pas besoin de figurer sur une carte. Un tracé trop précis introduit des **signaux brouilleurs** qui perturbent la perception et donnent un aspect désuet à l'ensemble de la carte.

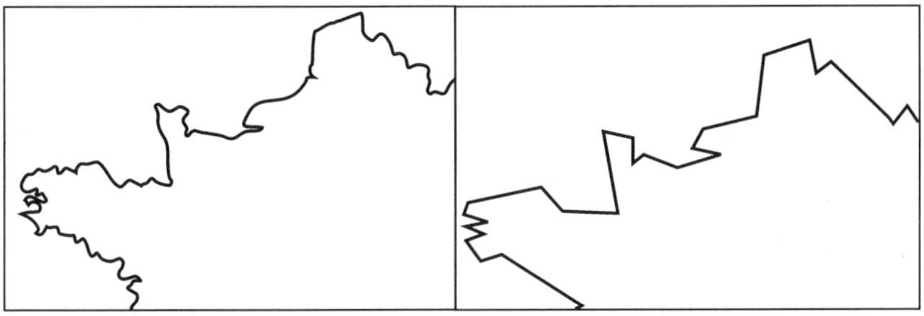

trop précis — trop géométrique

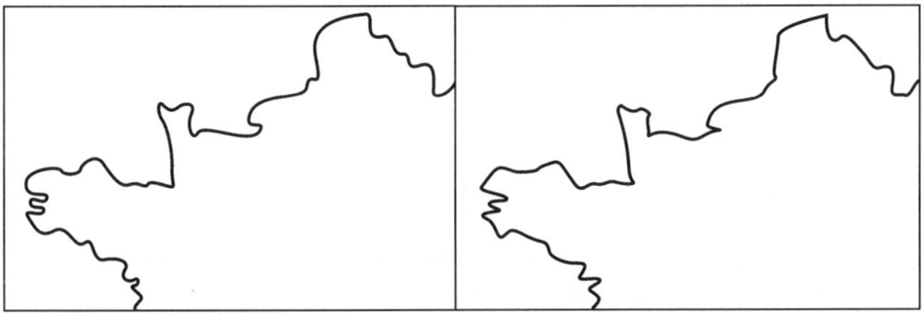

trop mou — bon

Par ailleurs, plus votre trait est épais, plus il doit être simplifié.

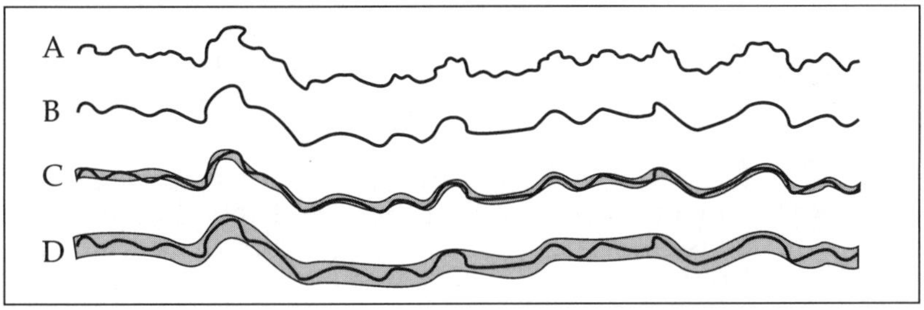

Dans l'exemple ci-dessus, le tracé A est trop détaillé, les tracés B, C et D représentent les différents degrés de simplification en fonction de l'épaisseur du trait.

Les traits doivent, bien entendu, respecter et exprimer la hiérarchie des phénomènes (voir p. 165).

La nomenclature

Si vous faites souvent référence à des localisations précises, il pourra être utile d'en reporter un maximum sur tout ou partie des documents cartographiques ; lorsque plusieurs cartes d'un même territoire se succèdent au fil des pages, un **transparent** mobile, à la même échelle que les cartes, ou un simple plan de localisation pourront être chargés de cette fonction.

Mais en règle générale, vos cartes auront surtout pour objectif de montrer des configurations spatiales, et alors seuls quelques noms seront nécessaires pour, d'une part identifier les espaces et sous-espaces représentés (l'Antarctique ou la Lozère), d'autre part permettre au lecteur de se repérer plus facilement à l'intérieur d'un territoire avec lequel il n'est pas forcément intime. Dans cette perspective, quelques noms de villes et de cours d'eau sont souvent les bienvenus.

Lorsque vous avez des phénomènes ponctuels à représenter et qu'ils correspondent à des lieux précis, des villes par exemple, il n'est pas utile de doubler le signe.

Par exemple, si vous devez cartographier les filiales d'une entreprise américaine en Europe, vous ne juxtaposerez pas un point pour Londres, Francfort ou Barcelone et un carré représentant la filiale dans chacune de ces métropoles, vous vous contenterez du carré, c'est bien suffisant.

Les noms qui se rapportent à des **lieux ponctuels** (une ville par exemple) doivent être le plus proche possible du symbole : votre lecteur doit sans effort, et sans crainte de se tromper, faire le lien entre les deux.

Ce n'est pas le nom qui doit être positionné géographiquement avec précision, mais le symbole.

Il est inutile d'écrire très gros, le corps 10 est généralement assez grand ; si l'espace disponible sur votre carte est restreint, sachez qu'un corps 8 est tout à fait lisible.

Le nom et le symbole ne doivent jamais être sur la même ligne, ceci pour éviter toute confusion de lecture.

L'emplacement idéal d'un nom est en haut à droite du symbole, cela présente l'avantage de respecter le sens de lecture, de gauche à droite, tout en évitant les confusions entre le symbole et le nom. Sur le schéma ci-dessous, les positions sont numérotées par ordre de préférence, la position 1 étant la meilleure.

O Odessa à éviter : confusion possible entre le symbole et la première lettre du nom	O^{Odessa} position idéale	3 5 1 4 O 2 6

Les noms de **territoires étendus** (un département français par exemple) s'écrivent au centre de l'espace, les lettres doivent être espacées pour pouvoir au besoin s'intercaler entre d'autres éléments, la taille peut être grande mais le caractère doit être maigre pour ne pas surcharger l'ensemble de l'illustration.

Par ailleurs, un nom ne doit jamais être coupé par un trait, effacez le trait à cet emplacement avant de placer le nom.

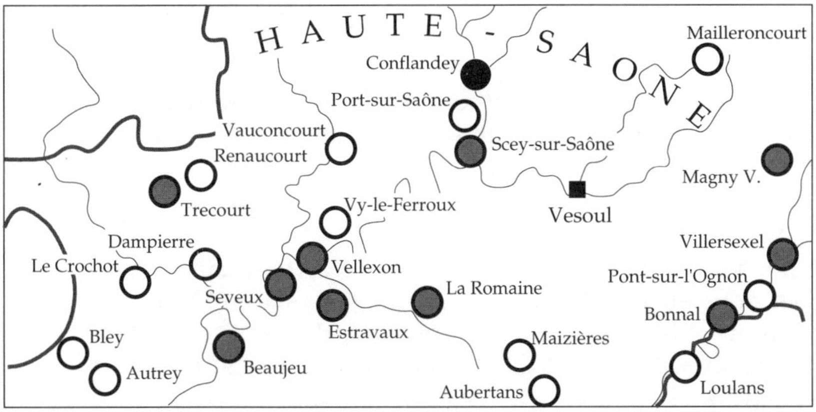

Si vous dessinez une carte à la main tout en ayant accès à un ordinateur ou à une machine à écrire électronique, tapez tous les noms, faites un tirage sur papier blanc **autocollant**, découpez chaque nom et collez-le sur la carte à son emplacement. Le papier servira à masquer le trait sur lequel vous positionnez le nom.

Et maintenant que cherchez-vous à faire ?

Vous disposez déjà de toute la **palette graphique** ; les cartes que vous pouvez regarder, ou concevoir, sont potentiellement toutes réalisables à partir de croisements des implantations et des variables visuelles exposées plus haut qui, nous l'avons déjà entrevu, ne possèdent pas toutes les mêmes **propriétés** logiques et perceptives (voir p. 118).

Ce qui devient primordial à ce stade de la progression, c'est la nature même du projet cartographique. Quelle fonction assigne-t-on à la carte que nous allons réaliser ? Quel type de message veut-on faire passer ? Et à partir de là, quelle stratégie graphique va-t-on adopter ? Opterons-nous pour une carte d'inventaire ou pour une carte "statistique" ?

Dresser une carte d'inventaire

La carte d'inventaire est une carte à lire, du type carte d'atlas, carte routière ou plan de ville.

Si vous souhaitez spatialiser des informations **qualitatives** que vous détenez sous forme de tableau, si vous désirez porter sur une carte la présence de tel paramètre et de tel autre, si vous envisagez de caractériser les différents espaces d'un territoire par leur identité ou leur qualité, vous utiliserez des variables visuelles qui vont associer ce qui est **semblable** et distinguer ce qui est **différent**. Votre carte ne devra pas introduire de hiérarchie mathématique entre les éléments, mais simplement les juxtaposer dans l'espace.

La carte est dans ce cas une sorte de dictionnaire, de mémento ou de répertoire (éventuellement synthétique) auquel on se reporte autant de fois qu'il est besoin pour savoir ce qui se trouve à tel endroit, type de production industrielle, présence-absence d'un équipement, catégories de richesses touristiques, coexistence de tels phénomènes, etc.

Or, les seules **variables visuelles capables de différencier sans hiérarchiser** sont au nombre de quatre (sur les six énumérées p. 118). Il s'agit de la **forme**, de **l'orientation**, du **grain** et de la **couleur** (considérée en termes de nuances de l'arc-en-ciel).

Ces quatre variables peuvent être utilisées séparément ou conjuguées les unes aux autres, mais elles ne sont pas également performantes.

Si l'on revient à nos églises et nos châteaux évoqués plus haut, on peut les symboliser par des triangles et des carrés, ou encore par des rectangles debout et des rectangles couchés, mais on les départagera encore mieux en les représentant dans des couleurs différentes.

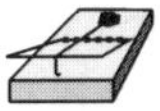

Même si les logiciels de dessin vous les proposent, vous éviterez donc d'utiliser les petites **figures stylisées** qui faisaient le charme désuet de nos livres de géographie. La carte de France des industries, avec ses petits hauts-fourneaux, ses bateaux miniatures et ses voitures en modèles réduits, était redoutable pour nos mémoires de bons élèves... Le cancre de Prévert avait décidément bien des excuses.

Si vous devez dresser la carte de la répartition des activités industrielles sur un territoire, vous obtiendrez souvent de meilleurs résultats en dessinant autant de cartes que de types d'industries et en matérialisant les implantations par un signe simple.

Enfin, si plusieurs données coexistent sur la même carte, vous pourrez mettre en évidence certaines d'entre elles en les représentant par le dessin le plus foncé ou le plus contrasté.

Établir une carte "statistique"

Cette carte sert à révéler la répartition spatiale d'un phénomène ; elle suppose un traitement statistique préalable des données (ex : carte du revenu agricole par habitant en France).

Vous allez cette fois chercher à cartographier les valeurs prises par une **grandeur ordonnée** et une seule (par exemple des rendements à l'hectare, des produits intérieurs bruts ou des taux de natalité). Il ne s'agit plus de juxtaposer, dans l'espace de la carte, des informations qualitatives de diverses natures, mais de traduire l'intensité plus ou moins affirmée d'un caractère à la surface d'un territoire particulier.

Les variables visuelles seront choisies de manière à créer une hiérarchie perceptive. On ne cherchera donc plus des variables séparatives, mais au contraire des variables qui génèrent une image unique, une **forme** perçue comme un tout, en vision **instantanée**. D'emblée, l'œil du lecteur (mais peut-on encore parler de lecture ?) devra percevoir, et sa mémoire retenir, une **configuration spatiale**.

Dans le cas précédent, **l'unité significative** était le signe élémentaire (un petit carré ou un triangle par exemple). L'assimilation du document par le système perception-mémorisation nécessitait pratiquement autant de **points de fixation** du regard que de signes, d'où une consultation par entrées successives, d'où une rapide saturation de la mémoire. Ici le seuil de la perception utile doit se situer au niveau de la structure d'ensemble, c'est elle qui devient l'image élémentaire, qui sera comptabilisée comme un élément unique par la mémoire du lecteur.

Deux variables visuelles seulement sont capables de construire une structure d'ensemble : il s'agit de la **taille** et de la **valeur**.

Dans l'exemple ci-dessous, en A c'est la variable "forme" qui a été utilisée, il est impossible de voir la hiérarchie au premier regard : il faut décrypter pas à pas, la lecture est laborieuse et la mémorisation compromise.
En B, la variable visuelle "taille" exprime la hiérarchie : l'information est perçue d'emblée.

Le prix du m² de terrain

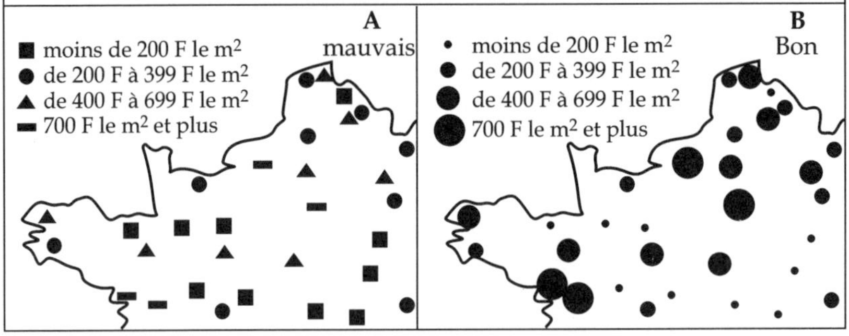

D'après J. Bertin, *Sémiologie graphique, op. cit.*

Si la taille et la valeur sont capables de traduire un ordre de l'information par un ordre visuel, elles n'ont pas exactement les mêmes capacités.

On peut rendre compte de cette différence en disant que la valeur transmet une simple **hiérarchie**, une sorte de classement entre les données, de la plus petite à la plus grande, par exemple. L'utilisateur sera capable de voir au premier coup d'œil que ce gris est plus foncé que cet autre, mais il ne pourra dire de combien de fois. La taille, en revanche, exprime une **proportionnalité** entre les quantités, ce qui la rend particulièrement apte à traiter de valeurs absolues.

Nous allons donc à présent envisager deux situations, selon que vous cartographiez en valeurs absolues ou en valeurs relatives (taux, pourcentages).

On réserve aux valeurs absolues les symboles (de taille variable) et aux valeurs relatives les trames (de valeur variable)[1].

[1] Une **valeur relative** est vraie pour chaque point de l'espace considéré, d'où l'utilisation de **trames** qui couvrent uniformément toute la surface. En revanche, une **quantité absolue** est l'addition des quantités de chaque point de l'espace considéré. Cette somme est rapportée à un point placé au cœur de cet espace, d'où l'utilisation de **symboles ponctuels**, proportionnels à la quantité totale.

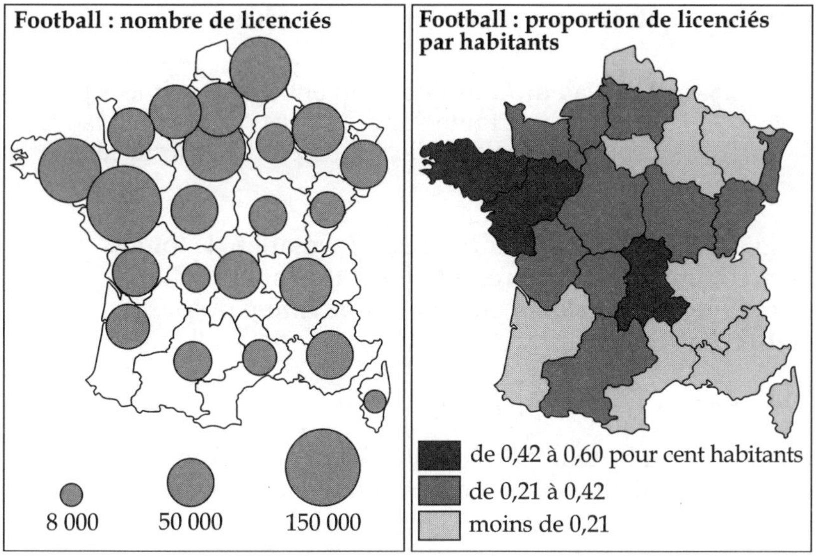

D'après D. Mathieu et J. Praicheux, *Sports en France*, Fayard-Reclus, 1987.

La carte des licenciés de football par région sera construite avec des cercles ou des carrés. En revanche, la carte du pourcentage de licenciés de football par rapport à la population de chaque région utilisera des trames.

L'organigramme suivant résume le cheminement qui est le vôtre lorsque vous réalisez une carte.

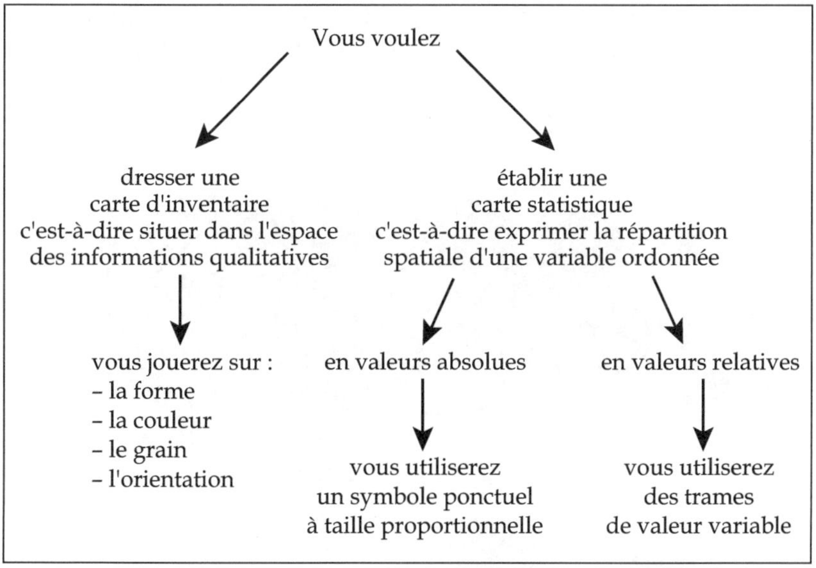

Vous cartographiez des valeurs absolues

Les valeurs absolues doivent être exprimées par des symboles de taille variable : des cercles ou des carrés proportionnels ou des traits plus ou moins larges.

À partir de là, vous avez le choix entre la représentation de toutes les valeurs en continu (c'est la représentation dite proportionnelle) ou le regroupement des valeurs en un nombre limité de classes (représentation en classes).

La représentation proportionnelle

Elle ne permet pas au lecteur de faire visuellement la différence entre toutes les tailles d'éléments (certaines peuvent être extrêmement proches), mais elle offre une image globale précise puisque les symboles sont exactement proportionnels aux valeurs.

C'est la surface du symbole qui doit être proportionnelle à la valeur, pas le rayon du cercle ou le côté du carré. La dimension de base (le rayon du cercle, le côté du carré) doit être proportionnelle à la racine carrée des quantités représentées.

C'est uniquement lorsque vous utilisez des figures allongées (barres ou colonnes) et que vous faites varier une seule dimension du symbole que la longueur est proportionnelle à la valeur. Seule la longueur ou la hauteur change, la largeur restant toujours identique (pour la construction des cercles, voir p. 174).

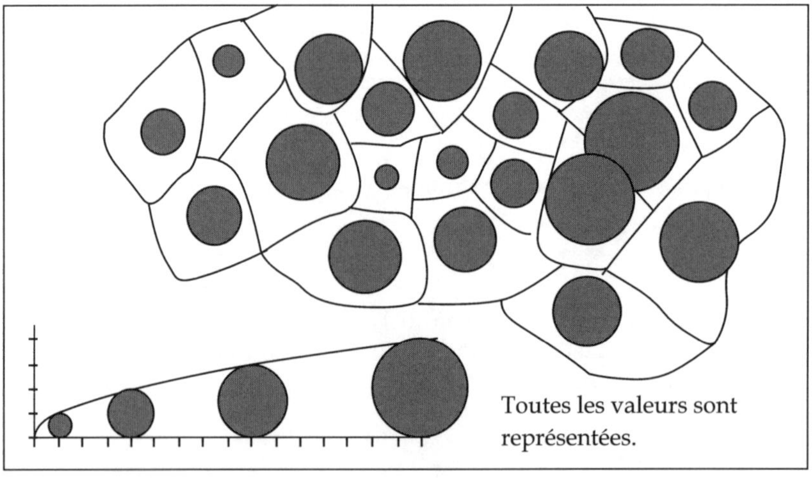

Toutes les valeurs sont représentées.

La représentation proportionnelle est bien adaptée si vous voulez montrer la distribution d'ensemble des valeurs, en revanche, si vous voulez mettre l'accent sur les disparités internes, vous aurez intérêt à opérer un découpage en classes.

La représentation en classes

Le découpage en classes gomme une partie de l'information, mais il offre comme avantage une différenciation évidente par groupes. Les méthodes de découpages en classes sont exposées plus loin (voir p. 172).

Attention, l'œil ne perçoit pas les différences minimes, limitez le nombre de classes pour qu'il n'y ait aucune confusion possible entre elles, sinon le partage en classes perd tout son intérêt.

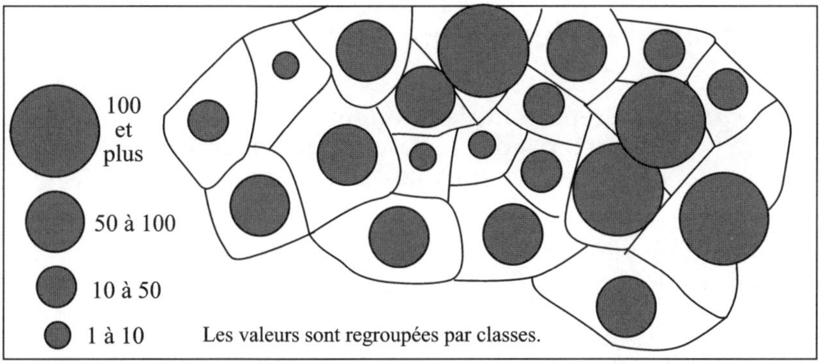

Les valeurs sont regroupées par classes.

Les cartes de flux

Pour clore ce développement sur les cartes en valeurs absolues, penchons-nous un instant sur les **cartes de flux.**

Quels que soient les types de flux (échanges téléphoniques, commerce extérieur d'un pays, trafics sur une route ou phénomènes d'attraction-diffusion), ils sont représentés sous forme de traits plus ou moins épais selon leur intensité. Ici encore, un partage en classes est presque toujours nécessaire ; pour conserver une bonne lisibilité au document, il est conseillé de ne pas dépasser six classes (par exemple : 0,2 mm - 0,5 mm - 0,8 mm - 1,2 mm - 2 mm - 3,5 mm).

Carte des trafics routiers

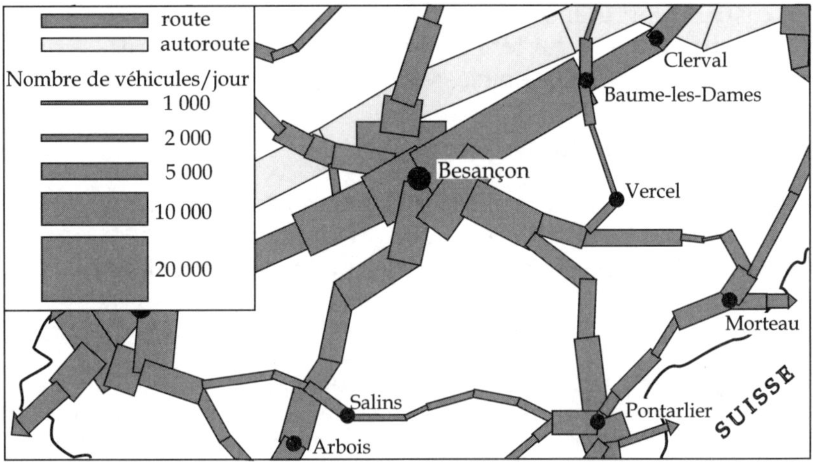

D'après A.Ch. Robert, *Schéma 2005*, conseil régional de Franche-Comté, 1992.

Vous cartographiez des valeurs relatives

On représente les grandeurs relatives, autrement dit les **taux**, par des surfaces de valeur graduelle (que l'on utilise le noir et blanc ou la couleur).

Les données relatives sont le plus souvent réparties en classes ; vous trouverez plus loin les méthodes de découpages en classes (voir p. 172).

Si les taux se rapportent à un territoire étendu, c'est l'ensemble de la surface concernée qui sera recouvert d'une trame ; si les taux se rapportent à des implantations ponctuelles (des villes par exemple), ce sont les symboles matérialisant ces lieux qui se verront affectés d'une trame : il sera donc nécessaire de les prévoir assez grands, surtout si vous n'utilisez pas la couleur.

Les trames grâce auxquelles vous allez traduire l'intensité d'un phénomène doivent être si possible identiques dans leur dessin (grain), mais de valeur différente. Les valeurs des trames seront bien entendu en **correspondance** avec la hiérarchie quantitative : aux chiffres les plus faibles, on affecte toujours les valeurs les plus faibles (clair), aux chiffres les plus élevés, on affecte les valeurs les plus fortes (sombre).

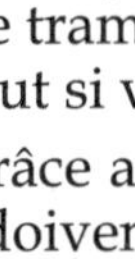

Comme pour les cartes de relief, l'usage place les valeurs les plus faibles en bas de l'échelle et les plus fortes en haut, mais ce n'est pas obligatoire.

En A et B (figure ci-dessous), les séries sont cohérentes : des points pour A, des traits pour B. En B, le carré le plus bas (de 0 à 4) est composé de tiretés et non de traits pleins, vous pouvez utiliser cet artifice à condition que l'effet visuel soit très proche de celui des autres trames de la série. Dans cet exemple, le trait est interrompu mais il est tout de même perçu comme un trait.

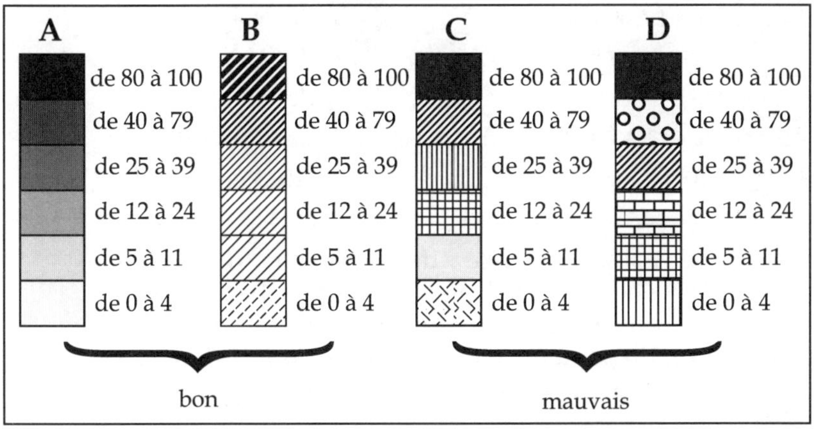

En C, la **hiérarchie visuelle** est à peu près respectée, mais il n'y a pas de cohérence dans le dessin des trames : points, traits, hachures et autres formes ont été mélangés, cela crée des interférences visuelles qui nuisent à l'homogénéité de la carte. Par ailleurs, en utilisant des grains différents, vous gérez plus difficilement la progression visuelle des valeurs et risquez de tomber dans le travers évoqué par le cas suivant.

En D, la hiérarchie visuelle n'est pas respectée, les valeurs n'offrent pas de progression continue. Les 2e et 4e trames (de 40 à 79 et de 12 à 24) sont plus claires que celles qui les précèdent immédiatement. Cela compromet toute possibilité de faire émerger une hiérarchie perceptible instantanément ou, pire encore, cela peut suggérer une hiérarchie **non conforme** à celle de l'information, donc porteuse d'erreur, à l'insu même du concepteur.

Si vous travaillez avec de la couleur, vous pouvez utiliser une seule teinte avec des valeurs différentes, par exemple du vert très clair au vert foncé, mais vous pouvez également fabriquer une gamme avec deux couleurs **non opposées**, c'est-à-dire que vous associerez deux couleurs chaudes ou deux couleurs froides. Par exemple, pour une carte du relief, vous utiliserez un jaune pâle pour les très basses altitudes, passerez par un orangé pour les altitudes moyennes et terminerez par les rouges pour les plus élevées.

Si vous souhaitez mettre l'accent sur les écarts de part et d'autre d'une **moyenne ou du zéro**, vous pourrez avoir recours, comme ci-dessous en A, à une trame en traits pour les valeurs numériques inférieures et à une trame pointillée pour les valeurs supérieures.

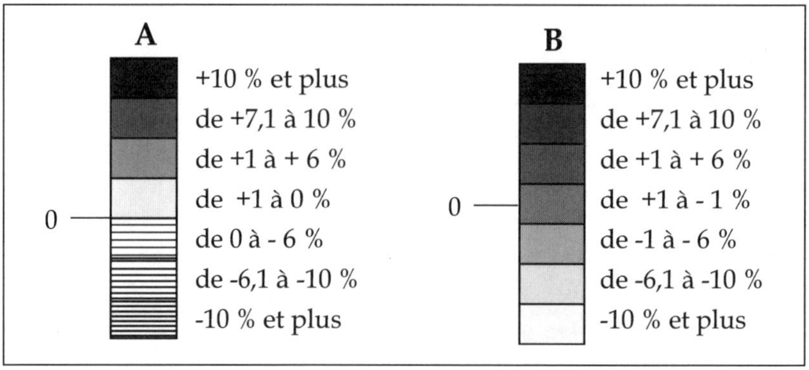

- Dans la série A, vous répartissez deux gammes de trames différentes de part et d'autre de la valeur centrale, par exemple ici des pointillés pour les valeurs positives, des traits pour les valeurs négatives. En couleur, vous utiliserez l'opposition des couleurs **chaudes** pour les positifs, aux couleurs **froides** pour les négatifs.
- Dans la série B, vous répartissez une seule sorte de trame selon une hiérarchie simple : les trames ou les couleurs les plus sombres pour les chiffres positifs les plus élevés, les trames ou les couleurs les plus claires pour les chiffres les plus faibles ou négatifs.

Vous choisirez l'une ou l'autre de ces deux possibilités en fonction de ce que vous souhaitez montrer ou démontrer. La série B met l'accent sur les valeurs positives, la série A souligne les deux extrémités avec une force équivalente.

Vous aurez peut-être intérêt à mettre en relief les valeurs faibles parce qu'elles constituent l'objet même du propos. Par exemple dans une carte sur les ressources alimentaires par habitant dans les différents pays du tiers-monde, vous serez sans doute, et hélas, plus convaincant en inversant la gamme B, c'est-à-dire en utilisant les trames les plus soutenues pour les chiffres les plus faibles.

Vous voulez exprimer des évolutions

Nous traitons cette question à part, dans la mesure où elle peut renvoyer aux deux cas précédents, valeurs absolues et valeurs relatives.

• L'évolution d'un phénomène peut être calculée par simple **soustraction** entre une grandeur absolue mesurée à tel moment, et une grandeur absolue mesurée de la même façon quelques années plus tard par exemple. Les différences obtenues seront des valeurs absolues relevant des principes d'expression évoqués dans le premier cas. On pourra ainsi cartographier l'augmentation (en chiffres absolus) des populations de communes rurales jouxtant une grande ville, entre deux recensements. On appréciera de cette façon l'importance d'un processus de périurbanisation.

• Mais on pourra également calculer un **taux** d'évolution entre les deux séries de chiffres (donc valeur relative), ce qui facilitera et privilégiera les **comparaisons** entre les dynamiques des communes, surtout si ces communes ont des quantités de population très différentes. Dans ce cas, on tramera les surfaces des communes.

• Une troisième situation peut se rencontrer : vous avez à traduire l'évolution d'un taux (de chômage par exemple) qui passerait de 15 à 20 %. Qu'allez-vous représenter ? Une augmentation de 5 points, considérée alors comme une valeur absolue, ou une augmentation de 5 divisé par 15 multiplié par cent, soit une croissance de 33 %, ce qui est tout à fait différent ?

Tout dépend de ce que vous voulez mettre en relief ; tout dépend également des valeurs de base. La seconde solution **maximise** les changements lorsque les pourcentages de base sont faibles, elle les **minimise** au contraire lorsque les pourcentages de départ sont déjà élevés. Les commentaires de résultats électoraux gagneraient en clarté si chacun prenait bien conscience de ces principes élémentaires.

On peut résoudre certains choix difficiles en superposant, pour chaque unité spatiale de base, une trame pour l'évolution en pourcentages et un symbole de taille proportionnelle pour l'évolution en valeur absolue.

Des légendes et des cartes à l'allure étrange

Nous avons présenté dans les pages précédentes les formes les plus classiques et les plus fréquentes de cartographie thématique, celles que vous utiliserez dans la quasi-totalité des cas. On rencontre pourtant, de plus en plus, des cartes différentes et qui rendent souvent perplexe le lecteur non averti.

Les cartes typologiques

Ici, ce n'est pas tant la carte qui surprend, mais sa légende. Celle-ci distingue des combinaisons de plusieurs caractères ou de plusieurs valeurs prises par un même caractère. Les rubriques ou les classes sont déterminées à partir de la distribution des différentes valeurs du caractère, généralement visualisée par histogramme, comme dans la carte ci-dessous.

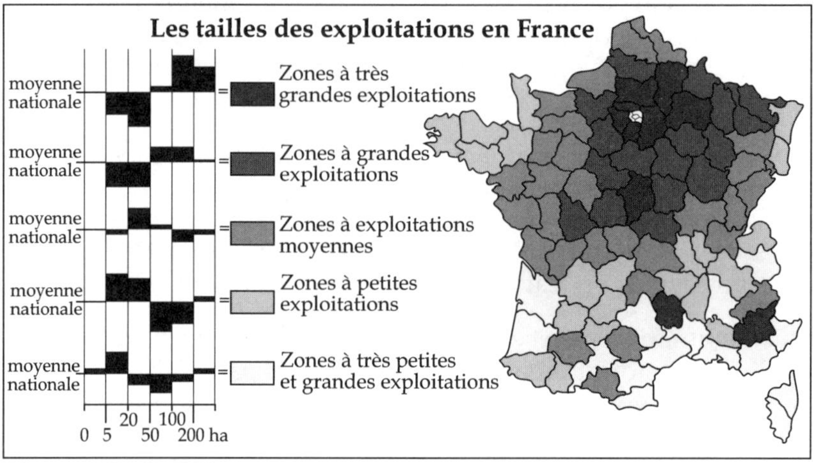

D'après SCEES, 1981.

Les anamorphoses

Dans ces cartes, ce sont les surfaces ou les distances elles-mêmes qui sont proportionnelles aux données. Cela donne des cartes déformées par rapport à l'espace réel, mais qui peuvent traduire très efficacement certaines situations.

• La construction des **surfaces** se fait à partir d'un quadrillage appelé carroyage.

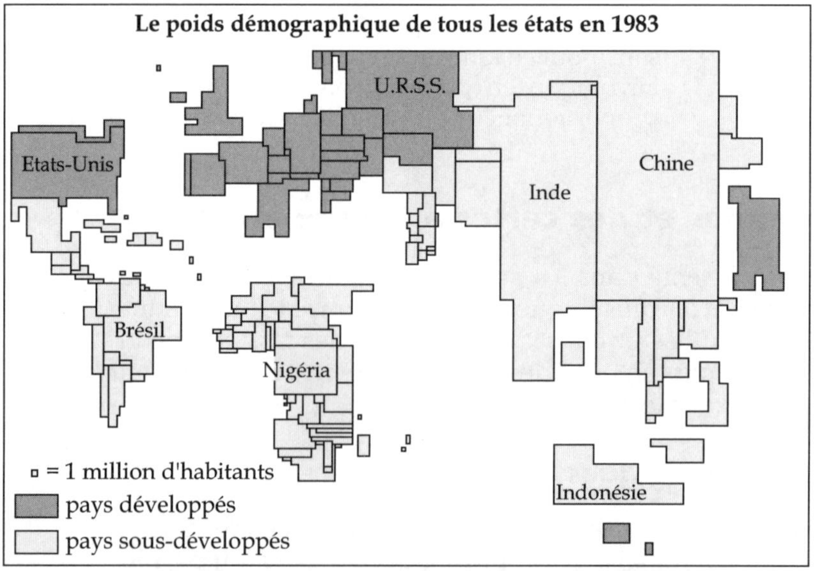

D'après V. Prévot et J. Boichard, *Géopolitique transparente*, Magnard, 1987.

Dans cet exemple, 1 carré de base est égal à 1 million d'habitants ; le nombre total de carrés de base pour chaque pays est agencé de manière que la forme et l'emplacement correspondent à peu près à la carte originale.

• La constuction des **distances** s'opère par exemple en utilisant des distances-temps ou des distances-coûts. Ici, une longueur de *x* mm correspond à un parcours d'une heure.

L'Europe du TGV à l'horizon 2015

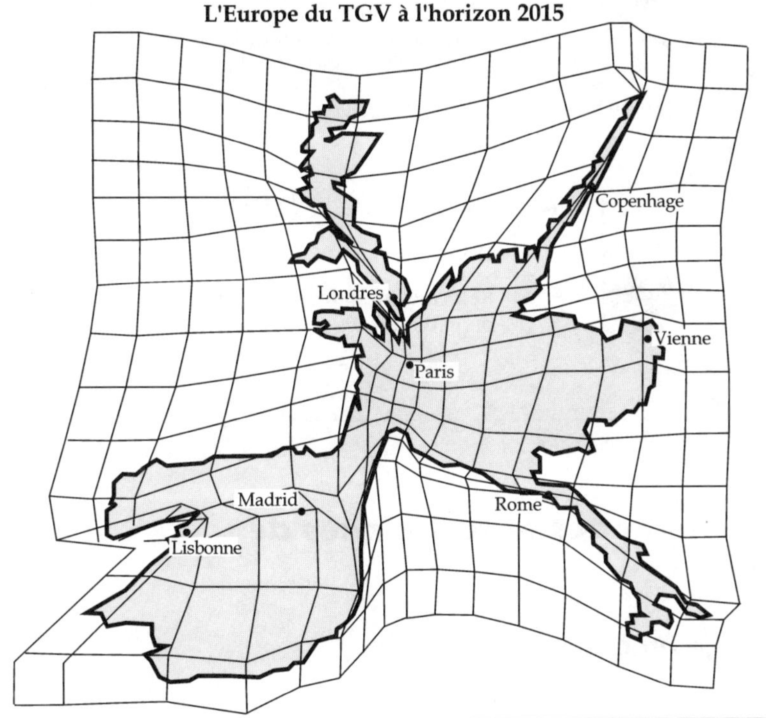

Source : *Informations RECLUS* n°24, janvier 1992.

Les cartes modèles

Ces cartes révèlent directement des formes d'organisation ou de dynamique d'un territoire, elles sont extrêmement synthétiques et font fi des formes au profit de l'expression d'un processus général. Comme les anamorphoses, elles peuvent choquer car elles ne respectent pas le dessin traditionnel des contours des territoires, mais a-t-on besoin des détails de la côte de France quand on veut mettre en évidence le processus de diffusion du hockey sur glace dans notre pays ? Il ne s'agit plus de fournir au lecteur des localisations rigoureuses, mais de lui communiquer des idées, de lui transmettre une l**ecture du territoire** à travers une problématique précise.

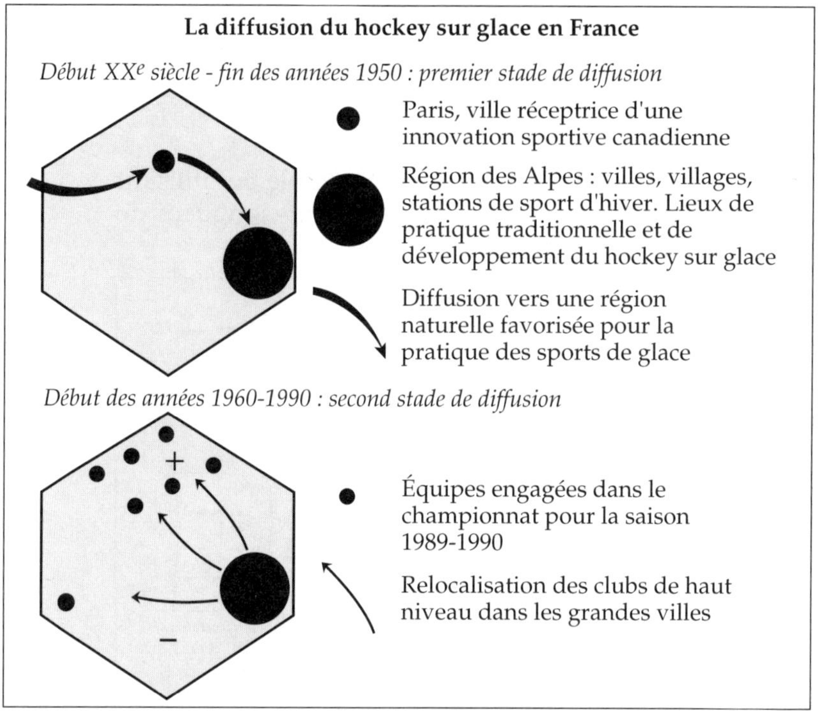

D'après S. Genest, *Mappemonde*, 90/2.

Quelques méthodes et techniques de réalisation

Le découpage en classes

Le découpage en classes ne procède ni du hasard ni de l'intuition, mais il doit s'appuyer sur la **structure** de la série statistique. Les principes du découpage en classes pour les symboles des valeurs absolues ou pour les trames des valeurs relatives sont identiques, nous donnerons donc des indications et des exemples valables pour les deux types de données.

• Le découpage en **paliers équidistants** (par exemple de 100 000 en 100 000 tonnes ou de 10 % en 10 %) est une partition plaquée arbitrairement sur une série statistique, il ne tient aucun compte de sa distribution interne. Pour un graphique exploratoire, il se conçoit tout à fait, mais si vous l'utilisez en cartographie, vous risquez d'obtenir un document très peu expressif : seuls les extrêmes seront mis en valeur, les valeurs moyennes, généralement nombreuses, seront toutes ensembles regroupées dans une ou deux classes particulièrement encombrées. Résultat, vous privilégiez l'exceptionnel au détriment du général.

Principe du découpage en paliers équidistants

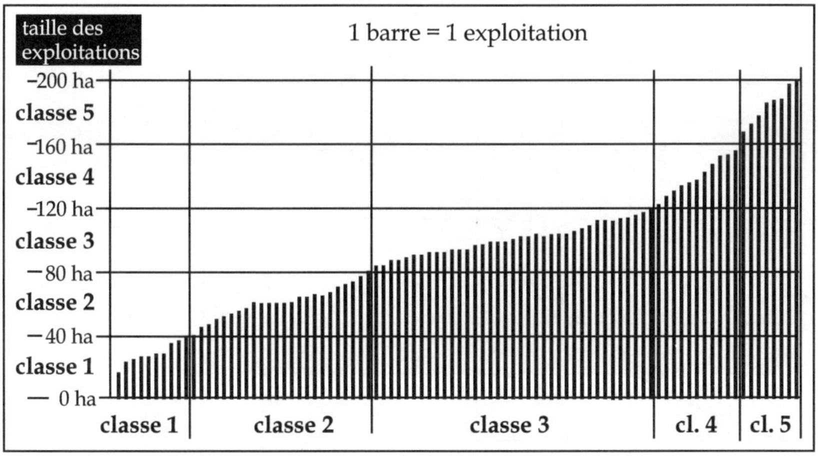

• Les découpages fondés sur le **même nombre d'individus** (ici des exploitations) dans chaque classe donnent des cartes beaucoup plus équilibrées, dans lesquelles les grandes tendances sont bien dégagées. Les comparaisons entre classes sont plus pertinentes car elles comptent toutes le même nombre d'éléments et leur répartition spatiale devient significative.

Principe du découpage avec le même nombre d'individus dans chaque classe

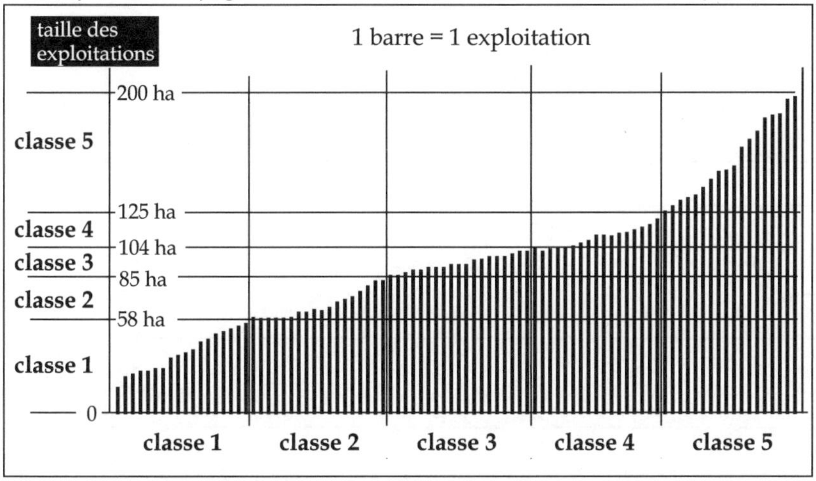

• Le découpage d'après une courbe des **fréquences cumulées** tient encore mieux compte des variations internes de la distribution. Les classes sont déterminées en fonction des accidents de la courbe appelés seuils. Le résultat obtenu met en valeur les discontinuités ; la méthode est facile à mettre en œuvre lorsque les seuils de distribution sont évidents.

Principe du découpage à partir d'une courbe des fréquences cumulées

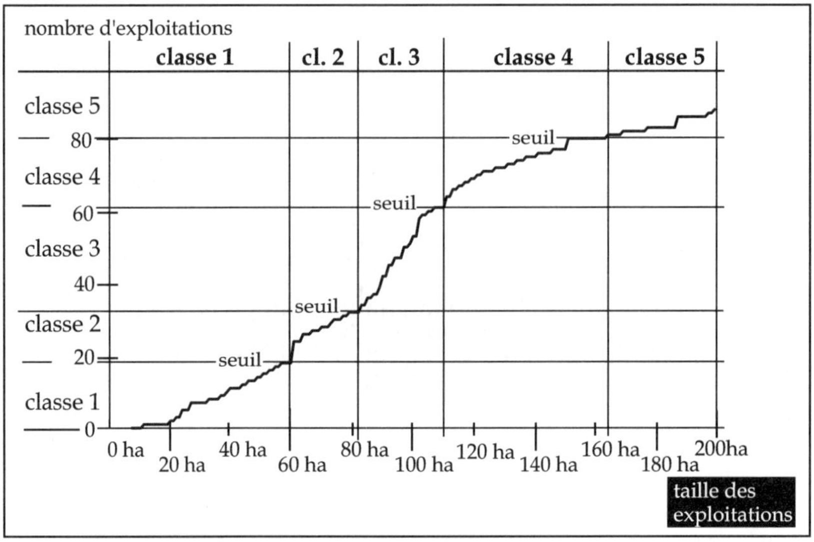

La construction des cercles proportionnels

Pour calculer les surfaces des cercles, il existe une méthode graphique rapide : sa précision n'est pas absolue, mais elle est néanmoins suffisante.

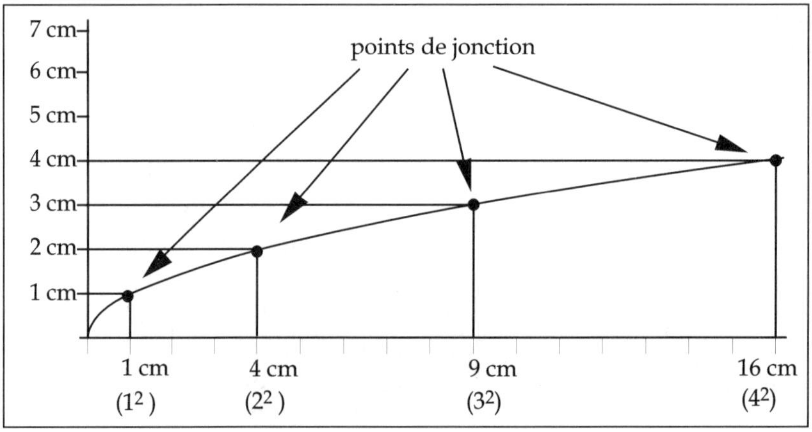

Pour tracer la courbe de construction, appelée **abaque** de référence, utilisez une feuille de papier millimétré :

- sur l'échelle des ordonnées (verticale), tracez un repère tous les centimètres ; sur l'échelle des abscisses (horizontale), reportez les valeurs au carré : 4 cm pour 2 cm, 9 cm pour 3 cm, 16 cm pour 4 cm, etc. ;
- tirez un trait horizontal depuis les 2 cm de l'échelle des ordonnées, tirez un trait vertical depuis les 4 cm de l'échelle des

abscisses. Faites la même opération pour chacun des points de repère (3 en ordonnée avec 9 en abscisse, etc.) ;
- enfin, tracez une courbe qui passe par chacun des points de jonction des lignes verticales avec les lignes horizontales.

Pour adapter les échelles de l'abaque, calculez la dimension maximale que peuvent avoir vos symboles (4 cm dans l'exemple ci-dessous) : ce sera la dimension maximale de l'échelle des ordonnées. Sur l'échelle des abscisses, reportez le chiffre maximal de vos données à l'aplomb ou proche de l'aplomb des 4 cm (1 500 ci-dessous), puis graduez arithmétiquement votre échelle des abscisses en fonction de cette valeur maximale.

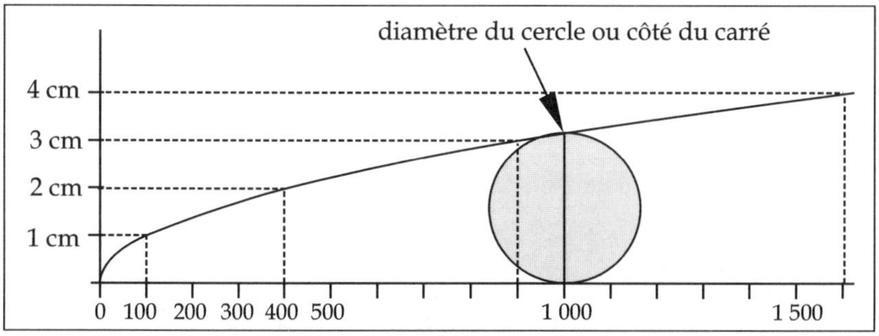

Pour éviter d'avoir des symboles trop gros par rapport à la carte, faites un essai, dessinez au crayon les symboles les plus grands aux endroits où l'espace est le plus restreint. Vous vérifierez ainsi que vos symboles peuvent être placés au bon endroit avec un minimum de chevauchements.

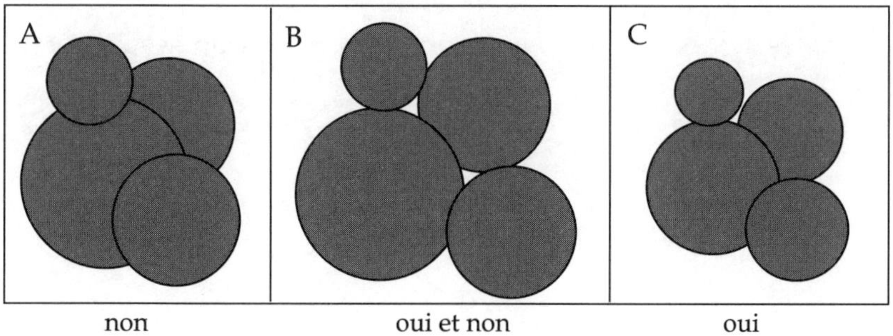

non — oui et non — oui

En A, les cercles sont trop grands.

En B, les cercles n'ont pas changé, ils ont simplement été écartés les uns des autres. Ils ne sont donc plus à leur emplacement réel, ce qui est gênant.

En C, les symboles sont à leur place, ils ont seulement changé de taille. Dans ce cas, attention à ne pas représenter les valeurs les plus faibles par des cercles trop petits.

En combinant ces deux transformations, un peu de B... un peu de C..., vous obtiendrez de bons résultats.

La moitié au moins de chacun des cercles doit être visible : c'est une règle absolue. Votre lecteur doit pouvoir comparer tous les diamètres. Les symboles les plus petits sont placés de préférence sur les plus gros plutôt qu'en dessous.

Les images
si vous deviez ne retenir que 6 points

- Simplifiez.
- Employez une seule police de caractères.
- Pour chaque tableau, demandez-vous s'il est vraiment nécessaire.
- Adaptez à votre propos le bon graphique, la bonne carte.
- Pour les cartes, sachez distinguer parmi les 6 variables visuelles :
  - les 4 qui différencient : forme, orientation, grain et couleur ;
  - les 2 qui hiérarchisent : valeur et taille.
- Réservez les symboles aux valeurs absolues et les trames aux valeurs relatives.

CHAPITRE 4

LA PRÉSENTATION

Votre texte et vos images sont prêts : il vous faut à présent les réunir pour en faire un tout cohérent.

Contrairement à l'image qui est vue de façon globale, le texte est lu linéairement : c'est un fil qu'on déroule.

Lorsque vous composez votre document, vous mêlez images et texte en une entité qui sera vue globalement. Même seul, le texte, par la composition, devient une image que le lecteur perçoit d'abord d'un regard général, avant de le découvrir ligne à ligne.

Cette globalité de la perception est vraie pour une page, un chapitre, un document complet. En tant qu'images, l'ensemble et les sous-ensembles de votre document doivent répondre à une exigence esthétique : être beaux pour attirer l'attention, susciter l'intérêt.

En tant que signifiants, ils doivent répondre aussi aux exigences de fonctionnalité que sont clarté, lisibilité, cohérence, facilité d'usage : être pratiques pour conserver l'intérêt du lecteur.

Que votre document fasse une ou trois cents pages, sa présentation relève d'une stratégie de composition. Tout au long de la création, des problèmes vont se poser à vous, il vous faudra faire des choix : voyons comment y parvenir.

- Les premières décisions concernent la **page** et son organisation.
- Il vous faut ensuite **hiérarchiser l'écrit**.
- **À la périphérie du texte principal**, vous devez agencer les **avant-textes et les post-texte**s.
- Le **montage** donnera l'**unité à l'ensemble de votre travail.**
- Enfin, **"l'emballage"**, la **présentation globale**, mérite toute votre attention puisque, du premier contact avec le document dépendra l'*a priori* favorable ou non de votre lecteur.

LA PAGE

L'unité de base de la composition est la page. Page simple si vous travaillez en recto, double page si le document reproduit est présenté en recto-verso.

Même si le document final est prévu en recto-verso, travaillez sur un seul côté de vos feuilles. Ce n'est qu'à la reproduction que vous reconstituerez le recto-verso.

La page, c'est d'abord un **support** papier à partir duquel vous allez définir un **format**, puis un **cadre**.

Vous choisirez ensuite un **caractère typographique** pour composer le texte.

Par la **composition de la page**, vous définirez les références constantes : pagination, en-tête, pied de page.

Enfin, vous déciderez de la **mise en page**, de l'organisation des paragraphes et des blancs, de l'interlignage, du positionnement des images dans le texte, de l'utilisation de la couleur.

Le support, le format, le cadre

Le **support** est le papier sur lequel vous travaillez : celui qui va passer à l'imprimante, à la photocopie.

Le **format de votre document** est la taille que vous souhaitez donner à votre écrit dans sa présentation finale. Il peut avoir les mêmes dimensions que le support ou lui être inférieur, ce qui vous obligera à recouper le support pour l'adapter au format.

Cette décision prise, vous délimitez ensuite, à l'intérieur du format, l'encombrement du texte et des figures dans un **cadre**.

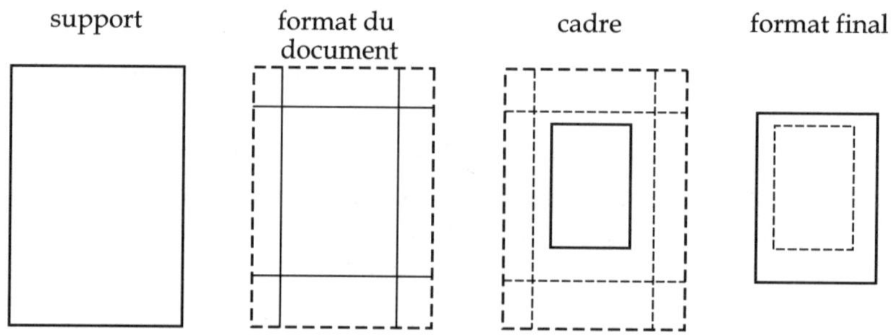

Le support papier

Les logiciels de traitement de texte donnent généralement accès aux formats Lettre US, Légal US, A4, B5 et Tabloïd ; cependant, le standard européen le plus couramment employé reste le **A4** (210 x 297 mm). Vous serez amené à utiliser son double ou **A3** (297 x 420 mm) et sa moitié ou **A5** (148 x 210 mm)[1].

Avant de créer un texte ou une figure sur micro-ordinateur, sélectionnez le bon format d'impression ET vérifiez aussi ce format au moment d'imprimer.

Le standard Lettre US est moins long et plus large que le standard A4 européen. Pour éviter à vos lecteurs d'outre-Atlantique le désagrément de la page coupée à la photocopie, prévoyez un cadre de texte bien inférieur au standard US et au standard européen, pour cela, tenez compte des conseils qui suivent concernant le cadre.

Le format du document

Le format est la taille des feuilles de votre document final : il peut être identique ou inférieur à celui du support papier.

Si le document final est aux **mêmes proportions** (longueur/ largeur) que le support papier, vous pouvez travailler en A4 (par exemple) et réduire à la photocopie : n'oubliez pas alors que tout sera réduit, texte (donc taille des caractères) et images.

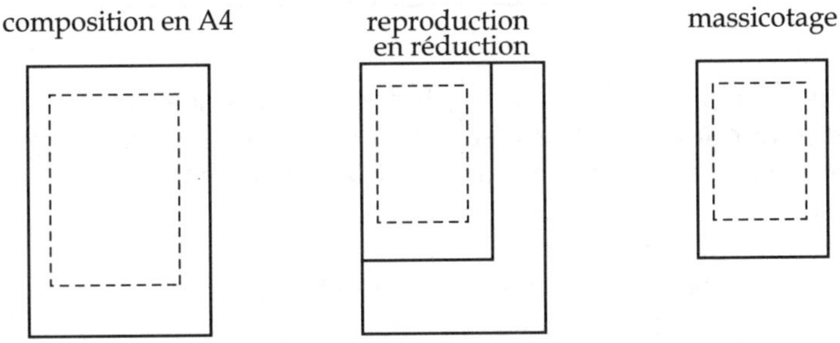

Il est souvent plus simple de travailler en A4 dans un cadre de texte plus petit et de massicoter (couper avec une cisaille, une rogneuse ou un massicot) après la reproduction. Vous composez alors directement dans la taille de caractères et les dimensions d'image du document final. De plus, cette méthode permet de choisir des formats aux **proportions différentes** de celles des standards papier.

[1] Standards européens : B5 = 176 x 250 mm ; Tabloïd = 279,4 x 431,8 mm = 2 "Lettre US" (format spécifique des quotidiens).
Standards américains : Lettre US = 215,9 x 279,4 mm ; Légal US = 215,9 x 355,6 mm.

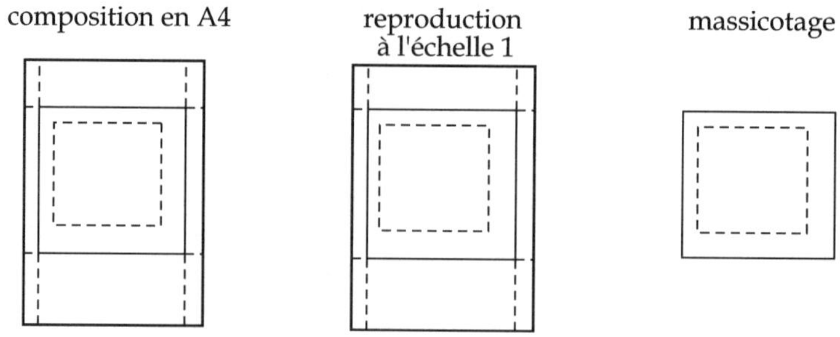

Pour faciliter le massicotage, "repérez" le format final, ce qui signifie que vous devez positionner sur le support papier original des repères de découpage du format final. Faites ce repérage symétriquement si le document reproduit est prévu en recto-verso.

Repérage du format du document

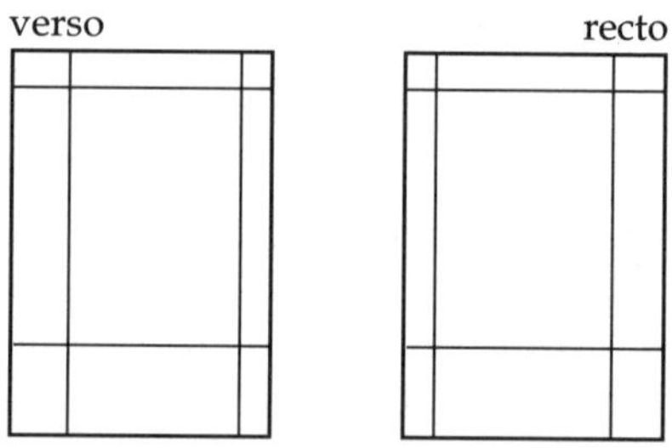

Sauf effet particulier (livre d'art ou de photographies), les écrits imprimés sont généralement "verticaux". La hauteur de la page est supérieure à sa largeur. On pourra parfois utiliser les formats "à l'italienne" (plus larges que hauts) ou carrés. Cependant, cet artifice de présentation serait probablement mal perçu si vous l'utilisiez pour un rapport, un mémoire ou une thèse.

Le cadre

Vous avez choisi le standard de votre support papier et défini le format final de votre page ; il vous faut à présent établir le **cadre de votre écrit**, c'est-à-dire les dimensions et l'emplacement dans la page du bloc texte-figures, en gardant à l'esprit qu'un certain équilibre est nécessaire entre les différentes parties blanches et le "gris" du texte.

Votre micro-ordinateur vous a rendu coutumier de certains mots empruntés au vocabulaire de l'édition : connaître leur signification d'origine vous aidera à utiliser ces fonctions à bon escient, même si parfois leur sens premier a été galvaudé.

La première dimension à définir est la **longueur maximale d'une ligne de texte**. En imprimerie, c'est l'un des deux sens du mot **justification**. Elle représente 2/3 à 3/4 de la largeur du format final du document.

Pour une feuille A4 (210 x 297 mm), la justification traditionnellement recommandée sera comprise entre 140 et 157,5 mm.

Les **marges**, zones blanches entourant la composition du texte et des illustrations, déterminent à la fois la **hauteur maximale du bloc texte-figures** et son **emplacement** dans la page.

De la plus petite à la plus grande, ce sont :
– la marge de petit fond (à l'intérieur côté reliure) ;
– la marge de tête (en haut) ou en-tête ;
– la marge de grand fond (à l'extérieur) ;
– la marge de pied (en bas) ou pied de page.

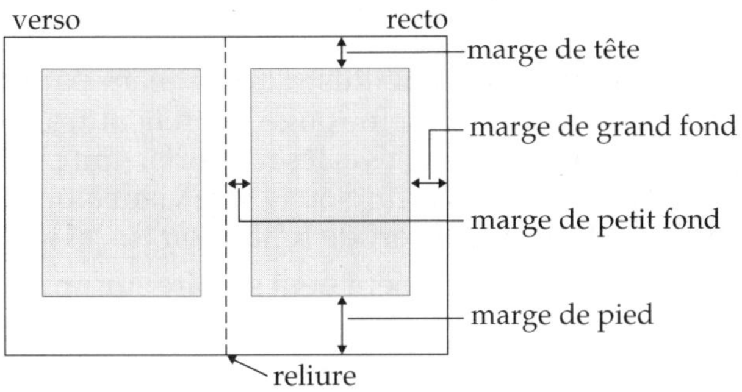

Leur fonction est double : isoler le texte et permettre de tenir l'ouvrage sans masquer le texte.

Les marges extérieures (tête, grand fond, pied) s'intercalent entre le bloc texte-figures et l'environnement extérieur au livre (bureau, table, sol, mur). Elles sont donc utiles visuellement parlant et ne doivent pas être trop petites. La marge intérieure (petit fond) permet de séparer le texte des deux pages en vis-à-vis ; comme elle est doublée (une sur chaque page), elle peut être plus petite, cependant, tenez compte de la reliure qui mange une partie de la page, donc de la marge.

Les marges inférieures et extérieures permettent de tenir l'ouvrage sans que les doigts empiètent sur le texte.

La marge de tête et celle de pied servent souvent à inscrire les références constantes de l'ouvrage, des parties ou chapitres, et aussi la pagination. Les notes de bas de page, quant à elles, contrairement à ce qu'on peut croire, ne sont pas inscrites dans la marge de pied mais au-dessus. Quel que soit leur emplacement, elles ne doivent pas sortir du cadre défini.

Définissez une fois pour toutes le cadre des pages de votre document, qui sera le même pour le texte et pour les illustrations.

Graphiques, cartes, schémas, tableaux, photos ne doivent en aucun cas dépasser le cadre limitant le texte. Ils seront souvent plus petits : vous les centrerez ou les alignerez sur une des marges.

Adoptez, pour toutes les illustrations de l'ensemble de votre document, une seule et même formule de présentation : alignez-les sur une des marges ou centrez-les.

Une exception à cette règle : il arrive que des illustrations soient disposées "à plein papier" ("plein pot" dans le jargon des graphistes), c'est-à-dire qu'elles occupent toute la page, d'un bord à l'autre, sans respect des marges. C'est souvent le cas de belles photographies dans les livres d'art. L'illustration à plein papier, appelée encore "à fond perdu" ou "pleine page", se rencontre peu dans les thèses, les mémoires, les articles et les rapports, sauf peut-être pour la première page de couverture où le titre vient alors en surimpression sur l'illustration qui sert de fond (voir p. 261).

La présentation finale de votre document peut se faire sur un seul côté des feuilles (recto) ou sur les deux (recto-verso).

Le **recto** – page de droite quand le document est ouvert – est appelé "belle page" et porte **toujours** les numérotations **impaires** quand on écrit recto-verso.

Le **verso** ou "fausse page" est la page de gauche, elle porte les numérotations **paires**.

En imprimerie, pour éviter le désagrément des ombres dues à l'encrage (elles sont atténuées si le papier est de bonne qualité), les pages recto et verso sont en parfait **repérage** l'une sur l'autre, cela signifie que leur cadre se superpose exactement par transparence de la feuille et par miroir. La composition des marges en recto-verso doit donc se faire symétriquement par rapport à la reliure, de même que les références constantes et la pagination.

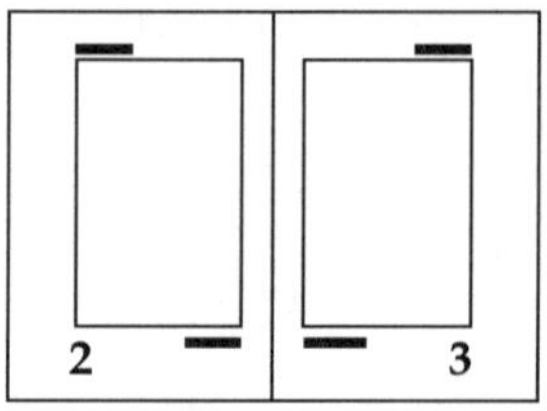

Certains logiciels de traitement de texte permettent de bâtir les pages de gauche et de droite symétriquement grâce à la fonction

Miroir de marge appelée encore *Recto-verso* ou *Pair-impair*. Si votre logiciel ne possède pas cette subtilité et que vous réalisez un document recto-verso, optez pour la symétrie totale en centrant votre cadre (marge de petit fond = marge de grand fond) et en centrant le texte et la pagination de vos en-têtes et pieds de page (voir pp. 199 et 203).

avec miroir

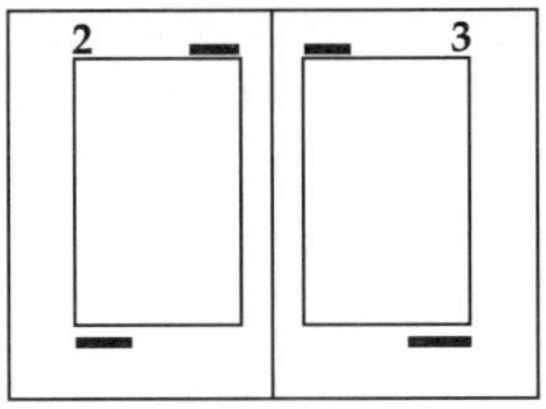

sans miroir

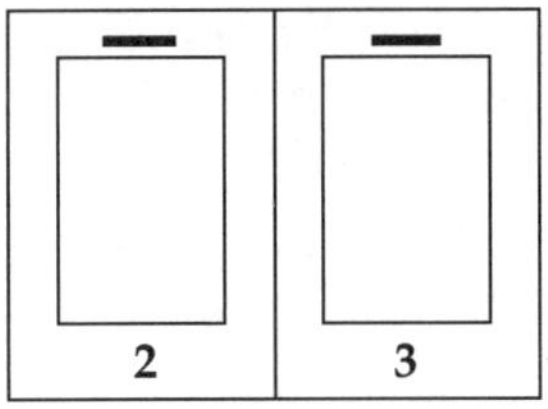

Pour en finir avec les marges, un dernier conseil : prévoyez large, ce qui vous évitera de mauvaises surprises au moment de l'impression laser, qui utilise des marges fixes assez grandes. Si vous avez opté pour le format A4, réservez au moins 3 cm aux marges latérales, à gauche comme à droite (3 et 4 cm respectivement pour la marge de petit fond et celle de grand fond, si vous avez une option miroir). La marge de tête fera au moins 3 cm, celle de pied de page, entre 4 et 6 cm. Votre bloc texte aura alors une justification de 14 à 15 cm, pour une hauteur de 20 à 22 cm.

Si vous voulez composer comme dans l'édition, sans vous perdre dans les calculs, adoptez pour du papier A4 les cotes suivantes, vous serez dans la norme.

Pour une justification de 14 cm, et un bloc texte de 21 cm de hauteur (soit un rapport de 2 à 3 pour le bloc texte) :

- sans possibilité de miroir
- marge intérieure = 3,5 cm
- marge extérieure = 3,5 cm
- marge de tête = 3,5 cm
- marge de pied = 5,2 cm

- avec possibilité de miroir
- marge intérieure = 3 cm
- marge extérieure = 4 cm
- marge de tête = 3,5 cm
- marge de pied = 5,2 cm

Exemple de marges en format A4 (21 x 29,7 cm), page recto

sans miroir

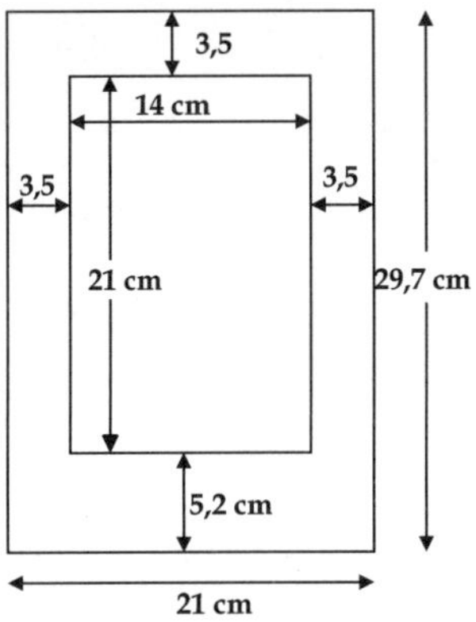

avec miroir

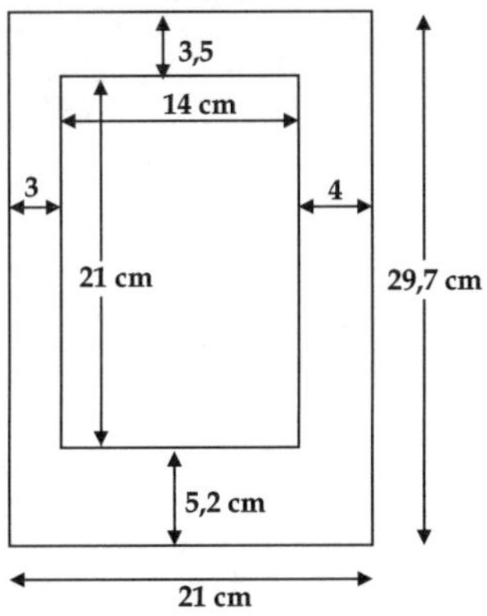

Quelques éléments de typographie

Support, format et cadre étant définis, il vous faut choisir la police de caractères du texte et pour cela connaître quelques rudiments de typographie.

Selon François Richaudeau[1] :

La microtypographie est l'assemblage des caractères, des signes et des mots constituant un bloc typographique, c'est-à-dire un texte qui présente une certaine unité quant à son sujet et à sa forme.

La macrotypographie est l'assemblage sur une même page des blocs texte et illustrations, appelés blocs informatifs.

La microtypographie concerne les caractères, la macrotypographie concerne la page.

Si les techniques ont évolué depuis Gutenberg, le vocabulaire est resté le même. Un petit tour d'horizon du jargon de l'imprimerie et des notions qu'il recouvre actuellement est nécessaire pour utiliser au mieux les micromaisons d'édition que sont nos ordinateurs.

Les caractères typographiques

"Le caractère typographique (du grec *kharaktêr* = empreinte) signifie signe gravé, tracé ou écrit, et désigne aussi bien le matériel qui sert à imprimer le signe que le signe lui-même[2]."

Initialement gravés dans du bois, puis du métal, les caractères d'imprimerie furent ensuite fondus donnant des blocs, petits parallélépipèdes métalliques portant sur leur face supérieure le dessin inversé et en relief d'une lettre, d'un chiffre ou d'un signe de ponctuation.

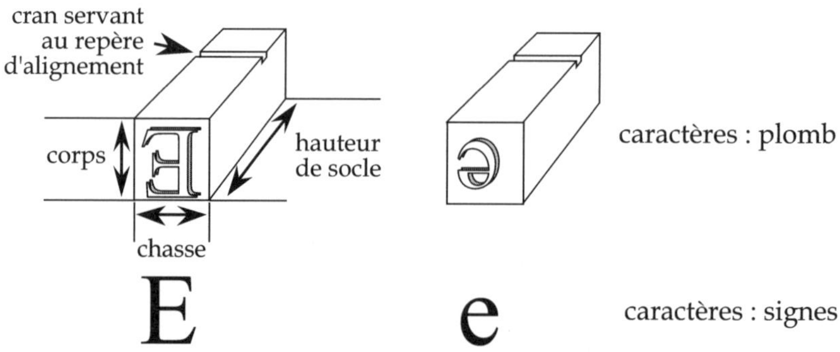

[1] *Manuel de typographie et de mise en page, op. cit.*

[2] Louis Guéry, *Manuel du secrétariat de rédaction, op. cit.*

Les typographes rangeaient les caractères dans des boîtes compartimentées (les casses), selon un classement bien précis facilitant la manipulation : les moins usités, majuscules ou capitales, étaient en haut de la boîte, les plus employés, les minuscules, étaient en bas, d'où leur nom de "bas-de-casse" dont l'abréviation, notée par les correcteurs, est "bdc"[1].

Si la définition d'origine de "caractère" est incontestée, les techniques actuelles de photocomposition et d'informatique ont rendu certaines terminologies désuètes, entraînant un désaccord entre les différents auteurs et un flou de vocabulaire chez les usagers. Il convient de définir aussi clairement que possible les notions fondamentales de typographie.

• Pour Virga[2], "classiquement, une **police de caractères** (ou fonte) est une sélection complète de caractères dans un *type*, un *style* et une *dimension* déterminés. [...] Aujourd'hui, cette définition est inappropriée puisque l'électronique permet de créer toutes les dimensions voulues à partir d'une seule matrice. On entend désormais par police de caractères le type de caractère sans s'occuper de sa taille ou de son style".

Les caractères sont dits **avec ou sans empattement** (appellation anglaise : caractère serif ou sans serif), selon que les jambages ou les obliques des signes sont ou non ornés.

D'après F. Richaudeau, *Manuel de Typographie et de mise en page, op. cit.*

• Cette particularité d'ornementation est à la base de toutes les classifications des **familles de caractères**.

Des nombreuses classifications proposées, retenons la plus simple, celle de quatre familles que Francis Thibaudeau[3] a établie en 1920. Elle repose sur la présence (ou non) des empattements et sur leur forme.

[1] Petit piège orthographique : "bas-de-casse" est masculin invariable. Le caractère de métal s'écrit avec des traits d'union : un bas-de-casse ; le signe typographique sur le papier ne prend pas de trait d'union : un texte composé en bas de casse.

[2] *L'indispensable pour la micro-édition, op. cit.*

[3] *La lettre d'imprimerie,* Paris, 1920.

Les caractères **"antiques"**, ou caractères bâtons (appelés aussi "linéales", "linéaires" ou "simplices") : ils sont sans empattement.

Exemple : Eras, Futura, Gill, Haas, Helvetica, Univers, etc.

Les caractères **"didot"** à empattement rectiligne filiforme. Ce sont les caractères dont l'empattement est constitué par un trait horizontal fin. On les appelle aussi "didones", "bodoniens", "filextres".

Exemple : Bodoni, Colombia, Egmont, Pergamon, etc.

Les caractères "**égyptiennes**" : leur empattement est rectangulaire brut. On les appelle aussi "mécanes", "égyptiens", "emparectes".

Exemple : Clarendon, Lubalin, Memphis, Rockwell, Karnak, Ramsès, Pharaon, etc.

Les caractères "**elzévirs**" à empattement triangulaire (appelés aussi "humanes", "reales", "garaldes", "vénitiens", "transitionnels", "claviennes").

Exemple : Aster, Baskerville, Bembo, Garamond, Grasset, Jenson, Palatino, Plantin, Times, etc.

À ces quatre familles de caractères, il convient d'en ajouter deux :
- "**écriture**", sans empattement, proche de l'écriture manuelle (Script, Mistral, Ondine, Gothique) ;
- "**machine à écrire**" (Courier, Prestige, Élite) à espacement fixe.

Les techniques actuelles permettent de créer des caractères de **fantaisie** qui ne sont souvent utilisés que pour des titres, des textes courts ou de la publicité.

La micro-informatique met à la disposition de l'utilisateur un nombre variable de polices, selon les logiciels et les imprimantes.

Généralement, le menu *Police* répertorie toutes les polices de caractères installées dans votre dossier système. Chacune d'entre elles est affichée dans le caractère correspondant.

Les polices des ordinateurs sont de deux sortes : à espacement fixe ou à espacement proportionnel.

Dans une police de caractères à espacement fixe, comme les caractères des machines à écrire, un "i" occupe autant de place qu'un "m". C'est le cas pour Monaco et Courier.

Dans les polices à espacement proportionnel, l'encombrement d'un caractère est proportionnel à la taille des signes : un "m" occupe plus de place qu'un "i". Ce sont toutes les autres polices couramment disponibles en micro-informatique.

Jugez plutôt ces exemples, tous composés en corps 10 :

`moinillon - imbécillité`	Courier (espacement fixe)
moinillon - imbécillité	Avant Garde (esp. proportionnel)
moinillon - imbécillité	Times (esp. proportionnel)

La lisibilité des caractères

Toutes les polices de caractères n'ont pas la même lisibilité ; de nombreuses études ont été réalisées à ce propos[1]. Les conclusions divergent : souvent, les vitesses de lecture varient peu d'un caractère à l'autre ; cependant, les lecteurs testés puis interrogés ont une idée différente (tout à fait subjective) du confort de lecture, sans rapport avec les résultats des tests. C'est sans doute pourquoi, même si les mesures démontrent qu'il n'y a pas d'écart notable de lisibilité, les caractères avec empattement sont mieux perçus que ceux sans empattement.

C'est une question de tradition plus que de logique, puisque, dès 1843, des expériences ont montré que c'est la moitié supérieure des lettres qui est déterminante pour la compréhension d'un mot, ce qui réduit le rôle des jambages et des empattements.

Jugez plutôt dans deux polices différentes, l'une avec empattement (Times), l'autre sans empattement (Helvetica), le tout en corps 14.

moitié inférieure des mots

Times 

indéchiffrable

Helvetica 

moitié supérieure des mots

Times 

déchiffrable

Helvetica 

Cependant, l'empattement des caractères sert de guide "subjectif" et semble faciliter la lecture. Le caractère "Times", à empattement triangulaire, a été conçu spécialement pour le journal *The Times,* avec pour objectif principal une lisibilité optimale.

Dans le même ordre d'idée, les lecteurs préfèrent le rendu "imprimerie" des caractères à espacement proportionnel au fini "machine à écrire" des caractères à espacement fixe.

---

[1] Voir en bibliographie les travaux de François Richaudeau.

• Selon l'ancienne école, un ouvrage linéaire ne doit être composé qu'avec **une seule police de caractères**.

La nouvelle école admet les changements mais pas dans le texte lui-même, uniquement dans les titres ou pour des effets spéciaux (encadré, etc.). Dans ce cas, si le texte est composé dans une police de caractères avec empattement, on pourra utiliser, pour les titres, une police sans empattement (exemple de notre guide : texte en Palatino, titres en Eras).

Il vaut mieux n'utiliser qu'une seule police de caractères par document.

La déclinaison des caractères

Comme l'imprimerie, le micro-ordinateur permet de décliner les caractères ; cela signifie que pour une police choisie, vous pouvez jouer sur quatre éléments combinables :
- le corps (taille des lettres) ;
- le niveau (majuscules ou minuscules) ;
- la pente (romain = droit, ou italique = penché) ;
- la graisse (épaisseur plus ou moins forte du trait du caractère).

Il faut ajouter à ces déclinaisons les possibilités d'effets spéciaux qu'offrent la plupart des traitements de texte sous la rubrique "style" : relief, ombré, souligné, double souligné, barré, exposant, indice.

• Le corps

C'est la hauteur du caractère (blanc compris) exprimée en points (1 point = 0,376 mm) :

Times : le corps 12 est haut de 12 points (12 x 0,376 = 4,512 mm) ;

Helvetica : le corps 12 est haut de 12 points.

Plus le nombre de points est petit, plus la hauteur est faible ; les corps les plus couramment utilisés sont :

pour le texte
– le corps 9 (3,384 mm) ;
– le corps 10 (3,760 mm) ;
– le corps 12 (4,512 mm) ;
– le corps 14 (5,264 mm) ;

et pour les titres

– le corps 18 (6,768 mm) ;

– le corps 24 (9,024 mm) ;

– le corps 36 (13,536 mm).

Le corps comprend l'œil de la lettre, mais aussi les hampes ascendantes et descendantes, ainsi que les blancs de séparation (voir le schéma d'un caractère d'imprimerie, p. 184).

Les lettres sans hampe (a, m, u, w, etc.) sont appelées "les courtes" ; les lettres à hampe sont "les longues" : "longues du haut" pour celles à hampe ascendante (b, d, h, etc.), "longues du bas" pour celles à hampe descendante (g, j, q, etc.).

Dans l'exemple qui suit, chaque terme est montré successivement sur deux caractères : Avant Garde, caractère à hampes courtes, et Palatino, caractère à hampes longues.

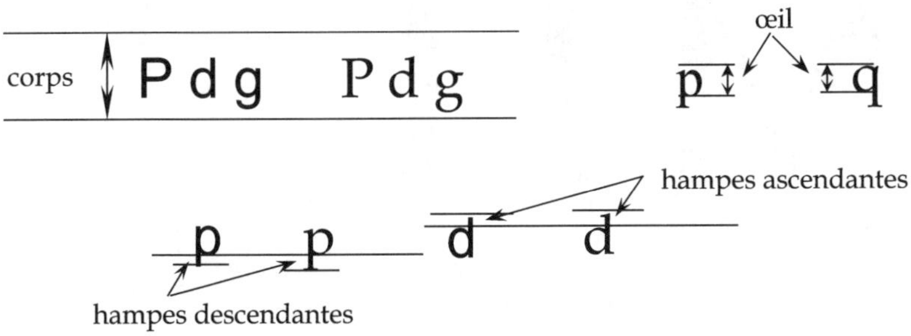

Les études de lisibilité ont montré que chez les adultes, pour un même caractère entre les corps 8 à 14, il n'y a pas de différence notable de vitesse de lecture ; cependant, subjectivement, le lecteur trouve plus confortable les corps 10 et 12, qui sont bien adaptés au format A4.

Pour le texte principal des formats plus petits, les typographes recommandent traditionnellement de préférer le corps 10. On peut toutefois descendre jusqu'au corps 8 qui constitue la limite inférieure de lisibilité pour le texte principal.

Les corps plus petits (7, 6, 5) peuvent être utilisés pour des effets spéciaux (références constantes en bas de page, nom du photographe et/ou de l'agence pour une photographie, nom du graphiste pour une figure, etc.).

Votre ordinateur vous donne la liste des corps que vous pouvez utiliser. Certains sont installés dans votre dossier système (ils sont affichés en relief sur Macintosh : 12 pt). Les autres ne sont qu'une mise à l'échelle par extrapolation de la matrice existant dans le corps le plus proche (écrits en noir sur Macintosh : **7 pt**) ; leur qualité d'affichage et d'impression est moins bonne.
Préférez les corps installés dans votre dossier système.

• La chasse

En imprimerie traditionnelle, la chasse signifiait la largeur du caractère, blancs compris, soit la largeur du bloc de plomb.

Dans les techniques actuelles de composition, on différencie la **chasse**, qui est la largeur visible d'un caractère, de son **encombrement** qui en est la largeur invisible et représente donc la largeur du signe plus les blancs de droite et de gauche. Le blanc entre deux lettres est appelé l'**approche**.

Times : encombrements inégaux, approches égales

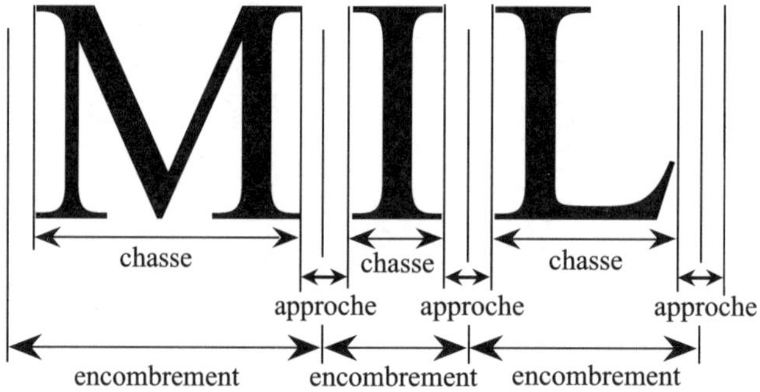

Les photocomposeuses et certains logiciels de PAO (publication assistée par ordinateur) permettent de jouer électroniquement sur la chasse, en resserrant ou en étirant un caractère, et sur l'approche, en réduisant ou en augmentant l'espace entre deux lettres.

Les logiciels de traitement de texte donnent rarement la possibilité de modifier ces éléments. En revanche, vous constaterez que la chasse et l'approche varient, au sein d'une même police, d'un signe à l'autre : un m chasse plus qu'un i. Ces données, bien entendu, diffèrent pour une même lettre, d'un corps à un autre et aussi d'une police à une autre.

voici la chasse en corps 12	Avant Garde
voici la chasse en corps 12	Palatino
voici la chasse en corps 12	Times
voici la chasse en corps 12	Helvetica

Ainsi, pour un corps donné, une même justification (longueur maximale de la ligne) ne comportera pas le même nombre de caractères selon la police utilisée.

Pour qu'une **ligne** soit confortablement lisible, elle doit comporter **entre 50 et 80 caractères** (espaces comprises). Il n'y a pas de différences de lisibilité significatives entre ces deux extrêmes. 80 caractères représentent la limite supérieure de ce que l'œil peut lire sans fatigue ; en dessous de 50 caractères, les retours à la ligne trop fréquents hachent la lecture.

Il faudra donc combiner le corps avec la justification pour rester dans les normes recommandées. Voici quelques exemples :

Times corps 8, justifié sur 10,2 cm ; la première ligne compte 93 caractères :

Il avait participé à l'épopée napoléonienne : pour tout le monde il était "le Grognard", sauf pour Mathilde qui continuait à l'appeler "mon brave petit soldat".

Times corps 12, justifié sur 6 cm ; la première ligne compte 38 caractères :

Il avait participé à l'épopée napoléo-
nienne : pour tout le monde il était
"le Grognard", sauf pour Mathilde
qui continuait à l'appeler "mon brave
petit soldat".

Times corps 10 justifié sur 10,2 cm ; la première ligne compte 77 caractères :

Il avait participé à l'épopée napoléonienne : pour tout le monde il était "le Grognard", sauf pour Mathilde qui continuait à l'appeler "mon brave petit soldat".

Vous pouvez choisir de composer votre texte en colonnes. Cependant, sauf s'il s'agit d'un document de type journal comportant des articles courts, excéder deux colonnes rendrait la lecture pénible.

Règle de la lecture en colonnes : commencer en haut de la colonne de gauche jusqu'en bas, reprendre en haut de la colonne voisine ; cela même si des illustrations coupent plusieurs colonnes. Seul un filet horizontal ou un titre centré modifie l'ordre de lecture.

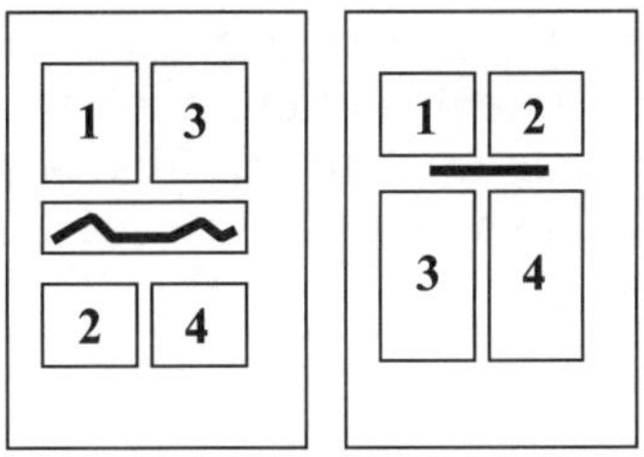

• Le niveau

Pour une même police de caractères, les lettres sont des capitales (majuscules) ou des bas de casse (minuscules).

Il n'y a qu'un niveau pour les chiffres, ce qui est gênant. Pour ne pas leur donner plus d'importance que nécessaire, en particulier dans les titres, vous aurez parfois intérêt à ruser, particulièrement quand vous composez en bas de casse : utilisez pour les chiffres le corps immédiatement inférieur à celui du texte (ex : texte en corps 12, chiffres en corps 10).

corps 10 texte et chiffres	corps 10 pour tout le texte capitales : chiffres en corps 10 titre en bdc : chiffres en corps 9
1.3 - LA FORÊT	**1.3 - LA FORÊT**
1.3.1 - Les conifères	**1.3.1 - Les conifères**

Parmi les **capitales**, les typographes distinguent :
- les capitales à proprement parler (PARIS) ;
- les **petites capitales**, dont la hauteur est celles des lettres courtes minuscules, inférieures de 2 points à la hauteur du caractère utilisé (PARIS) ;
- les **lettrines,** lettres ornementales hautes de deux à plusieurs lignes, utilisées comme première lettre d'un chapitre ou d'un paragraphe.

On compose généralement en petites capitales le mot ou le groupe de mots qui débute par la lettrine.

PARIS, capitale de la France.

LA GUERRE DES NERFS n'aura pas lieu.

Lorsqu'un texte commence par une lettrine, s'il y a lieu, les guillemets et les apostrophes sont composés dans le corps du texte :

« C'EST LUI » s'écria-t-elle

est beaucoup plus élégant que

«C' EST LUI » s'écria-t-elle.

Comme leur partie supérieure est peu différenciée, les capitales sont difficiles à lire. Un texte entièrement composé en capitales serait illisible. On réserve leur usage aux titres et à certaines compositions typographiques comme les logos, les sigles (CNRS), les acronymes[1] (BENELUX), les titres et qualifications, etc.

[1] Sigles très répandus et de prononciation aisée.

C'est à Charlemagne que l'on doit la normalisation des minuscules, elles ont été dessinées pour faciliter la lecture et permettre à un plus grand nombre de gens d'y accéder.

Depuis, malgré toutes les polices de caractères inventées par des artistes connus tels que Dürer ou Vinci, les minuscules restent toujours plus lisibles que les majuscules.

En voici la preuve, comparez le même texte, en capitales cette fois, dans le même caractère et le même corps :

> DEPUIS, MALGRE TOUTES LES POLICES DE CARACTERES INVENTEES PAR DES ARTISTES CONNUS TELS QUE DURER OU VINCI, LES MINUSCULES RESTENT TOUJOURS PLUS LISIBLES QUE LES MAJUSCULES.

De plus, traditionnellement, les majuscules ne sont pas accentuées ce qui complique la lecture et peut même prêter à confusion.

Quelques titres d'articles de journaux[1] illustrent les inconvénients des capitales non accentuées.

LE GENERAL CHAHUTE A l'ASSEMBLEE

Il faut comprendre qu'il a été chahuté et non qu'il chahutait.

APRES DISCUSSIONS AU CONSEIL DES MINISTRES

Il faut comprendre "âpres discussions" et non "après discussions".

La nouvelle école prône l'usage des accents sur les majuscules, subtilité que permettent quelques polices de caractères ; si vous utilisez les capitales accentuées, il faut le faire tout au long de votre document. Si vous n'avez pas accès à cette option, veillez à ce que vos titres en capitales ne prêtent pas à confusion, sinon composez-les en bas de casse.

Il en est de même pour les cédilles. Les codes typographiques ne disent rien de l'usage des cédilles avec les capitales. Les logiciels de traitement de texte permettent, en option, le "Ç"majuscule.

Pensez que vous serez peut-être lu par des étrangers. Imaginez la difficulté qu'aurait quelqu'un connaissant mal la langue et la géographie de la France, pour comprendre (et répéter sans fautes) cette simple phrase que Cyrano de Bergerac aurait pu prononcer :

> RANCONNES PAR DE MAUVAIS GARCONS, MES GASCONS, PARTIS DE BESANCON, SE RETROUVERENT EN CALECON DANS LA FORET DE MONTFAUCON.

• La pente

Un caractère peut être droit ou penché. Ce qui donne par exemple en Times, corps 9 :

DES CAPITALES DROITES et des bas de casse droits,

DES CAPITALES PENCHEES et des bas de casse penchés.

[1] Cités par Louis Guéry, *Manuel de secrétariat de rédaction, op. cit.*

Romain (rom), c'est le caractère droit, appelé "standard" en micro-informatique. Italique (ital, on dit une italique), c'est le caractère penché, toujours vers la droite, appelé "italique" en micro-informatique.

En imprimerie, les caractères italiques étaient spécialement fondus et présentaient certaines particularités de dessin et de proportions, alors que la plupart des photocomposeuses et les micro-ordinateurs offrent des italiques dites "électroniques" qui sont des caractères romains penchés par anamorphose.

D'après les études de lisibilité, l'italique est légèrement moins lisible que le romain. Beaucoup de lecteurs, surtout les plus jeunes, ne perçoivent pas de différence entre un caractère droit et l'italique, qui n'est donc pas le meilleur moyen de mise en valeur.

Il faut utiliser l'italique avec parcimonie. On la réserve habituellement aux citations, aux titres d'ouvrages, aux mots et expressions d'origine étrangère, aux noms de bateaux, aux termes techniques ou scientifiques spécialisés, etc.

Les signes de ponctuation se rapportant au texte en italique se composent également en italique :

> *« L'optimiste se trompe tout autant que le pessimiste, mais il est plus heureux. »* (R.W. Emerson)

• **La graisse**

C'est l'épaisseur du trait d'un caractère. En imprimerie, chaque police de caractères possède tout ou partie des quatre niveaux d'épaisseur :
- extra-gras ou extra-bold (ou heavy) ;
- gras ou bold ;
- demi-gras ou demi-bold (ou normal) ;
- maigre ou standard (ou light).

En micro-informatique, à moins d'apports ultérieurs spécifiques à des polices de caractères, on ne dispose que de deux graisses : standard (qui correspond au "normal" d'imprimerie dans la plupart des logiciels) et **gras**.

Le gras est utilisé pour mettre en valeur un titre, un mot dans le texte. Il est mieux perçu que l'italique, il faut donc le préférer à cette dernière pour mettre en évidence des mots dans un texte standard (voir p. 227).

• **Les effets spéciaux**

La micro-informatique permet d'autres artifices d'imprimerie qui sont rangés dans la rubrique *Style* des caractères.

Même pour les titres, évitez les lettres en relief (en relief) ou ombrées (ombrées). Franchement laides, elles sont difficiles à lire et n'apportent rien.

La fonction *Barré* (~~barré~~) ne sera qu'exceptionnellement employée.

Souligner est bien tentant : les logiciels de traitement de texte proposent les fonctions *Souligné*, *Mots soulignés* et *Double souligné*.

Gardez en tête que le souligné est une technique à manipuler avec précaution. Il est employé couramment en écriture manuscrite, survivance des périodes qui ne connaissaient pas le surligneur fluo. Les chercheurs ne sont pas d'accord sur son rôle : favorise-t-il la mise en valeur ou brise-t-il l'harmonie graphique du mot ? Ses détracteurs avancent à juste titre que, pour les bas de casse, le trait qui souligne coupe les hampes descendantes des lettres : c'est vrai, même si, dans certaines polices, il démarque chaque hampe, jugez-en vous-même :

> Le parapluie protège de la pluie. Cette forêt est gigantesque.

Vous constaterez que c'est encore pire avec le double souligné.

En capitales, ce n'est guère MIEUX. De plus, en micro-informatique, souligner de DEUX TRAITS augmente l'interligne, ce qui entraîne une rupture dans la composition du bloc de texte.

Partisan ou non du souligné, évitez de souligner des phrases entières.

Cet exemple vous montrera que le souligné simple, le souligné mot par mot et, encore pire, le double souligné sont pénibles à lire.

Même pour un simple mot, préférez toujours la mise en évidence par le **gras.** Jugez plutôt :

> Tant qu'on aime, on sert à quelque chose ; tant qu'on est aimé, on est indispensable à quelqu'un. (Robert Louis Stevenson)
>
> Tant qu'on **aime**, on **sert** à quelque chose ; tant qu'on **est aimé,** on est **indispensable** à quelqu'un. (Robert Louis Stevenson)

Sous la même rubrique *Style* des caractères, la plupart des logiciels de traitement de texte offrent la possibilité d'une écriture $_{\text{en indice}}$ ou $^{\text{en exposant}}$.

Très utiles pour les formules scientifques, ces effets spéciaux ne sont à utiliser dans le texte lui-même que pour les mots requérant cet emploi. Puissances (km^2, m^3), indices dans les symboles chimiques O_2, CO_2, Fe_2O_3).

En général, les chiffres, les signes et les lettres en exposant et en indice sont composés un, deux, voire trois corps en dessous de celui du texte, ce qui présente l'avantage de décaler peu ou pas les lignes : seul le corps 7 ne modifie pas du tout l'interlignage. Pour un texte en corps 12, les indices et exposants seront en corps 10, 9 ou 7.

Dans ces trois exemples m est en corps 10 :

dans m^3, 3 est en corps 10 ;

dans m^3, 3 est en corps 9 ;

dans m^3, 3 est en corps 7.

Si vous décidez d'écrire comme il se doit 5 m^3, 9 km^2, pour 5 mètres cubes et 9 kilomètres carrés, il faut le faire pour tout votre document, figures et tableaux compris.

Quand une unité dérivée est formée en divisant une unité par une autre, comme les mètres par seconde, on peut utiliser la barre oblique m/s, la barre horizontale $\frac{m}{s}$ (difficile à exécuter avec un traitement de texte), ou les puissances négatives $m.s^{-1}$. Là encore, faites votre choix pour l'ensemble de votre document.

La combinaison des quatre éléments de déclinaison des caractères, (et des effets spéciaux) sert à hiérarchiser dans un texte les titres, sous-titres et mots à mettre en valeur. Pour structurer l'ensemble, il faut associer cette combinaison à un autre élément : les espaces libres ou blancs.

La périphérie du cadre : les références constantes et ponctuelles

Vous avez défini l'organisation globale de la page de votre écrit : le cadre du bloc texte-figures est délimité et vous avez choisi une police de caractères.

En tout premier lieu, vous allez créer des **références constantes** et prévoir l'emplacement des **références ponctuelles** qui, les unes comme les autres, se composent à la **périphérie du bloc texte-figures**, en haut (en-tête), en bas (pied de page), ou sur les côtés.

Par références constantes, il faut entendre des informations répétées d'une page à l'autre, dont la constance est la fonction, l'emplacement, parfois le contenu lui-même. Ce sont : la pagination, des titres ou portions de titres en rappel, un nom, une date, un numéro de dossier, une illustration, etc.

Les références ponctuelles n'apparaissent qu'en cas de besoin : ce sont les notes.

Ces repères, utiles à l'auteur dans la phase de rédaction, puis au lecteur découvrant le document, ont une fonction différente pour l'un et pour l'autre. Ces jalons, alphabétiques, numériques ou illustrés, sont appelés à être modifiés entre les copies de travail successives et l'édition finale.

Même pour vos documents à l'état de brouillon (manuscrits ou informatiques), obligez-vous dès leur création à mettre des références constantes, notamment pagination et titres.

Les références constantes et les informations ponctuelles placées à la périphérie du bloc texte-figures se composent dans la même police de caractères que le texte principal. Dans cette police, vous pouvez à loisir décliner les caractères.

Souvent, par défaut (c'est-à-dire si vous ne précisez rien), les logiciels composent en-têtes, pieds de page, notes et pagination dans la police standard installée.

Si vous modifiez, en cours de composition (ou pour l'édition finale), la police de caractères du texte principal, veillez à transformer dans la même police les informations périphériques, en-têtes, pieds de page, notes et numéros de page.

La pagination

Il est fini le temps où, pour numéroter les pages d'un long document dactylographié, on recommandait d'attendre la version finale, ce qui nécessitait de repasser une à une les feuilles dans la machine à écrire.

Désormais, tous les logiciels ont une fonction *Pagination* (ou *Numérotation des pages*, encore appelée *Foliotage* ou *Foliotation*, le **folio** étant le numéro de la page).

Cette fonction permet une numérotation des pages qui est modifiée automatiquement à chaque transformation du document entraînant un bouleversement dans la mise en page.

La plupart des logiciels de traitement de texte ont une option *Changement de pagination* ou *Numéro de page* qui permet de choisir le premier numéro de pagination d'un document.

Cette subtilité est précieuse au moment du montage final de documents longs, composés sur plusieurs fichiers.

Vous avez travaillé par unités d'une trentaine de pages au maximum, paginées de 1 à 30. Pour l'édition finale, n'oubliez pas de modifier le foliotage, fichier par fichier, afin d'obtenir une numérotation continue.

pagination initiale	fonction *Numéro de page*	pagination finale
Chapitre 1 : pages 1 à 27	page 1 = 1	pages 1 à 27
Chapitre 2 : pages 1 à 29	page 1 = 28	pages 28 à 56
Chapitre 3 : pages 1 à 25	page 1 = 57	pages 57 à 72

Lorsque vous avez renuméroté un document, le logiciel (normalement) ne connaît plus que les nouveaux numéros. Pour une impression partielle du fichier, donnez bien la nouvelle numérotation.

Voici un exemple simple qu'il est conseillé de vérifier sur votre ordinateur : pour imprimer la deuxième page d'un fichier sur laquelle est porté le folio 129, la commande ordinateur doit être *Imprimer page 129*. Si vous demandez *Imprimer page 2*, l'ordre sera refusé.

L'ordinateur permet aussi, grâce à la fonction *Page de garde* ou *Page de titre*, de ne pas porter de folio sur la première page d'un document (ce qui est la règle) et de ne commencer la foliotation qu'en deuxième page, numérotée 2 (ou le numéro de votre choix).

Si votre édition finale est prévue en recto-verso, n'oubliez pas d'insérer des pages blanches (par la fonction *Saut de page*) qui seront numérotées à la suite, de façon à rester fidèle à la règle incontournable : recto = numéro impair, verso = numéro pair.

(petit moyen mnémotechnique : alphabétiquement parlant, "recto" est le premier = 1 donc impair, "verso" est le second = 2 donc pair).

Les lecteurs français sont coutumiers de la numérotation simple, en chiffres arabes (1, 2, 3, 4 ...). Les Américains utilisent parfois la pagination par partie (1.1, 1.2, ... , 2.1, 2.2, ... , 5.1, 5.2, ...). Si cette foliotation permet de situer une page dans une partie, elle est (à notre avis) beaucoup moins efficace pour un repérage global dans un document. Préférez-lui la numérotation traditionnelle.

Emplacement du numéro de page

Si vous écrivez un roman, le numéro des pages est accessoire pour le lecteur : il peut être discret, dans un corps égal ou inférieur à celui du texte. Peu importe sa place à la périphérie du cadre puisqu'il n'est que rarement utilisé comme repère.

Pour tous les autres types de documents, la **pagination**, outil de repérage, doit être **visible livre ouvert ET livre entrouvert**, puisqu'une de ses fonctions est de faciliter la recherche d'une page particulière.

Faites l'expérience : c'est à proximité des marges extérieures que le folio est le plus facile à trouver. En haut ou en bas à droite pour les pages recto, en haut ou en bas à gauche pour les pages verso. Il est esthétique d'aligner alors le folio sur la limite externe du cadre du texte. Cette présentation nécessite une composition des pages recto-verso avec miroir (voir p. 182).

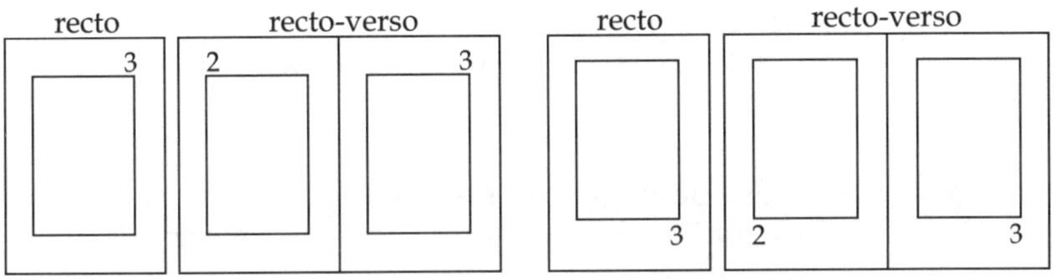

Le repérage est moins bon avec un folio centré, en haut ou en bas de la page : il faut un peu plus entrouvrir le document pour trouver le numéro. C'est cependant cette formule qu'il faut adopter si vous composez en recto-verso sans possibilité de miroir.

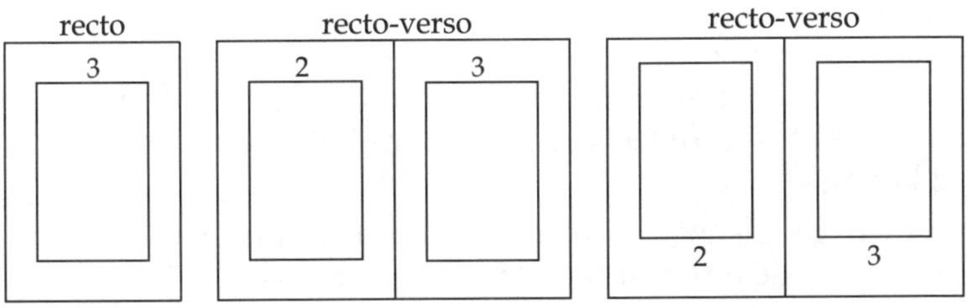

Les numéros sont difficiles à trouver lorsqu'ils sont placés à proximité des marges intérieures, en haut comme en bas : à éviter donc.

Les folios sont parfois disposés en bordure latérale externe du cadre, en milieu de page. Cette façon originale de présenter la numérotation des pages facilite le repérage mais n'est pas simple à réaliser avec un traitement de texte.

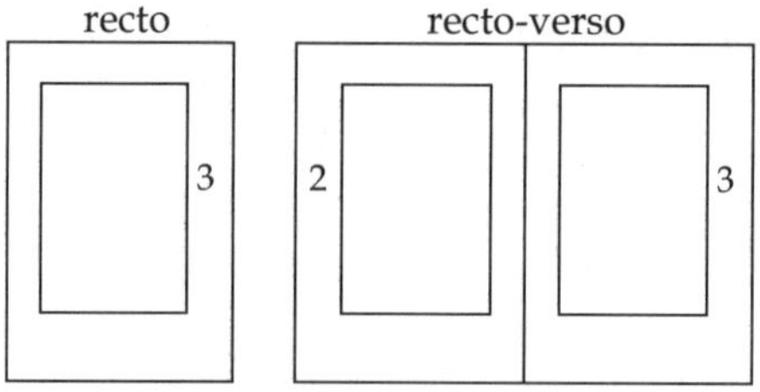

Tout écrit de plus d'une page devrait être folioté, particulièrement les documents non reliés qui risquent d'être désordonnés.

Pour les phases intermédiaires de la création d'un écrit, la pagination est une nécessité d'autant plus grande que l'impression et la photocopie se font feuille à feuille. Même un premier brouillon doit être paginé : gardez à ce propos les réflexes que vous avez lorsque vous écrivez au stylo sur des feuilles volantes.

Jalon de repérage, le numéro de page doit être visible et **lisible** : composez-le dans la même police de caractères que le texte principal, dans un corps au moins égal à ce dernier, caractère romain (droit), standard ou gras.

Certains auteurs usent d'artifice pour mettre en valeur le folio : encadré, composition sur fond tramé, caractère fantaisie, etc. Tout est possible dans la cohérence, l'esthétique et la modération.

Pour être **visible**, le folio doit être isolé du texte principal mais aussi des autres références constantes. Il n'est pas utile (comme on le trouve fréquemment dans rapports, mémoires et dossiers) d'écrire "page" en toutes lettres avant le numéro. Voyant page après page, toujours au même endroit, se succéder des nombres dans un ordre croissant, votre lecteur imaginera bien qu'il s'agit du numéro de la page !

Certains auteurs préconisent, pour alléger l'information d'un document recto-verso, de ne composer qu'un folio sur deux : tous les numéros pairs ou tous les impairs. Ce n'est pas notre recommandation : pensez qu'avec la photocopie, chaque page d'un écrit peut se trouver un jour ou l'autre isolée de son vis-à-vis.

La pagination est une référence constante par sa fonction, son emplacement, sa typographie : la déclinaison du caractère et l'emplacement du folio sont définis pour la totalité du document.

Les en-têtes et les pieds de page

Situées en haut de la page (en-tête) ou en bas (pied de page), ces références constantes facilitent le repérage tant pour le lecteur, dans le document final, que pour l'auteur, dans l'écrit en cours d'élaboration.

De ce fait, le contenu des en-têtes et pieds de page sera sans doute modifié entre les différentes étapes de la création du document et sa présentation finale.

Si vous rédigez sur micro-ordinateur, le nom du fichier informatique de votre écrit, porté en haut ou en bas des pages, vous permettra de vous y retrouver facilement dans votre travail, alors que ce nom ne présente aucun intérêt pour votre lecteur.

D'autres repères vous seront utiles sans l'être forcément pour ceux qui vous liront. Votre lecteur, en revanche, a besoin d'être guidé ; c'est le rôle des références constantes du document final qui sont de deux ordres : des références **rappels** qui peuvent être discrètes, et des références **repères** qui doivent être visibles et lisibles.

Les **références rappels** peuvent être le titre de l'ouvrage, le nom de l'auteur, celui de l'université ou de la société prestataire de service, etc. Certains auteurs pensent que c'est mésestimer le lecteur que le soupçonner de pouvoir oublier le titre général de l'ouvrage. Ce n'est pas notre avis : à l'ère de la photocopie, le titre général porté à chaque page (ou feuille = une page sur deux) permet de conserver pour tout extrait d'écrit (isolé de son ensemble par la reproduction partielle) les références du document complet dont il est issu. Les références rappels ne servent pas au repérage et seront donc discrètes, placées en bas de page et dans un corps bien inférieur à celui du texte (6 ou 7).

Même un écrit de quelques pages peut gagner à comporter des en-têtes et des pieds de page. Il peut s'agir d'un rapport soumis à des personnes appelées à en lire plusieurs : pourquoi ne pas mettre systématiquement, en en-tête ou en pied de page, un nom, une date, etc., que vous composerez dans un corps plus ou moins proche de celui du texte selon l'importance que vous voulez donner à cette référence rappel.

> Par exemple : Bidochon-CNRS-1991
> pour "Rapport d'activité CNRS de Madame Bidochon pour l'année 1991".

Simplifiez le libellé des références, mais faites-le subtilement en évitant pléonasmes et redondances.

Comme la pagination, certaines références en en-tête ou pied de page n'ont de constant que leur emplacement, leur typographie et leur fonction. Ce sont les **références repères** qui aideront le lecteur à naviguer à travers le document.

Ce peut être le nom d'une section, d'un chapitre, d'une partie. Ces références aident à la lecture et doivent être visibles et lisibles, placées judicieusement et composées dans un corps égal ou supérieur à celui du texte.

Si vous présentez un document organisé alphabétiquement, ce qui est fréquent, les références repères doivent aider votre lecteur dans la recherche d'un mot ou d'un sujet traité. Comme pour les dictionnaires, portez en en-tête (plus visible que le pied de page), les premières lettres significatives du premier mot de la page. Une seule lettre ne suffit pas, il faut au moins indiquer les trois premières pour que le repérage soit aisé.

Le mieux est l'ennemi du bien. Sachez user intelligemment des références constantes, repères ou rappels. Sélectionnez l'information que vous voulez privilégier. S'il y en a trop, le lecteur sera perdu et l'objectif d'aide au repérage sera manqué.

Sur la plupart des logiciels de traitement de texte, en-têtes et pieds de page sont inscrits à l'intérieur du cadre. Ce dernier une fois défini, composez les références constantes afin de délimiter le bloc texte-figures : en jouant sur le passage de lignes blanches à l'intérieur des en-têtes et pieds de page, vous parviendrez à délimiter avec précision et harmonie le bloc texte-figures aux dimensions que vous souhaitez.

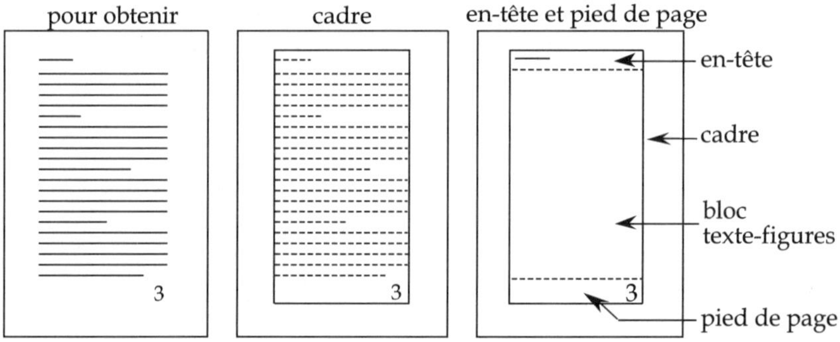

Sauf si vous optez pour une numérotation en marges latérales de vos pages, c'est en composant les en-têtes et les pieds de page que vous inclurez la pagination.

Placez judicieusement vos informations permanentes. L'endroit le plus visible est en haut, à l'extérieur. C'est là que vous inscrirez les données à privilégier. La déclinaison des caractères de la police choisie pour le texte vous permettra de hiérarchiser les informations constantes et de guider l'œil de votre lecteur parmi les références périphériques.

Comme pour le cadre et la pagination, si votre document final est prévu en recto-verso, il faut composer les en-têtes et les pieds de page symétriquement par rapport à la reliure. Si votre logiciel possède une fonction "miroir" ou "recto-verso", la symétrie est possible, sans quoi il vous faut composer de façon centrée.

Composition des références constantes en recto-verso

avec option miroir — sans miroir

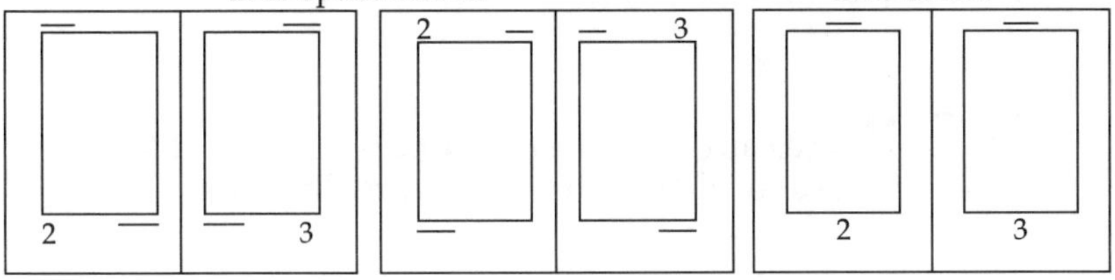

Vérifiez que les références constantes (en-têtes, pieds de page et pagination) sont composées dans la même police que le texte.

Si votre document est formé de plusieurs fichiers, vérifiez, au moment du montage final, que vos différentes références constantes sont bien, par type, composées et déclinées de la même façon (caractère, corps, niveau, pente, graisse, emplacement).

Les références portées en en-tête ou en pied de page peuvent être des illustrations, logos, pictogrammes, etc. Veillez à trouver la juste mesure pour qu'une présentation originale reste esthétique, pratique, discrète et cohérente.

Les notes

Ce sont des informations complémentaires relatives à un point particulier qui, pour alléger l'écrit principal, sont appelées par un signe qui les renvoie hors texte.

Ce peut être une référence bibliographique, un commentaire, une précision, autant d'informations importantes mais non nécessaires à la compréhension du texte. Les écrits universitaires regorgent de notes, ce qui hache la lecture et la rend pénible. Les nouvelles consignes concernant les références bibliographiques - dont l'appel dans le texte se fait par une date entre parenthèses après le nom de l'auteur - ont bien simplifié la question (voir p. 251).

Ce n'est pas au nombre de notes que sont jugés la qualité et le sérieux d'un écrit.

Une information renvoyée hors texte a toutes les chances de ne pas être lue.

Demandez-vous, chaque fois que vous rédigez une note, si l'information qui risque d'échapper au lecteur ne mérite pas d'être formulée directement au fil de la phrase.

Pensez au célèbre "Trop de notes, mon cher Mozart !" et essayez de réduire le nombre de notes.

Il est agréable pour le lecteur d'avoir les notes le plus près possible du signe d'appel. Difficiles à composer en bas de page avec une simple machine à écrire, les notes étaient souvent groupées en fin d'ouvrage ou, pire, en fin de chapitre. Toujours d'actualité - puisque recommandé officiellement aux candidats à une thèse de doctorat - le renvoi en fin de chapitre est de loin le plus pénible. C'est l'assurance que les notes ne seront pas lues, car il est décourageant pour le lecteur de chercher au milieu de 400 pages ce qui peut bien correspondre à une fin de chapitre.

Les logiciels de traitement de texte quelque peu élaborés (Claris et Word, entre autres) permettent de composer aisément des notes en bas de page avec numérotation automatique des appels.

Cette fonction modifie considérablement la présentation des rapports, dossiers, mémoires, thèses, leur conférant un "look imprimerie" agréable à l'œil et une convivialité appréciable... et appréciée.

Les notes de bas de page doivent être composées dans le cadre : elles mordent donc sur le bloc texte-figures et non sur le pied de page. Pensez-y si vous devez placer vous-même vos notes.

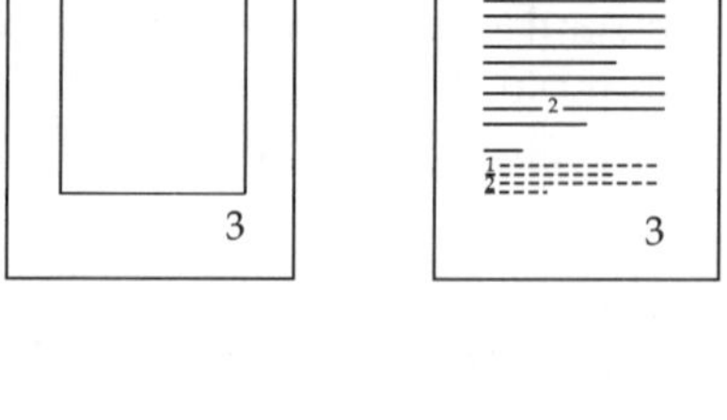

Les études de lisibilité ont montré que le meilleur emplacement pour les notes est en regard du mot portant l'appel, en marge du texte principal, à droite, en recto comme en verso (c'est le sens de la lecture occidentale).

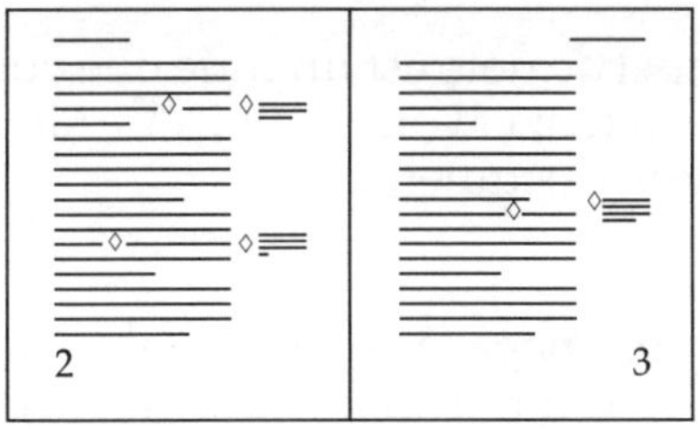

On trouve parfois, bien que moins logique, une composition symétrique des notes en marges extérieures ou intérieures.

Cette composition requiert de la place, encore que certains auteurs mordent sur les marges latérales pour cet usage.

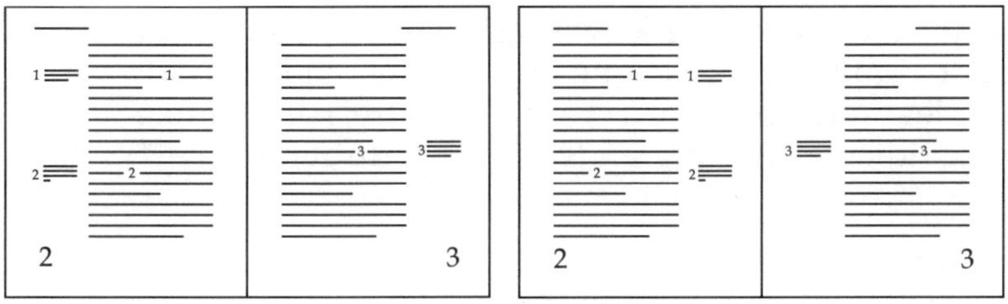

Ce type de présentation convient bien aux formats proches du carré ou "à l'italienne" (allongés horizontalement). Dans des formats verticaux, pour peu qu'elles soient longues et abondantes, les notes marginales donnent une impression de composition en colonnes.

En micro-informatique, la présentation latérale des notes est plus difficile à réaliser, nécessitant l'emploi de logiciels de PAO (publication assistée par ordinateur).

Les appels de notes se font au moyen de repères. Selon la longueur de votre écrit, vous utiliserez, pour les notes infrapaginales (de bas de page), une numérotation ou des signes tels que les astérisques (*, **, ***), sans dépasser trois par page pour ces derniers.

Si vous optez pour une composition des notes en marge latérale du texte, le signe peut être le même pour toutes puisqu'il n'y a pas de confusion possible, les notes commençant sur la même ligne que le mot portant l'appel. Certains auteurs n'ajoutent même pas de signe : ils composent différemment le mot qui est complété d'une note (gras, italique, etc.).

Lorsque le feu ne claire ◊ pas, Odette, native de Franche-Comté, nettoie sa cheminée avec la vieille pelle à chni ◊ de sa mère.	◊ être allumé ◊ pelle à poussière

Lorsque le feu ne *claire* pas, Odette, native de Franche-Comté, nettoie sa cheminée avec	*être allumé*
la vieille *pelle à chni* de sa mère.	*pelle à poussière*

L'appel de note est un code que vous établissez entre votre lecteur et vous : il doit être identique tout au long de votre document.

Les notes sont numérotées par page (à chaque page on reprend le numéro 1) ou par document (ou portion de document).

En micro-informatique, comme la pagination, la numérotation automatique des notes peut être modifiée avec la fonction *Numérotation de la première note.*

Il est important, lorsque les documents sont composés de plusieurs fichiers, de rétablir une numérotation continue si vous avez opté pour ce type. Parfois, pour les très gros dossiers (et puisque les notes sont composées à chaque page), il est judicieux de recommencer leur numérotation à chaque chapitre, par exemple, afin d'éviter le ridicule de trop grands nombres, du genre note[598].

En **français**, l'**appel de note** dans le texte se place **avant le signe de ponctuation**, sauf pour les points de suspension.

> Le prix Goncourt[1], décerné à...
> Au Pérou, le choléra fait des ravages[1]. On peut parler d'épidémie.

Si l'appel porte sur l'ensemble d'un paragraphe constitué de plusieurs phrases, il se place juste avant la ponctuation finale de la dernière phrase.

S'il porte sur une séquence de mots suivis de points de suspension ou de l'abréviation etc., il se met après ces derniers et il est suivi d'un point final.

> Ils arrivaient de Lyon, Bordeaux, Saint-Etienne, etc.[1].
> Il possédait tout : le talent, l'intelligence, l'argent, la santé...[1].

L'appel de note numéroté se compose en caractère exposant (et sans espace entre lui et le mot qui le précède), dans un corps inférieur à celui du texte. Ce même chiffre en exposant est répété en début de note, ce qui est fait automatiquement par les traitements de texte suffisamment élaborés.

Si vous n'avez pas d'option *Exposant*, composez le chiffre de l'appel de note entre parenthèses ou entre crochets, sur la même ligne et dans le même corps que le texte, une espace insécable séparant le mot de la parenthèse, puisqu'on ne renvoie pas un appel de note seul en début de ligne.

mauvais	*bon*
En 1927, il avait traversé le Sahara (1).	En 1927, il avait traversé le Sahara (1).

Les notes étant des informations complémentaires, il est de mise de les distinguer du texte auquel elles se rapportent. Leur emplacement dans la page les isole de l'écrit principal.

On sépare les notes infrapaginales du texte principal par une ou plusieurs lignes blanches, et/ou un filet (trait horizontal) de la longueur des lignes ou d'un cinquième de cette longueur. Si le texte est composé avec retrait d'alinéa, les notes le seront aussi.

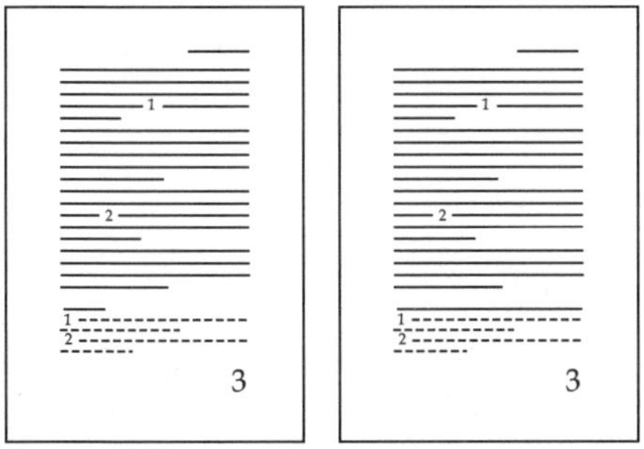

Si votre texte est rédigé en double interligne, composez les **notes** en **simple interligne**.

Qu'elles soient marginales ou infrapaginales, les notes se composent dans la **même police de caractères** que le texte principal, **un corps en dessous** de ce dernier.

En micro-informatique, par défaut (si vous ne précisez rien), les notes sont composées dans la police de caractères standard (comme la pagination, les en-têtes et les pieds de page).

Une note commence par une majuscule et se termine par un point. Exception à cette règle : les notes marginales, s'il s'agit juste d'un mot explicatif (voir notre exemple plus haut).

La mise en page : le bloc texte-figures

Délimité par les références constantes, le cadre du texte principal est prêt. Vous avez choisi une police de caractères qui est la même pour les informations périphériques, les figures et le texte. Vous allez à présent prendre des décisions quant à la composition du bloc texte-figures : justification, paragraphes, blancs, interlignes, images et couleurs.

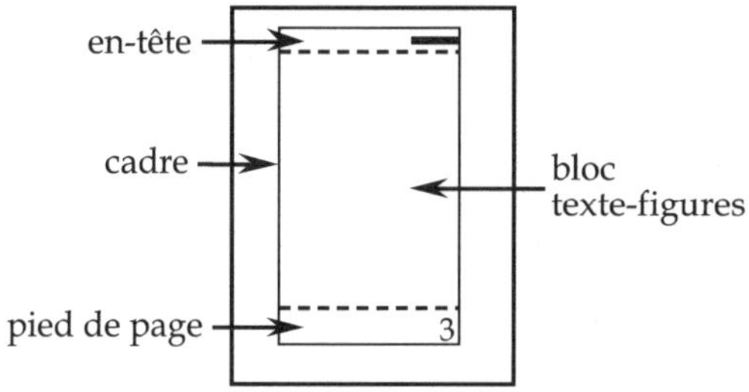

La justification et la césure

En plus de la longueur maximale de la ligne du texte, la justification est la forme de l'alignement des débuts et fins de lignes.

Le cadre une fois défini, vous choisissez de justifier (aligner) votre texte à gauche, à droite, les deux, ou de le centrer. En imprimerie, ce qui est aligné est dit "au fer" (à droite ou à gauche), ce qui ne l'est pas est dit "en drapeau" (à droite ou à gauche).

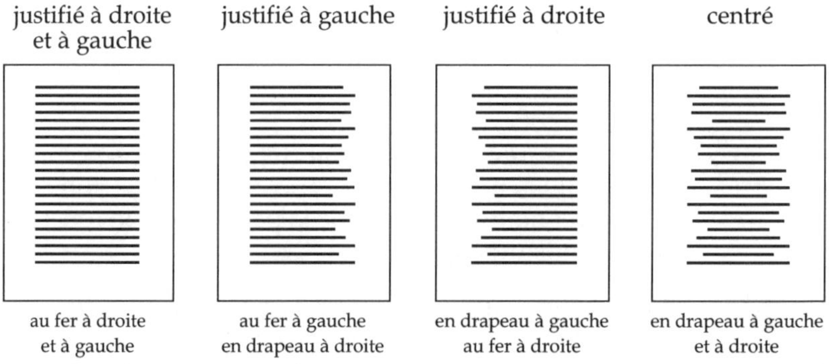

Les logiciels de traitement de texte permettent généralement ce choix qu'il vous faut faire une fois pour toutes, sauf effets spéciaux volontaires (centrer un titre, aligner des tirets, etc.).

C'est la justification à droite ET à gauche qui donnera le rendu "imprimerie" à votre texte et le distinguera de la frappe "machine à écrire". Vous y gagnerez en esthétique ; les recherches sur la lisibilité des textes ont montré, en revanche, que la justification constante à droite et à gauche n'accroissait pas la vitesse de lecture.

Si votre écrit est justifié à gauche et à droite, les espaces entre les mots seront étirés pour que le texte occupe toute la ligne. La **césure** (ou coupure des mots) assure une meilleure répartition des espaces au sein de la ligne.

Si votre logiciel possède une fonction *Césure*, les mots ne pouvant tenir en totalité à la fin d'une ligne sont automatiquement coupés dans le respect des règles traditionnelles de césure (en principe). Restez tout de même très vigilant, notamment avec les noms propres et les mots à double ou triple consonnes. La fonction *Exceptions de césure* vous permet de préciser les endroits de coupures désirés pour les mots non reconnus par le logiciel.

Si vous ne disposez pas de la fonction *Césure automatique*, il est possible (mais dangereux) de faire vous-même les césures en employant le trait d'union pour réduire les espaces.

> Comment les poules ont-elles deviné la taille de nos
> coquetiers ?
>
> Comment les poules ont-elles deviné la taille de nos coque-
> tiers ?

Ce procédé est toutefois à éviter car, à la moindre modification du texte, les mots coupés par un trait d'union se retrouveraient en cours de ligne.

> Il me demandait toujours comment les poules avaient
> deviné la taille de nos coque- tiers.

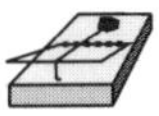

Chaque modification de composition du texte (introduire ou enlever un mot, changer la présentation d'un paragraphe ou la police de caractères, etc.) apporte une remise en cause des césures.

Utilisez la fonction *Insécable* (impossible de couper) chaque fois que nécessaire et systématiquement pour les signes de ponctuation à séparer du mot précédent par une espace. Cela évitera les deux points isolés en début de ligne. Soyez très vigilant à la dernière correction.

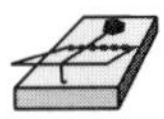

Il est fréquent de rédiger un texte sur un ordinateur et de l'imprimer à partir d'un autre ordinateur. Si dans la phase de préparation vous avez utilisé les fonctions *Césure automatique* et *Exceptions de césure*, assurez-vous que le logiciel sur lequel vous lancez l'impression a bien la fonction *Césure automatique* activée et reportez, si besoin est, les exceptions de césure que vous aviez signalées lors de la rédaction.

Les blancs : paragraphes, alinéas, retraits d'alinéa, débords

Les blancs qui structurent le bloc texte et illustrations ont pour objet de ménager des pauses, des zones de repos et de créer des repères ; ils sont à la page ce que la ponctuation est au texte : une **respiration.**

Le cadre définit les marges de "l'image-texte" sur chaque page, l'isolant de l'environnement extérieur. À l'intérieur du bloc informatif (texte-figures), il est nécessaire de rythmer le regard et donc la lecture.

Pour composer votre texte, vous disposez de plusieurs blancs :
- le retrait d'alinéa ;
- la ligne blanche ;
- le saut de page ;
- la page blanche.

L'unité de base du rythme de la page est l'**alinéa**[1]. Il groupe en quelques lignes plusieurs phrases présentant une unité d'idée. À chaque alinéa, on compose à la ligne avec ou sans "retrait d'alinéa" (rentrée ou renfoncement).

Des études ont montré que ce n'est pas tant le décrochement du premier mot d'un alinéa qui attire l'œil que la ligne incomplète (appelée ligne creuse) qui le précède.

Texte de 5 alinéas avec retrait d'alinéa — Texte de 5 alinéas sans retrait d'alinéa

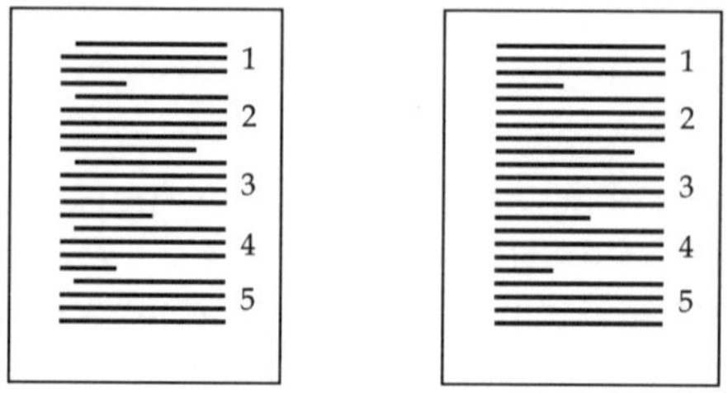

[1] Alinéa (du latin *a linea* = en s'éloignant de la ligne) peut prêter à confusion. Il désigne le fait d'aller à la ligne (avec ou sans renfoncement) ainsi que la composition d'une ou plusieurs lignes, entre deux passages à la ligne, sous-ensembles de paragraphe. On peut dire d'un paragraphe qu'il est composé de plusieurs alinéas ; on dit aussi d'une énumération qu'elle est en alinéas, si chaque terme est composé à la ligne.

Si vous optez pour un retrait d'alinéa marqué, il vous faut respecter les règles. Ce décrochement n'a pas besoin d'être long, la valeur d'un ou deux caractères suffit : il ne doit en aucun cas dépasser la valeur de 4 "m" dans le caractère et le corps du texte, "m" étant la lettre la plus large. Cette précaution permet d'éviter le désagrément montré sur la figure suivante.

Parfois, vous adopterez une présentation en cascade de retraits : pour tout nouveau décrochement, ne dépassez pas 4 "m" par rapport au précédent.

Les **paragraphes** sont formés de plusieurs alinéas. On les distingue en utilisant la (ou les) ligne(s) blanche(s) ou passage d'une (ou plusieurs) ligne(s).

Texte de 3 paragraphes
avec retrait d'alinéa

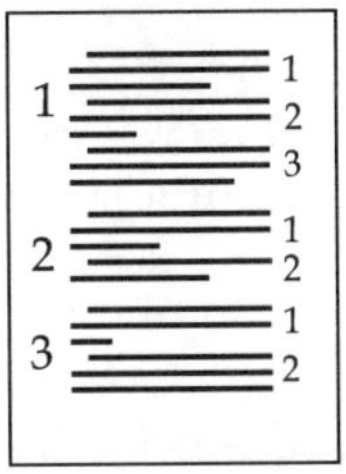

Le paragraphe 1 comporte trois alinéas, le 2 et le 3, deux alinéas.

Texte de 3 paragraphes
sans retrait d'alinéa

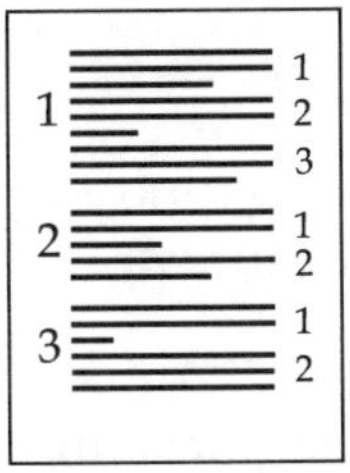

Le paragraphe 1 comporte trois alinéas, le 2 et le 3, deux alinéas.

Les lignes blanches permettent de distinguer un titre du reste du texte, mais visuellement, le titre doit rester plus proche du texte qu'il introduit.

mauvaise présentation

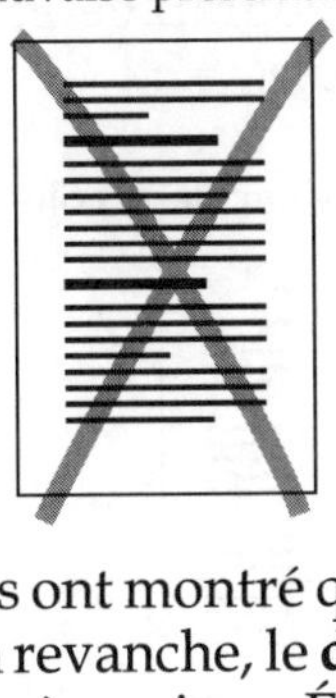

bonne présentation

Des recherches ont montré que le retrait d'alinéa n'accroissait pas la lisibilité ; en revanche, le **débord** (dégagement extérieur) est un guide qui se repère mieux. Étant donné que les Occidentaux lisent de gauche à droite, le débord le plus logique est celui sur la gauche. Certains auteurs cependant utilisent le débord sur la droite, une façon moins usuelle d'attirer l'œil.

alignement strict

cascade de retraits

débord à gauche

débord à droite

L'efficacité de repérage peut se discuter. La formule la moins performante reste, sans conteste, la cascade de retraits, qui est pourtant la seule présentation traditionnellement enseignée aux écoliers.

Ces compositions ne concernent pas seulement les titres, certains auteurs choisissent de déborder le texte à gauche à chaque alinéa, paragraphe, début de chapitre.

Une fois encore, le choix vous est laissé, mais la seule obligation est la cohérence du début à la fin de votre document.

Le débord à gauche est particulièrement recommandé pour les bibliographies, les glossaires, les index. C'est le meilleur procédé pour faciliter une lecture dite "de recherche", c'est-à-dire dans laquelle le lecteur cherche un mot, un signe, et a donc besoin de repères. Nous verrons plus loin que les annexes font partie intégrante d'un document mais se distinguent par leur présentation. Vous ne choquerez personne si votre texte principal est composé sans retrait d'alinéa et si votre bibliographie et votre index le sont avec débord à gauche par exemple.

débord à gauche sur une colonne

débord à gauche sur deux colonnes

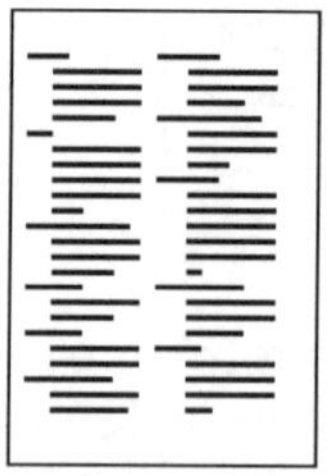

Une coupure importante dans un texte peut être signalée par trois astérisques disposés en triangle : ⁂.

On ne les emploie jamais avant un titre ou un sous-titre. Ils ont valeur de chapeau (avant un texte) et non de cul-de-lampe (après un texte). Lorsque la coupure se produit en pied de page, ils seront placés au début de la page suivante[1].

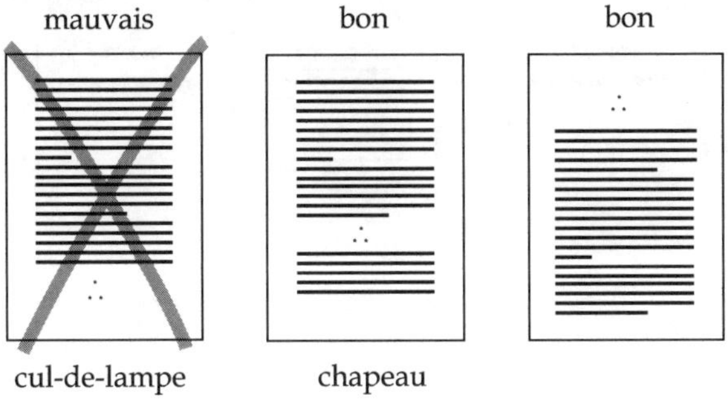

La fin d'un chapitre est marquée par un "saut de page" : après la dernière ligne de texte, la fin de la page est laissée blanche[2].

Pour aller à la page sur micro-ordinateur, utilisez la fonction *Saut de page* plutôt qu'une succession de *Retours chariot*. Ainsi, les modifications ultérieures que vous apporterez dans la composition de la page contenant le saut de page ne bouleverseront pas la présentation de la page suivante, alors que les *Retours chariot* y seraient reportés, décalant tout le texte.

Selon la place dont vous disposez, si le document final est présenté en recto-verso, vous serez amené à user de la page blanche. L'utilisation préférentielle de la "belle page" (= recto ou page de

---

[1] *Lexique des règles typographiques en usage à l'Imprimerie nationale.*

[2] En dactylographie, on rencontre souvent les trois astérisques en bas de page pour notifier une fin de chapitre : cet usage est abusif.

droite) pour les grands titres, vous contraindra parfois à laisser en blanc un bas de page ET une page paire (verso) entière pour retomber sur une page impaire. Sur micro-ordinateur, pour les mêmes raisons que précédemment, utilisez la fonction *Saut de page* pour insérer une page blanche.

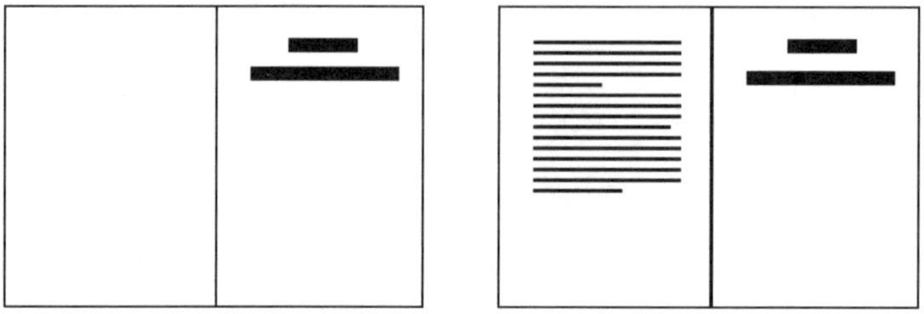

Commencer un chapitre, voire une partie, sur la belle page n'est pas une obligation. Mais quelle que soit l'option que vous choisissez, il faut vous y tenir tout au long de votre document.

L'interlignage

C'est le blanc entre les lignes. En imprimerie, on peut jouer sur la hauteur de ce blanc.

Tous les logiciels de traitement de texte permettent, dans chaque corps, de choisir un interlignage égal à 1 (simple interligne), 1,5 ou 2 (double interligne). Seuls les logiciels les plus élaborés offrent la possibilité de modifier l'interligne au point d'imprimerie près (un point = 0,376 mm).

Le **double interlignage** laisse une ligne blanche entre deux lignes de texte. Il est tout à fait recommandé dans les phases de travail de la rédaction. Il donne la possibilité à l'auteur (et à ses correcteurs) de porter entre les lignes les corrections, modifications et remarques manuscrites.

La présentation en double interligne est souvent imposée pour les **écrits appelés à subir des corrections**, par exemple un article envoyé à une revue. Même dans ce cas, vous aurez intérêt (c'est l'enfance de l'art avec la micro-informatique) à visualiser votre écrit en simple interligne, voire aux dimensions qu'il aura dans la revue. Cela vous permettra d'avoir un aperçu du rendu final de votre texte ; vous pourrez y positionner vos illustrations et structurer plus habilement votre écrit. Le comité de lecture appréciera si, **en plus de votre texte en double interligne**, vous lui envoyez une **version en simple interligne**, figures en place, qui facilitera considérablement la mise en page de votre article dans la revue (voir p. 308).

Le double interlignage est encore et toujours la recommandation officielle concernant la composition des **thèses** de doctorat[1]. En dehors de la phase rédaction-correction, la présentation en **double interligne est pénible à la lecture** : ainsi composés, les documents perdent de leur organisation, le lecteur n'a aucune vue structurante du texte. L'écrit est réduit à du kilométrage de lignes trop espacées : la composition est inexistante, d'autant que le plus souvent – et toujours selon les recommandations officielles – ces écrits sont présentés en recto, ce qui accroît encore leur manque de convivialité.

Si vous rédigez un **travail universitaire**, le micro-ordinateur vous permettra facilement de ruser : rien ne vous empêche, en effet, de donner à vos jurés et à vos lecteurs **des exemplaires** de votre travail composés de façon conviviale, en **simple interligne**, et d'en préparer **une version en double interligne** destinée uniquement à la reproduction sur microfiches... Et l'incontournable sera contourné !

Voyez avec votre directeur de recherche : il serait très étonnant qu'on vous refuse de présenter votre mémoire ou votre thèse d'une façon agréable et subtile. Les moyens techniques à la portée de tous finiront par bousculer les traditions.

Judicieusement associé aux lignes blanches, l'interlignage permet de structurer un texte et d'en faciliter la lecture (voir p. 223). Dans une composition en simple interligne, passer une ou plusieurs lignes aère l'écrit et permet d'isoler visuellement un paragraphe ou un titre (voir p. 226).

Dans un texte en double interligne, passer une ligne revient à laisser en blanc l'équivalent de trois lignes de texte, ce qui crée un vide. Une meilleure lisibilité et un rendu plus agréable sont obtenus en utilisant les lignes blanches pour encadrer des lignes de texte écrit en simple interligne.

[1] Survivance du passé où les thèses étaient reproduites en réduction de moitié (de A4 à A5), opération économique divisant par deux la page, donc le papier, mais du même coup les caractères (machine à écrire) et les blancs. Un interlignage simple aurait rendu illisibles les documents une fois réduits : c'est toujours la raison invoquée par l'inflexible service de reproduction des thèses sur microfiches.

La micro-informatique, même avec un simple traitement de texte, permet de jouer sur la taille des lignes blanches en les composant dans les différents corps de caractères. Si dans un texte écrit en corps 12, vous passez une ligne, elle fera un vide équivalent à une ligne de texte : si vous jugez que c'est trop, vous pouvez réduire le blanc en le composant en corps 9 ou 7 par exemple.

Cette technique du **"trucage" des interlignes** est à utiliser pour éviter les "veuves" et les "orphelines" qui, en jargon de typographe, sont les lignes seules "abandonnées" en haut d'une page (veuve) ou en bas (orpheline).

La règle veut qu'une page débute et se termine par un bloc d'au moins deux lignes consécutives. Il est facile de chasser une orpheline en ajoutant une ligne blanche. Parfois, si vous ne voulez pas modifier la composition de tout un texte pour gagner la place d'une veuve, vous serez conduit à réduire le corps des lignes blanches de la page précédente.

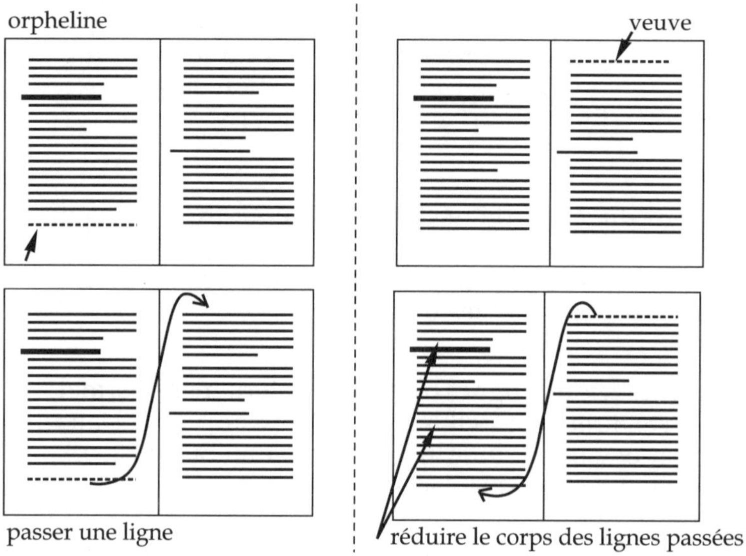

Le trucage des interlignes vous sera souvent utile pour composer harmonieusement vos pages, insérer un tableau, une figure et sa légende sans trop perdre de place.

Méfiez-vous si vous composez sur plusieurs colonnes, vous risquez, en utilisant cette méthode, un décalage perceptible (et très laid) entre les lignes.

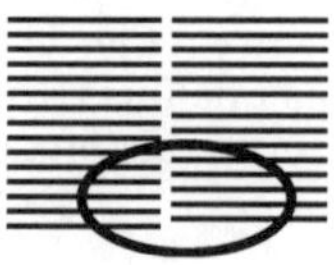

Pour illustrer ces questions concernant la mise en page, prenons un exemple navrant (parce que réel) dans sa version originale et essayons de l'améliorer.

Version originale

II) LES CRUES ET LES ÉTIAGES

A. Les crues ou hautes eaux exceptionnelles :

1. Les crues record de l'année 1980 :

a. La crue d'août 1980:

Après le 30 juillet, suivant la baisse lente des températures, la décroissance des débits se confirme.

Une crue phénoménale **survient du 11 au 16 août** caractérisée par trois phases :

1- Les 11 et 12 août : **PREMIÈRE MONTÉE DES EAUX** avec paroxysme le 12 août à 18 heures ;

2- **DÉCRUE RAPIDE** les 13 et 14 août : le minimum est enregistré le 13 août à 12 heures ;

3- Le 16 août **REMONTÉE BRUTALE** des eaux en 3 pointes, pour atteindre le **RECORD** de l'été, **35 m3/s**, le 16, à 8 heures, soit **100 FOIS LE DÉBIT** roulé le 10 août.

Version améliorée

II - Les crues et les étiages

A. Les crues ou hautes eaux exceptionnelles

1 - Les crues record de l'année 1980

La crue d'août 1980

Après le 30 juillet, suivant la baisse lente des températures, la décroissance des débits se confirme.

Une crue phénoménale survient du 11 au 16 août, caractérisée par trois phases :

- les 11 et 12 août : **première montée** des eaux avec paroxysme le 12 août à 18 heures ;
- **décrue rapide** les 13 et 14 août : le minimum est enregistré le 13 août à 12 heures ;
- le 16 août, **remontée brutale** des eaux en 3 phases, pour atteindre le **record** de l'été, **35 m^3/s**, le 16, à 8 heures, soit **100 fois le débit** roulé le 10 août.

Ces deux mises en page[1] en disent long sur l'utilité des blancs, la structuration d'un texte... et sur le danger de passer pour un "nouveau riche de la typo" comme dit Virga (*La micro-édition*) à propos de la multiplication, dans un même texte, des polices de caractères... À méditer !

Pour un même encombrement, la version améliorée présente une composition claire et structurée :
- une seule police de caractères au lieu de quatre ;
- le texte est justifié à gauche comme à droite, le retrait d'alinéa est supprimé ;
- l'encadré est supprimé ;
- le gras est préféré aux capitales, aux lettres en relief et au souligné pour la mise en valeur.

Les images

La mise en page du bloc texte-figures ne peut se faire sans la prise en compte des illustrations : tableaux, graphiques, schémas, cartes, photos, etc.

Vous avez appris, au chapitre précédent, comment composer vos images. Il s'agit, au moment de la mise en page, de les intégrer judicieusement et harmonieusement à votre texte, dans le respect des règles.

Idéalement, l'image doit être le plus près possible du texte qui s'y réfère. Les performances de la micro-informatique offrent de plus en plus cette commodité. Il est rare désormais de renvoyer hors texte les illustrations, sauf parfois pour les photos si elles sont montées par planches (toutes les vues sur une page) ou par cahiers (rassemblées sur 4 pages insérées dans le texte principal).

Le texte d'une figure se compose dans une seule police de caractères. Dans la mesure du possible, il est plus harmonieux de choisir celle-ci en fonction de la police retenue pour le texte principal : ce n'est pas une obligation, mais cette précaution vous évitera de mauvaises associations.

[1] Par égard pour l'auteur, le contenu a été changé. Nous avons adapté à un texte fictif la mise en page originale. Puisse le concepteur de ces maladresses être remercié : c'est à la lecture de son texte que nous avons été définitivement convaincus de l'urgence qu'il y avait à guider les auteurs-éditeurs.

L'image ne fait qu'un avec son titre[1], qu'il soit composé en dehors ou dans le cadre de celle-ci. Il comprend le type de document, son numéro et son libellé.

Tableau 23 : Cours du baril de brut en 1990
Figure 29 : La micro-informatique dans le monde

Pour une meilleure organisation de votre écrit, répertoriez en trois numérotations distinctes trois types d'illustrations : les tableaux, les figures, les photos, et ce pour l'ensemble du document. Évitez la numérotation par chapitre qui perdrait votre lecteur.

Si elles sont parfaitement intégrées au texte, certaines illustrations (voire certains tableaux) ne nécessitent ni numérotation, ni titre, qui alourdirait la présentation : c'est le cas pour les schémas explicatifs de ce chapitre, par exemple.

Vous pouvez décider de centrer ou d'aligner vos illustrations, de les composer ou non à l'intérieur d'un cadre, de les démarquer par du blanc. Ce choix est à faire pour l'ensemble d'un document.

Le titre d'une figure fait partie de celle-ci et doit lui être visuellement intégré. C'est le jeu des lignes blanches qui permet d'isoler du texte principal la figure et son titre.

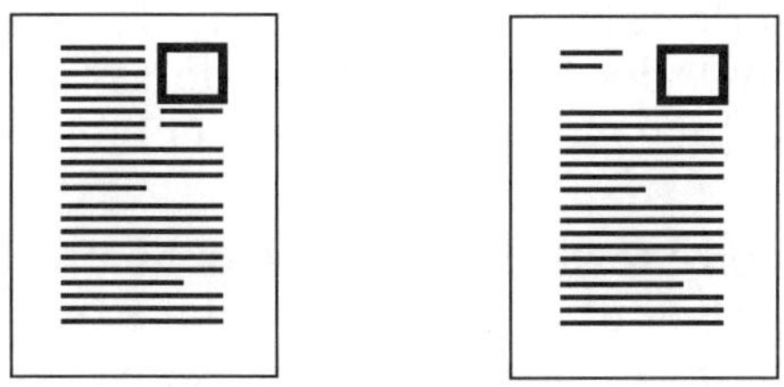

Évitez les illustrations dépassant du cadre du bloc texte-figures. Si vous êtes contraint à un tel débordement, faites-le harmonieusement.

[1] Dans notre guide, "légende" est le texte explicatif des figurés d'une image, alors que "titre" est pris au sens strict de désignation du sujet, quant à "texte d'une image", il suppose tous les caractères typographiques positionnés dans l'image elle-même.

Une image plus petite, mais positionnée dans le sens de la lecture, dispensera votre lecteur d'une gymnastique le plus souvent non justifiée. Bien construit, un **tableau** est **plus convivial verticalement**, dans un corps inférieur à celui du texte, **que renversé**, dans un corps égal.

Si toutefois vous ne pouvez faire autrement, respectez la règle du positionnenent des figures renversées. En recto comme en verso, le lecteur ayant à retourner le document, le fait, de la façon la plus logique, dans le sens des aiguilles d'une montre, en plaçant la marge supérieure vers la droite.

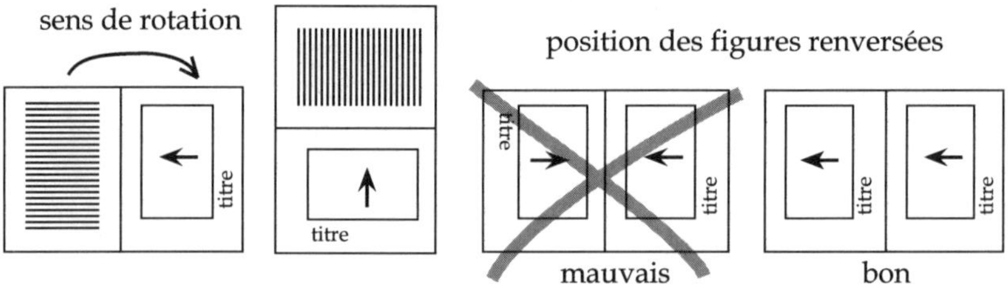

Pour faciliter le graphisme des figures dessinées à la main, il est recommandé de les créer dans une taille supérieure à celle qu'elles auront dans le document final puis de les réduire. Ce n'est pas notre avis en ce qui concerne les figures et tableaux fabriqués à l'ordinateur.

Comme votre texte est composé dans un cadre défini, mesurez précisément les dimensions maximales que doit avoir votre illustration et réalisez-la dans le format ainsi délimité, quitte à utiliser pour les tableaux des caractères d'un corps inférieur à celui du texte.

En ce qui concerne les figures, la plupart des logiciels graphiques ont une fonction *Zoom* (encore appelée *Loupe*), qui agrandit le dessin à l'écran et le représente à une échelle jusqu'à huit fois supérieure à celle du tirage imprimante. Cela permet de travailler en finesse sur une image qui, à l'impression, aura les mêmes dimensions que dans le document final.

Marche à suivre pour créer une image à l'ordinateur

1 - Déterminez les dimensions maximales de l'image dans le document final.

2 - Tracez sur le logiciel graphique le cadre de ces dimensions maximales. La plupart des logiciels graphiques ont une fonction *Indiquer la longueur du trait* qui vous permettra de dessiner très précisément le cadre de l'image.

3 - Créez votre image à l'intérieur de ce cadre que vous effacerez en fin de réalisation si vous choisissez de présenter votre schéma sans encadrement.

Cette démarche vous assure, même si vous travaillez avec le zoom le plus puissant, de rester à l'intérieur du cadre souhaité. Elle a l'avantage de donner immédiatement le rendu final, ce qui permet de choisir judicieusement le corps du caractère et la taille du trait.

Voici une astuce pour **réduire une image à l'ordinateur dans le respect rigoureux des proportions**.

L'exemple est donné sous le logiciel Claris Works, mais tous les logiciels graphiques en mode vectoriel permettent cette manœuvre.

1 - Copier

2 - Coller

3 - Sur une des copies (l'autre est en réserve en cas de fausse manœuvre), dessiner un carré (4 cotés rigoureusement égaux).

4 - Associer dessin et carré.

5 - Tracer une diagonale non solidaire du carré.

6 - En haut à gauche, tracer une droite, non solidaire du carré, de la dimension que doit avoir le carré après réduction.

7 - Réduire en glissant l'angle inférieur du carré le long de la diagonale jusqu'à obtention de la dimension voulue.

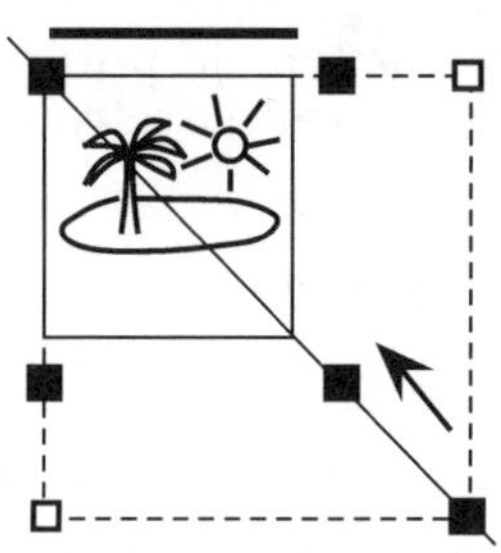

8 - Effacer la droite, la diagonale et le carré. Enregistrer.

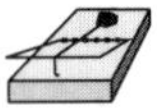

La réduction d'image par ce procédé n'agit que sur le mode vectoriel. Le texte n'est pas du vectoriel : il ne sera donc pas réduit.

Avant ou après réduction, modifiez si nécessaire le corps des caractères de la figure. Vous pouvez pour cela sélectionner tous les textes d'un schéma et changer de corps en une seule opération.

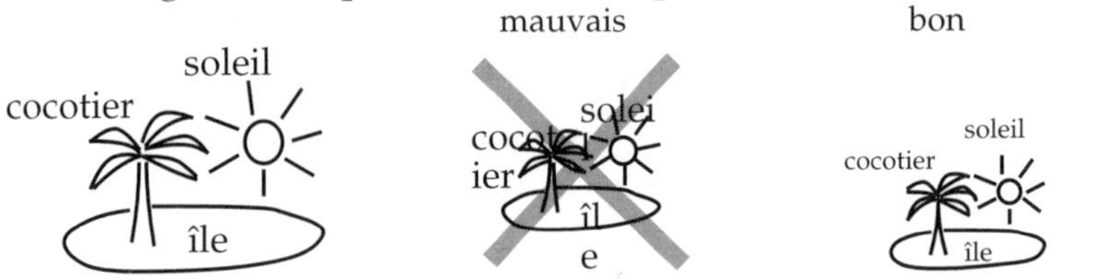

taille initiale	après réduction vectorielle	taille réduite
caractères :	caractères inchangés :	caractères réduits :
Palatino, corps 10	Palatino, corps 10	Palatino, corps 7

La couleur

Beaucoup plus coûteuse que le noir et blanc, à l'impression comme à la reproduction, la couleur peut apporter un plus à votre écrit, que ce soit pour les illustrations ou pour des effets de présentation de votre texte : à vous de juger si la différence de qualité justifie le surcoût de la production.

Pensez aux 3 % de téléspectateurs français qui, disposant encore d'un téléviseur noir et blanc, ne comprennent plus rien aux matchs de rugby et aux combats de boxe : si les rouges jouent contre les bleus, ils n'y voient que du gris. Désormais, la télévision couleur étant généralisée, on n'impose plus aux équipes le port de vêtements contrastés clairs contre foncés.

Avec la photocopie, votre écrit, si haut en couleur soit-il, se retrouvera un jour ou l'autre en noir et blanc.

Prévoyez la mutation et, même si vous disposez de moyens techniques et financiers vous permettant l'usage de la couleur, faites des essais de photocopie noir et blanc. Une figure parlante en couleur peut devenir incompréhensible en noir et blanc.

D'une palette de 12 couleurs, il se dégage à peine 3 tonalités de gris : le transfert en noir et blanc d'un document couleur ne se fera donc pas sans pertes.

Cette question est à prendre très au sérieux lorsque vous écrivez un article pour une revue : le comité de rédaction peut, pour réduire le coût (et sans forcément vous en avertir), décider de passer en noir et blanc un document qu'il vous avait demandé en couleur.

Si vous employez la couleur pour une figure, essayez d'attribuer en plus à chaque trait, plage ou signe de couleur, un figuré perceptible en noir et blanc : épaisseur, tireté et pointillé pour les traits, trames pour les plages, forme pour les signes, etc.

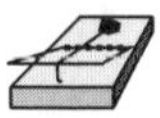

Vous pouvez être tenté, pour valoriser une partie de texte, de la composer sur fond coloré : assurez-vous que le choix de la teinte est judicieux et ne transformez pas, au tirage noir et blanc, votre document en faire-part mortuaire.

L'ORGANISATION ET LA HIÉRARCHISATION D'UN ÉCRIT

Vous avez pris, dans l'ordre chronologique proposé, des décisions concernant la mise en page du texte et des images de votre document. Voyons à présent comment l'organiser hiérarchiquement.

Votre écrit doit être visuellement structuré en fonction des comportements de lecture de votre public potentiel et des secrets de la lisibilité.

Lecture et lisibilité

Sans entrer dans le détail des travaux concernant la lecture et la lisibilité, il est important de connaître quelques rudiments des habitudes de lecture, afin d'adopter une stratégie de présentation qui convienne le mieux au type de lecteur visé.

Les modes de lecture et les types d'écrit

Résumons par un organigramme la classification des modes de lecture proposée par François Richaudeau[1], laquelle permet de déterminer six types d'écrits.

[1] *Manuel de typographie et de mise en page, op. cit.*

Trois facteurs, selon lui, régissent le comportement du lecteur et donc le mode de lecture et le type d'écrit :
- **l'intérêt**, égal ou variable du lecteur ;
- **le type de lecture**, intégrale ou partielle ;
- **la tactique de lecture,** sélective ou de recherche, selon que le lecteur survole, en sélectionnant des parties de l'écrit, ou qu'il y cherche un point précis.

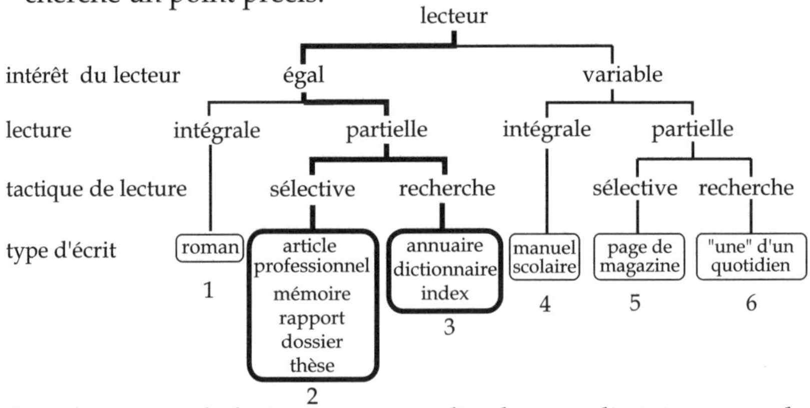

Pour le **roman**, le lecteur est censé lire le texte linéairement, du début à la fin et *in extenso*. Il est maintenu en haleine par l'histoire qu'il découvre ligne à ligne. Aucune fantaisie de présentation n'est nécessaire ; au contraire, la typographie doit se faire oublier, elle est inexistante : on parle de **typographie uniforme ou invisible**.

Les autres modes de lecture demandent, en revanche, une stratégie de composition destinée à guider le lecteur pour lui faire gagner du temps, lui donner des repères qui l'aideront dans sa recherche, ou réveiller son intérêt s'il venait à fléchir.

Sauf si votre document "se lit comme un roman" (rassurez-vous, on vous le dira), il appartient aux catégories 2 et/ou 3 de la classification de F. Richaudeau (en gras sur l'organigramme). Nous ne traiterons ici ni des manuels scolaires, ni des magazines, ni de la "une" des quotidiens. Cependant vous devrez parfois vous inspirer des conceptions "presse" ou "publicité" pour donner un petit plus à votre travail.

Votre écrit est destiné à une lecture partielle et doit donc être **hiérarchisé**. De l'organisation stricte d'un mémoire ou d'une thèse, à la juxtaposition rythmée de l'information d'un dictionnaire ou d'un index, la composition de votre document va être fonction de votre lectorat potentiel.

Les recherches des linguistes, des publicitaires, des sociologues de la lecture et de la communication doivent vous aider à **adopter, selon l'écrit, une présentation adéquate.**

Vous voulez être lu ? Il vous faudra prendre du recul et vous mettre à la place de vos lecteurs pour trouver la **bonne stratégie** et les **bons stratagèmes.**

Même si vous rédigez linéairement, s'il vous semble que tout ce que vous écrivez est important, dites-vous bien que personne ne lira votre texte *in extenso,* pour peu que celui-ci dépasse la dizaine de pages. Il vous faut donc **guider votre lecteur** vers ce qui est le plus important, lui donner l'envie de poursuivre (et peut-être d'en venir à une lecture intégrale). Certains chercheront dans votre écrit un point précis : vous pouvez les aider à le trouver. D'autres voudront avoir une idée d'ensemble et feront une lecture partielle, rapide, dite "d'écrémage", qui sera facilitée par une présentation structurée. D'autres enfin, et peut-être les plus nombreux, n'auront que cinq minutes à consacrer à votre dossier dont la lecture intégrale nécessiterait une heure : c'est là qu'il vous faudra user de stratégies plus publicitaires qu'universitaires.

Les secrets de la lisibilité

La lisibilité est l'aptitude d'un document à être lu aisément, sans fatigue.
Retenons, à propos de lisibilité, quelques remarques non contradictoires faites par David Ogilvy (D.O.) dans ses *Confessions d'un publicitaire*[1] et François Richaudeau (F.R.) dans son *Manuel de typographie et de mise en page (op. cit.).*

Vision globale et sens de lecture (F.R.) :
- l'œil du lecteur occidental explore la page imprimée de haut en bas, de gauche à droite ;
- si le lecteur feuillette un livre, son œil se pose en priorité à droite des pages de droite ;
- au sein d'une page, l'œil est attiré par ce qui est visuellement fort, gros ;
- les blancs sont un élément de contraste, ils modifient l'environnement des blocs typographiques.

Titres et légendes[2] (D.O.) :
- le titre est lu cinq fois plus souvent que le texte ;
- les titres de 6 à 12 mots sont les plus lus ;
- les légendes sont plus lues que les textes ;
- les titres en bas de casse sont les plus lus.

Stimulants de la lecture (D.O.) :
- les intertitres, et particulièrement les intertitres interrogatifs ;
- les lettrines et les symboles en début de paragraphe ;
- les blancs entre les paragraphes.

Seuil de discrimination du lecteur (F.R.) :
- l'œil peut distinguer jusqu'à 7 facteurs typographiques différents, mais pas plus.

[1] Cité par Virga dans *L'indispensable pour la micro-édition, op. cit.*
[2] David Ogilvy emploie le mot "légende" au sens de titre-commentaire de figures et tableaux.

Ces remarques sur la lisibilité vous semblent peut-être évidentes : vous devez les avoir présentes à l'esprit, puisque vous voulez que des yeux s'attardent sur votre écrit.

La hiérarchisation visuelle d'un document écrit

Votre écrit est hiérarchisé, vous l'avez structuré à l'aide de titres et de sous-titres courts (6 à 12 mots) et pertinents qui reprennent le plan de votre travail.

Dans les dissertations et devoirs du second cycle ou de l'université, on recommande une structuration hiérarchisée "classique" ("à la littéraire") ou "moderne" ("à la scientifique" appelée aussi "à l'américaine").

hiérarchisation classique à la littéraire	hiérarchisation moderne à la scientifique ou à l'américaine
I	1
A	1.1
1	1.1.1
a)	1.1.1.1
b)	1.1.1.2
c)	1.1.1.3
2	1.1.2
a)	1.1.2.1
b)	1.1.2.2
B	1.2
1	1.2.1
2	1.2.2
a)	1.2.2.1
b)	1.2.2.2
II	2
etc.	etc.

La seconde méthode, plus rigoureuse, permet un repérage facile mais rebute les littéraires qui renâclent devant une structure "aussi mathématique" et préfèrent le traditionnel "Grand I, Grand A, petit 1, petit a".

Généralement, on ne descend pas en dessous de 4 niveaux, 5 si on y ajoute un titre de chapitre (Chapitre Ier, II, III), 6 si on intègre les titres de parties (1re, 2e, 3e partie), ce qui, avec le titre de l'ouvrage, donne 7 niveaux de différenciation à établir.

Les subdivisions très scolaires de l'une ou l'autre formule de hiérarchisation se justifient lorsque l'auteur ne dispose que de son stylo ou d'une machine à écrire rudimentaire ; elles **s'imposent pour structurer le plan de votre écrit**, au stade de copie de travail, quand vous rédigez, mais elles **peuvent et doivent être allégées** dans la présentation finale. Les logiciels de traitement de texte permettent de décliner les caractères : c'est désormais la **typographie** (micro et macro) qui **va hiérarchiser les titres** et offrir au lecteur la possibilité de voyager, sans se perdre, à travers vos pages.

Vous avez choisi la **police de caractères** de votre document et, en fonction du format et du cadre de votre écrit, vous avez retenu le **corps (taille) du caractère** que vous utiliserez pour le **texte** (corps 10 à 12 pour un format A4).

De ce choix dépend, sans grandes fantaisies possibles, la détermination du niveau, corps, pente, graisse des caractères dont vous composerez les titres, les sous-titres et les portions de texte à mettre en valeur.

Selon que vous rédigez 1, 10 ou 400 pages, vous ne serez pas confronté aux mêmes problèmes. Cependant, la hiérarchisation ascendante - du corps du texte vers le titre le plus important - répond aux mêmes règles : bon sens et cohérence sont de rigueur.

Puisque nous abordons des écrits de tailles différentes, nous procéderons de façon ascendante dans la hiérarchisation, depuis le texte vers le titre le plus général.

La mise en valeur d'un mot ou d'une portion de texte

Partons du texte que vous avez choisi de composer en romain (droit), standard, dans un caractère et un corps donnés. La mise en valeur d'un mot dans ce texte se fera, dans l'ordre de lisibilité :
- par le **gras** dans le même corps ;
- par *l'italique* (moins bien perçu) dans le même corps ;
- par l'ÉCRITURE EN CAPITALES ou EN PETITES CAPITALES[1] ;
- par le <u>souligné</u> que nous mentionnons à seule fin de vous le déconseiller (voir p. 193).

Si vous avez un long passage à mettre en valeur (un exemple, une citation), vous pouvez utiliser le même caractère dans un corps inférieur à celui du texte ou l'italique et/ou une modification de la présentation qui peut être, par exemple, une différence de justification.

La mise en valeur d'une partie de texte peut se faire aussi par l'encadré, l'utilisation de filets (traits fins, horizontaux ou verticaux), le changement de couleur des caractères ou du fond (couleur ne signifie pas forcément impression couleur, il s'agit souvent de simples trames grises).

[1] Attention : les capitales sont moins lisibles que les bas de casse (voir p. 195).

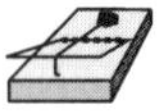

Arme à double tranchant, la mise en valeur peut conduire au résultat inverse, à savoir l'exclusion. Certains lecteurs s'en tiennent au texte principal : vous prenez le risque qu'ils ne lisent pas ces passages... et la mise en valeur devient alors une mise au placard.

Attention aussi à ne pas donner à votre écrit une présentation mortuaire : un filet trop épais ou une trame grise mal employée peuvent conduire à ces tristes résultats.

Les procédés de mise en valeur doivent être identiques d'un bout à l'autre de votre document. Ces conventions personnelles que vous établissez deviennent autant de codes entre votre lecteur et vous. Soyez donc cohérent et logique.

Si vous avez décidé que les exemples seraient en caractères romains, dans le corps immédiatement inférieur à celui du texte, ou si vous choisissez de les justifier avec 4 caractères de retrait, il faut vous y tenir tout au long du document.

Les titres

Le **plan de votre travail** qui, lui, **doit être rigoureusement structuré**, vous donne la hiérarchie des titres. Si vous usez savamment de la déclinaison des caractères, vous pourrez, sans erreur typographique, établir 7 niveaux de titres qui seront tous perceptibles (sans numérotation) par le lecteur.

Pour un article, un rapport ou un dossier court, vous ne dépasserez jamais 4 niveaux de titres, ce qui vous laisse toute latitude.

Pour un mémoire ou une thèse, vous pouvez faire l'économie de niveaux typographiques en rusant et en utilisant la macrotypographie pour hiérarchiser les titres des chapitres, des parties, des volumes et le titre général.

Imaginons un document intitulé "La fin de la seconde guerre mondiale" qu'il faudrait présenter en format A4, composé en "Palatino" de corps 10.

Le texte est en corps 10 standard. Les mots mis en valeur dans le texte sont en **bas de casse corps 10 gras.** Gardons *l'italique* pour les citations, les mots spécifiques et les locutions étrangères.

Voici la hiérarchie de titres qu'il faut composer (la numérotation classique est entre parenthèses) :

titre de l'ouvrage	La fin de la seconde guerre mondiale
titre de partie	Première partie : Le débarquement de juin 1944
titre de chapitre	Chapitre premier : Le théâtre des opérations
titre de sous-chapitre	(I) 1 - Les forces en présence
titre de section	(A) 1.1 - Les alliés
titre de sous-section	(1) 1.1.1 - La force aérienne
titre de sous-sous-section	(a) 1.1.1.1 - Le matériel

Certains graphistes et typographes conseillent, à juste titre (et c'est aussi notre avis), de ne plus repasser aux capitales quand on a utilisé les bas de casse dans la hiérarchie des titres. Jugez vous-même par cet exemple :

(I)	**1 - LES FORCES EN PRÉSENCE**	corps 12
(A)	**1.1 - Les alliés**	corps 12
(1)	**1.1.1 - LA FORCE AÉRIENNE**	corps 10
(a)	**1.1.1.1 - Le matériel**	corps 10

(I)	**1 - LES FORCES EN PRÉSENCE**	corps 14
(A)	**1.1 - Les alliés**	corps 14
(1)	**1.1.1 - La force aérienne**	corps 12
(a)	**1.1.1.1 - Le matériel**	corps 10

Dans le premier exemple, le titre "La force aérienne", en capitales, corps 10, paraît plus important que le précédent, "Les alliés", composé en bas de casse, corps 12. La gradation dans le second exemple est sans équivoque.

Voici quelques conseils pour l'organisation des quatre premiers niveaux de titre.

- L'emploi des **capitales ne se justifie pas** : composez vos titres en bas de casse, leur organisation hiérarchique n'en sera que plus facile.
- En partant du corps du caractère du texte, il vous suffira pour **chaque titre de le composer dans le corps supérieur** à celui du titre qu'il domine hiérarchiquement ; une utilisation judicieuse des lignes blanches et du gras vous permettra de parfaire la hiérarchie.
- **La numérotation n'est pas indispensable** ; elle ne se justifie absolument pas pour les titres de sous-sous-section et de sous-section (dans notre exemple : "Le matériel" et "La force aérienne"). Regardez les livres et les manuels et osez composer, comme dans l'édition, les quatre premiers niveaux de titre sans numérotation : n'oubliez pas que l'œil peut distinguer jusqu'à sept niveaux typographiques différents.

Si vous avez peur que votre lecteur se perde dans votre écrit, vous pouvez utiliser (avec modération) des artifices typographiques moins rebutants que la numérotation ; par exemple la lettrine en début de sous-sous-section, un symbole (❐, ❂, ✷, ☛, §, etc.) ou un pictogramme comme dans cet ouvrage.

Ces signes sont des codes que vous établissez entre votre lecteur et vous : si vous en introduisez dans votre texte, il faut le faire de façon identique tout au long de votre écrit.

- **Titres de chapitres et de parties**

Ils comprennent le numéro du chapitre ou de la partie et son titre.

Chapitre premier : Le théâtre des opérations
Première partie : Le débarquement de juin 1944

L'Imprimerie nationale donne la règle suivante[1] : dans un titre, les numéros de chapitres et de parties se composent en chiffres romains, grandes capitales, à l'exception de l'ordinal "premier" qui doit être écrit en toutes lettres ; dans le texte, les numéros de chapitres se composent en chiffres romains, petites capitales : "Chapitre II" ; appelé en référence, le premier chapitre est noté "Chapitre Ier".

Cependant, la tendance actuelle substitue à "premier" la forme cardinale "Chapitre I", "Partie I". Même l'emploi des chiffres

[1] Dans le *Lexique des règles typographiques en usage à l'Imprimerie nationale.*

romains dans les titres de chapitres n'est souvent plus respecté (voir notre propre ouvrage). L'important, une fois encore, est la cohérence d'un bout à l'autre de l'écrit.

Titres de chapitres ou de parties peuvent se composer en pleine page, rédigés sur deux ou plusieurs lignes. S'il est rédigé sur une seule ligne, le titre est séparé du numéro de chapitre ou de partie par deux points ou un tiret.

Composez le **titre de partie ou de chapitre** en belle page (= recto) dans le tiers supérieur, centré ou à gauche.

Si vous manquez de place et ne pouvez consacrer une page entière à ces titres, positionnez-les tout de même dans le tiers supérieur du cadre de l'écrit recto ou verso, centré ou à gauche, et composez leur introduction directement dessous : prenez soin de passer suffisamment de lignes pour que les titres soient dégagés.

Les titres de partie et de chapitre peuvent être composés dans un corps égal à celui du titre de sous-chapitre, puisqu'ils sont identifiés par "chapitre" et par leur numéro ; ce dernier sera composé en bas de casse, dans le même corps que le titre s'il est en capitales, un corps en dessous s'il est en bas de casse.

Utilisez habilement en-têtes et pieds de page pour guider votre lecteur en lui rappelant par les références constantes le titre de la partie, du chapitre et/ou des sections dans lesquels il se trouve (voir p. 196).

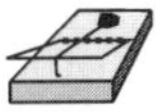

Pensez à modifier ces références constantes aux changements de section, de chapitre et de partie.

• **Le titre général du document : la page de titre**

Le titre général de votre document doit être considéré à deux niveaux : le titre pleine page, sur la première feuille du document, et la couverture que nous traiterons plus loin (voir p. 261).

Centré sur une belle page, le titre général annonce la typographie de l'écrit ; il est donc composé dans la police de caractères du texte principal, dans le corps le plus fort, comme les titres de parties et de chapitres (corps 18 dans notre exemple). Les capitales ne s'imposent absolument pas.

La page de titre ne porte pas de folio (numéro de page), mais elle est comptée dans la pagination, c'est la page 1 ; le verso de cette page porte le numéro 2, mentionné ou pas ; le recto suivant porte le numéro 3. Même si elle est comptée dès la première page de titre, la pagination n'est apparente qu'à partir de la première page de texte.

Regardez vos livres : souvent, une première belle page expose très sobrement le titre de l'ouvrage, seul, qui est repris à la belle page suivante avec les compléments d'information tels que nom de l'auteur, édition, etc., autant (parfois plus) de renseignements inscrits sur la page de couverture.

Si une thèse supporte ce type de présentation très "maison d'édition", évitez à votre lecteur, pour un rapport de dix feuilles, de se perdre déjà dans quatre pages de titre.

Si elle ne fait pas office de couverture, la page de titre d'un document de petite taille reprend, en les présentant plus simplement, les informations contenues dans la première de couverture. La simplification vient souvent du fait que la couverture est illustrée alors que la première page ne l'est pas.

En ce qui concerne les informations contenues dans la page de titre, conformez-vous aux normes du type d'écrit que vous rédigez.

La sobriété est toujours recommandée ainsi que la concision. À l'intérieur même de la page de titre, l'information est hiérarchisée par la micro et la macrotypographie.

Un simple dossier ou un rapport peuvent contenir deux ou trois informations : titre du rapport, nom de l'auteur, date, etc.

Pour l'envoi d'un article au comité de rédaction d'une revue, vous pouvez adopter le même style en ajoutant vos coordonnées postales et téléphoniques.

Pour un rapport dans une société, n'oubliez pas de mentionner le nom de la société, en haut ou en bas.

Pour les mémoires et thèses, à propos de la rédaction de la page de titre, respectez les normes imposées aux exemplaires dits "de soutenance". Si votre ouvrage est publié par la suite, votre page de titre peut être allégée.

Les recommandations concernant la page de titre (et la couverture) pour une thèse de doctorat sont les suivantes[1] :

> « Il est important que la page de titre et le titre en particulier apportent une information pertinente et d'accès facile.
> « Indiquez clairement sur la page de titre ET la couverture :
> - le nom de l'université ;
> - le département d'UFR où est soutenue la thèse et la spécialité de celle-ci ;
> - le nom des membres du jury et du directeur de thèse ;
> - la date de soutenance ;
> - le type de doctorat : doctorat de l'université de ... , d'État, de 3e cycle, etc. ;

[1] D'après *Le signalement et la valorisation des thèses,* ministère de l'Éducation nationale, 1990.

- pour éviter les confusions (notamment à l'étranger) entre nom et prénom de l'auteur, rédigez le prénom en bas de casse et le nom en capitales.

« Dans la mesure du possible, efforcez-vous de substituer aux symboles, écritures non latines, leur traduction en clair. »

Il n'est pas donné de consignes précises concernant la micro et la macrotypographie de cette page de titre. À vous de hiérarchiser l'information par l'emploi judicieux de la déclinaison des caractères et la composition de votre page.

• Mise en page des titres

Un paragraphe entier sera consacré au montage final de votre document et à la couverture (voir pp. 256 et 261). Pour le moment, considérons que nous avons à placer le titre général, centré en belle page, et visualisons par des figures la mise en page des titres, en deux options les plus extrêmes, selon que vous êtes ou non limité en papier. Dans cet exemple, nous avons à placer, en plus de la hiérarchie de titres, une introduction à la première partie et une introduction au premier chapitre.

1 - Option la plus gourmande en papier

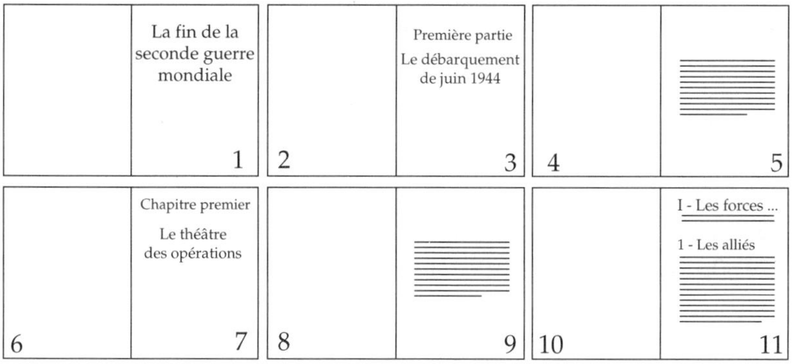

2 - Option la plus économique en papier

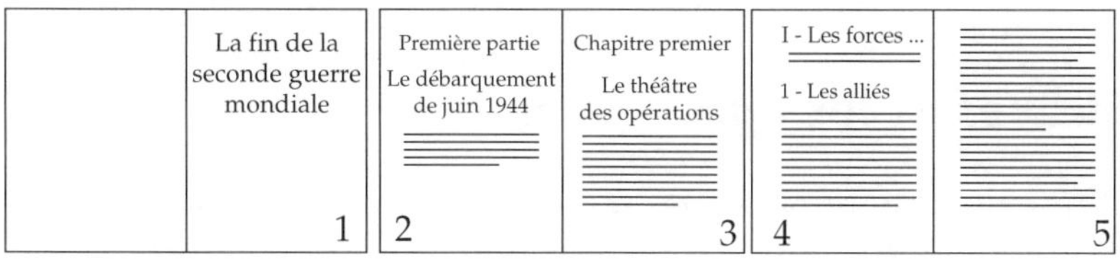

La couverture, vitrine de votre écrit, est différente de la page de titre. Nous lui consacrons, plus loin, un paragraphe dans la rubrique "L'Emballage" qui termine ce chapitre "La Présentation" (voir p. 261).

LA PÉRIPHÉRIE DU TEXTE PRINCIPAL

Votre écrit principal est organisé et hiérarchisé ; à présent, il reste à lui adjoindre les textes périphériques (que nous nommerons simplement "les périphériques") qui, selon le cas, sont indispensables, nécessaires, utiles ou simplement accessoires à votre document.

Ce sont : les annexes, la bibliographie, les tables des matières, l'index, le résumé, les mots clés, la dédicace, les remerciements, la préface ou la postface, l'avant-propos, le glossaire, l'errata, etc., autant de pages qui feront partie intégrante de votre document.

Certaines règles de présentation sont communes à tous les périphériques.

Les pages périphériques sont composées dans la même police de caractères que le texte principal et selon la même macrotypographie.

Vous serez appelé parfois à modifier la présentation : par exemple un index sera plus performant sur deux colonnes, avec débord à gauche ; cela ne choquera personne, même si votre texte principal est composé avec retrait d'alinéa et sur une seule colonne. L'homogénéité de l'ensemble sera donnée par le cadre, les références constantes (souvent allégées) et la police de caractères dont le corps peut être diminué (voir p. 196).

Certains périphériques concernent tous les types d'écrit, d'autres ont un usage strictement réservé aux thèses ou aux mémoires, d'autres enfin ne se rencontrent que dans les livres édités.

La confusion de termes est totale pour les usagers comme pour les auteurs spécialistes. Essayons de les définir avec justesse, et abordons ces pages de la périphérie du texte principal dans l'ordre de leur montage pour un document de type universitaire (voir p. 256).

Les dédicaces et les épigraphes

• Plus tradition qu'obligation, **la dédicace** est "l'hommage qu'un auteur fait de son œuvre à quelqu'un, par une inscription imprimée en tête de l'ouvrage" (Le *Petit Robert).*

Affective ou diplomatique, grave ou humoristique, cette attention attendrira votre public à condition qu'elle ne soit ni pédante, ni ampoulée. Elle est souvent codée : même si elle reste énigmatique, mieux vaut qu'elle soit brève.

Tout écrit ne justifie pas une dédicace. On la réserve aux livres, aux thèses, parfois à des mémoires de moindre importance. Sauf cas particulier, ne l'utilisez pas pour un rapport, un dossier, un article.

En romain ou en italique, la dédicace est composée dans le même corps que le texte principal et disposée dans la moitié supérieure droite en belle page. Certains spécialistes recommandent d'accorder une page à chaque dédicataire ; il n'est pas rare, cependant, de trouver, sur une même et unique page, différents hommages groupés en une ou plusieurs dédicaces.

À mes nièces Ségolène et Laurence,
à mon frère Pascal.

• **L'épigraphe** (nom féminin) - souvent abusivement appelée exergue - est une courte citation placée en tête d'un livre, d'une partie ou d'un chapitre pour en indiquer l'esprit.

Usez des épigraphes sans excès et choisissez judicieusement vos citations.

Comme la dédicace, c'est en belle page que prend place l'épigraphe de début d'ouvrage, alignée à droite ou non, mais toujours dans le quart supérieur droit de la page. Selon les maisons d'édition, l'épigraphe est composée en romain ou en italique, mais de toute façon dans la même police de caractères que le texte principal. Placée en tête de chapitre, elle n'occupera pas forcément une page entière : elle est alors composée en harmonie avec le titre, bien détachée du texte qu'elle devance.

Il n'est pas nécessaire de mettre des guillemets ; la référence à l'ouvrage n'est indispensable que lorsque l'auteur n'est pas connu : elle se place alors sous la citation, sans parenthèses.

Voici deux exemples d'épigraphes reproduites telles qu'elles sont composées dans les ouvrages cités.

Épigraphe du livre de Bruce Chatwin, *En Patagonie* (Grasset) :

Il n'y a plus que la Patagonie, la Patagonie, qui convienne à mon immense tristesse...

BLAISE CENDRARS.
Prose du Transsibérien.

Épigraphe du livre de Brigitte Massin, *Franz Schubert* (Fayard) :

« Il ne comprend rien à la musique, il n'aime que Schubert ! »

(Jugement de Max Jacob sur Apollinaire, rapporté par Arthur Honegger.)

La citation

Bien que n'étant pas à proprement parler un texte périphérique, la citation est abordée dans ce chapitre, car c'est par la présentation que vous distinguerez, dans votre écrit, ce qui est de vous et ce qui ne l'est pas.

> *Il n'appartient qu'à ceux qui n'espèrent jamais être cités de ne citer personne.* (Gabriel Naudé)

Que ce soit en épigraphe ou au fil d'un texte, vous serez conduit à étayer votre propos de mots, de phrases ou de paragraphes que vous emprunterez à d'autres. Qu'il s'agisse de citations littéraires ou de citations de source, il vous faut rendre hommage à l'auteur.

• La citation littéraire

Le verbe citer évoque immédiatement la citation littéraire : phrase placée en épigraphe résumant ou annonçant ce que vous développerez.

Cette même phrase, citation d'auteur connu ou inconnu, peut aussi ponctuer votre texte, l'enrichir, l'orner. Sa présentation peut différer, alors : outre le nom de l'auteur qu'il ne faut pas omettre, c'est la typographie qui permet au premier coup d'œil de distinguer du vôtre ce texte venu d'ailleurs.

L'usage des guillemets indique la citation. L'italique sans guillemets la distingue tout aussi bien. Enfin, une justification différente, en retrait par exemple, comme c'est le cas ci-dessus, montre également l'origine particulière de cette phrase.

• La citation de source

On pense beaucoup moins spontanément à citer l'auteur d'un mot, d'une phrase ou d'un paragraphe lorsque, travaillant sur un sujet, on fait siens des propos ou des idées que d'autres ont eus avant soi.

Contrairement au romancier, l'auteur d'une thèse, d'un mémoire, d'un rapport, d'un dossier, etc., n'invente rien ou si peu. En revanche – il est important de le faire – il puise chez ses prédécesseurs, des documents, des idées, des définitions.

Au moment de rédiger votre propos, il est juste de rendre à César ce qui appartient à César.

Grands écrivains, éminents universitaires ou simplement collègues de travail vous ayant précédé dans vos recherches, tous ceux dont vous reprenez le propos méritent d'être cités.

Emprunter à un auteur n'est pas un délit si vous lui restituez votre emprunt.

• Il peut s'agir, au fil du texte, d'un **simple mot** (ou groupe de mots) que vous isolez par les guillemets.

... ce que le Pr Barnabé appelle une "pathologie de pays riches".

Il peut s'agir dans le même registre de la retransmission d'un propos :

... sentence que le juge Pierral qualifia de "politique" à la sortie du palais.

• Vous pouvez **citer une phrase** ou portion de phrase :

Le porte-parole du gouvernement avait précisé "qu'aucune dérogation ne serait accordée".

Laquelle phrase peut être introduite de façons diverses :

Le député me disait que, selon le porte-parole du gouvernement, "aucune dérogation ne serait accordée".

ou encore :

La déclaration du porte-parole du gouvernement selon laquelle "aucune dérogation ne serait accordée" avait consterné les journalistes réunis.

La citation peut également être retransmise en style direct :

Le porte-parole du gouvernement s'exprima en ces termes : "Aucune dérogation ne sera accordée."

qui peut aussi donner :

"Aucune dérogation ne sera accordée" : tels furent les mots du porte-parole du gouvernement.

• Citer **un passage plus long** peut se faire au fil du texte, sans autre artifice de présentation que les guillemets :

Si l'on se réfère à la récente communication du Docteur Marchal : "On n'a pas déploré d'accident traumatique mais plutôt des atteintes secondaires à la sollicitation physique répétée, à la fatigue. Sans être purement psychosomatiques, les facteurs psychologiques intervenant dans la pathologie de ces lésions ne sont pas à négliger.", on comprend mieux l'importance de la préparation psychique.

Vous pouvez valoriser ce long paragraphe, comme la citation littéraire, en le démarquant par une justification différente ou/et en le composant en italique :

Si l'on se réfère à la récente communication du Docteur Marchal :

> "On n'a pas déploré d'accident traumatique mais plutôt des atteintes secondaires à la sollicitation physique répétée, à la fatigue. Sans être purement psychosomatiques, les facteurs psychologiques intervenant dans la pathologie de ces lésions ne sont pas à négliger.",

on comprend mieux l'importance de la préparation physique.

Si vous restituez à l'auteur l'origine de vos propos en citant vos sources, rien ne vous empêche de rapporter indirectement son discours ou une partie de celui-ci ; essayez cependant de ne pas déformer la pensée de l'auteur. Cela pourrait donner pour l'exemple précédent :

> Selon une récente communication du docteur Marchal, aucun accident traumatique n'a été déploré. L'idée d'un lien non négligeable entre les facteurs psychologiques et la pathologie est émise.

Très souvent, plutôt que de paraphraser en une formulation compliquée ce que l'auteur a énoncé clairement, il vaut mieux prendre la phrase d'origine et la mettre entre guillemets.

Adoptez pour l'ensemble de votre écrit un style de présentation pour vos différents types de citations (italique ou guillemets, justification différente, etc.) et tenez-vous en à ce choix.

Lorsque vous citez un morceau de texte assez long et comportant plusieurs alinéas, mettez un guillemet ouvrant au début de chaque alinéa et un seul guillemet fermant à la fin de la citation :

> *« Elle renverse sa chaise, en se dressant devant eux.*
> *« Elle emporte l'image embuée de ces deux personnes qui restent là à la regarder sans comprendre.*
> *« Un homme et une femme, interdits, muets.*
> *« Elle crie encore une fois qu'elle est une enfant, leur enfant. »*
>
> Marie-France Pisier, *Le bal du gouverneur.*

• Les suppressions

Si vous faites des suppressions dans un texte que vous rapportez, signalez-les par des points de suspension entre deux crochets [...]. Si vous ne transmettez qu'une partie d'un texte, veillez à rester honnête et fidèle à la pensée de son auteur : à découper un propos en rondelles, on peut faire dire n'importe quoi à celui qui l'a écrit.

• Les éléments ajoutés

À l'inverse, vous pouvez être amené à ajouter un mot, une explication, dans le texte cité : vos ajouts seront placés entre crochets.

> "Il [le violon] était son seul bien."

• Fidélité à l'auteur

Citant un auteur, vous lui devez fidélité. Les consignes sont strictes à ce propos. On reproduit la phrase telle qu'on l'a trouvée : si elle comporte une faute, un mot ou un propos qui pourraient surprendre le lecteur, on les laisse en écrivant *sic* entre crochets, cela signifie que celui qui transmet le propos a vu la faute, on ne peut alors pas la lui imputer.

"Bertille attendit la pose [*sic*] pour sortir son quignon de pain."

Nous apporterons une restriction à cette consigne : bien sûr, si vous citez Gide ou Zola, vous allez le faire en totale fidélité mais, si vous reprenez le propos d'un collègue (ou pire d'un de vos supérieurs) qui, dans son dernier rapport d'activité, a laissé échapper une maladresse d'orthographe, il n'est peut-être pas opportun de véhiculer sa pensée en reportant cette faute de frappe et d'insister encore en mentionnant *sic*.

À vous de juger : certains auteurs, même très connus, ont eu des premières éditions de leurs œuvres comportant des coquilles. Les secondes éditions sont souvent bien meilleures, c'est pourquoi nous sommes très réservés quant à la transmission irréfléchie des fautes d'autrui.

• **Cherchez le texte original**

Il arrive parfois que le propos d'un auteur ait déjà été rapporté par un autre auteur. Si vous ne possédez pas le texte de l'auteur cité, rendez hommage à son découvreur en donnant son nom :

> *J'ai trouvé Rome en briques et l'ai quittée en marbre.* César AUGUSTE (cité par Suetone).

Cette précaution est capitale pour les citations traduites, car il existe (au moins pour les plus grands auteurs) des traductions plus appréciées que d'autres. Il est bon, donc, de donner entre parenthèses les références de la traduction.

• **Faut-il citer dans la langue d'origine de l'auteur ?**

Dans l'absolu, c'est le meilleur moyen de rester fidèle à l'auteur, mais la plupart du temps, votre texte gagnera en clarté si vous citez en français. Cherchez alors s'il existe une traduction de l'œuvre et citez-en le traducteur. Si vous traduisez vous-même, il est recommandé de mettre en note le texte dans la langue d'origine.

• **Citer des idées formulées oralement**

Il arrive fréquemment que l'on rapporte par écrit les propos tenus oralement lors de congrès, réunions ou colloques. Rapporter des idées non écrites, non consignées dans des rapports ou actes, non enregistrées, c'est tout de même reprendre la pensée d'autres que vous : cela mérite une citation, même si vous ne transcrivez pas les mots exacts. Vous pourriez dire par exemple :

> L'intervention du Docteur Marchal, lors du Congrès *Climat et Santé* qui s'est tenu à Dijon, montre toute l'importance du psychisme sur la pathologie.

Ainsi aurez-vous évité le plagiat.

• **Références**

Le lecteur de votre texte doit pouvoir retrouver vos sources. Le nom de l'auteur cité doit apparaître dans le texte ; un renvoi à une note ou à une liste bibliographique vous permet de citer les références exactes de vos sources (voir p. 251).

Soyez modéré : ne noyez pas votre lecteur sous trop de citations, votre propos personnel y perdrait de son intérêt.

Les avant-textes

Si les spécialistes s'accordent à peu près sur la signification et la place des dédicaces et des épigraphes, il en va tout autrement des textes plus conséquents composés avant l'écrit principal. Les dictionnaires sont vagues et les ouvrages spécialisés contradictoires ; aussi, pour simplifier votre tâche, avons-nous choisi de regrouper sous le terme commun de "avant-textes" les pages qui précèdent le texte principal.

La préface

Elle fait presque l'unanimité. Le *Petit Robert* la définit ainsi : "Texte placé en tête d'un livre et qui sert à le présenter au lecteur". Le *Lexis Larousse* précise que "l'avertissement et l'avant-propos sont moins longs que la préface".

Elle présente l'œuvre et son auteur. Rarement rédigée par lui-même, elle est un peu la caution intellectuelle d'un personnage reconnu.

Si le signataire est l'auteur de l'ouvrage, la préface est une présentation générale, différente de l'introduction et plus courte qu'elle.

Il n'est pas recommandé de faire préfacer un travail universitaire. En revanche, si après leur soutenance, votre thèse ou votre mémoire sont publiés, la préface d'un spécialiste ne peut leur donner que plus de crédit.

On compose la préface en belle page, en italique si elle n'est pas signée par l'auteur de l'ouvrage, en romain si elle est de lui.

Sa place est variable. Le *Lexique des codes typographiques en usage à l'Imprimerie nationale* préconise l'ordre suivant : avant-propos, introduction puis préface. Nous ne partageons pas ce point de vue : surtout si elle est signée d'un autre que lui-même, la préface trouvera une meilleure place avant tout texte de l'auteur, parfois même avant la dédicace.

Sous le terme de "préface", on trouve parfois un amalgame de remerciements, d'avertissements et d'avant-propos. À notre avis, rédigée par l'auteur ou par un tiers, la préface ainsi nommée, pour peu qu'elle excède deux pages, rebute le lecteur qui ne prend pas la peine de la parcourir. En revanche, se sentant interpellé, il lira beaucoup plus sûrement les remerciements, les avant-propos, les notes liminaires, les avertissements, les avis.

L'avant-propos, les remerciements

Composé généralement en romain, l'**avant-propos** est un **développement court** dans lequel l'**auteur informe le lecteur de faits particuliers** ; cet avant-texte est appelé parfois "Avis", "Avertissement" ou "Note liminaire".

S'ils ne sont pas regroupés sous une rubrique "Remerciements", ces derniers sont énoncés dans l'avant-propos.

Traditionnellement, dans les écrits universitaires (mémoires, thèses) et parfois dans certains dossiers et articles, une ou deux pages sont consacrées aux **remerciements**. Attention ! la diplomatie est alors de rigueur : les conseils de vos supérieurs seront précieux pour rédiger ces pages sans faire d'impair. La plus grande difficulté de l'exercice consiste à multiplier par dix, vingt ou trente - et sans répétitions s'il vous plaît - des phrases de remerciements, en trouvant pour chaque remercié une formule personnalisée. Vous ne témoignerez pas votre reconnaissance de la même façon à votre directeur de recherche et à la "nounou" qui a gardé votre bébé pendant vos mois de rédaction !

Qu'elles s'intitulent "Remerciements" ou "Avant-propos", méfiez-vous de ces pages : souvent écrites à la hâte, elles sont lues attentivement par qui y cherche son nom ! Elles méritent de votre part un effort d'imagination et de rédaction. Dès l'instant où vous remerciez, essayez de n'oublier personne.

L'idéal serait de ne pas dépasser deux pages pour les remerciements. Pour y parvenir, rien ne vous empêche de réduire le corps des caractères en conservant la même police que pour le texte principal.

Pour certains rapports, dossiers, livres ou articles, les remerciements peuvent prendre la forme d'une liste de partenaires (ayant apporté leur concours financier, leur soutien matériel, des conseils, etc.), classés par ordre alphabétique, par thèmes ou par importance de participation. Ainsi rédigés, les remerciements sont comme un générique de film. On les trouve communément en fin d'ouvrage.

Il arrive, en particulier dans les articles, dossiers ou rapports, que les remerciements apparaissent au fil du texte principal sous forme de notes de bas de page ou de fin d'article.

Pour les auteurs écrivant une thèse ou un mémoire avec l'obligation d'emploi du "nous de modestie" (voir pp. 74 et 295), l'avant-propos, les remerciements, les avertissements, de même que la dédicace, sont rédigés à la première personne du singulier. Le ton doctoral ne commence qu'après ces pages d'avant-textes.

L'avis, l'avertissement

D'après le *Lexique des règles typographiques*, "l'avertissement est un texte placé en début de volume, entre le grand titre et le début de l'ouvrage, et destiné à attirer l'attention du lecteur sur un point particulier. Préface, avis, introduction ont parfois le même usage".

On trouve aussi les termes de "note liminaire" ou "préambule" (placé en tête d'un ouvrage, d'un discours).

Dans un avertissement, l'auteur peut avoir besoin de rappeler que tout événement ressemblant à la réalité est le fruit du hasard, ou bien que les noms de lieux et de personnes ont été changés, etc. Ce peut être l'occasion de définir des codes entre auteur et lecteur, il y sera par exemple précisé que les extraits d'archives utilisés sont tous entièrement composés en italique.

Retenez que si vous avez quelque chose d'important à signaler à votre lecteur, il faut y consacrer quelques lignes qui, sur une belle page, seront plus percutantes que noyées dans la masse de deux pages de remerciements, de préface ou d'introduction.

Ce texte avertisseur ne devrait jamais excéder quelques lignes : rédigées sous la rubrique "avant-propos", "avertissement", "avis" ou "note liminaire", elles seront lues plus certainement que sous le terme de "préface". Parfois même, ces consignes au lecteur ne portent pas de titre, leur composition en belle page et leur macrotypographie suffisent à attirer le regard.

Si vous avez plusieurs messages à transmettre à votre lecteur avant qu'il n'aborde votre texte, rien ne vous empêche de ruser en écrivant un avertissement très succinct, suivi d'un court avant-propos. La modération reste de rigueur, ne noyez pas votre public dans dix pages d'avant-avant-avant-propos.

Glossaire, vocabulaire, lexique, terminologie, nomenclature, liste des abréviations

Sous l'une de ces différentes appellations, il est courtois de placer en début d'écrit, avant l'introduction, la liste explicative des termes ou des abréviations que vous employez fréquemment et qui pourraient poser problème à votre public.

Ce glossaire peut être composé de mots étrangers, dont vous donnez la traduction et la définition, de termes spécifiques du jargon d'une discipline à laquelle n'appartiennent pas forcément tous vos lecteurs, d'abréviations que vous utilisez couramment et dont vous énoncez les termes complets, et aussi de codes que vous introduisez comme des pictogrammes, l'astérisque avant ou après un nom si ce signe n'est pas un appel de note, etc.

Tout lecteur n'est pas censé savoir ce qu'est la DDE (direction départementale de l'Équipement), une ONG (organisation non gouvernementale), le CEA (qui d'ailleurs pour certains évoquera le Commissariat à l'énergie atomique et pour d'autres le Centre d'études arctiques).

Rien n'empêche, dans le glossaire, de donner l'équivalent anglais des termes et des abréviations.

> L'OTAN en français (Organisation du traité de l'Atlantique nord) se dit NATO en anglais.

Cette précaution de traduction évitera qu'on se perde dans les citations étrangères et dans les titres des références bibliographiques.

Apprécié, parce que convivial, en avant-première du texte, le glossaire-vocabulaire se place en fin de volume s'il excède deux pages, mais il n'y a rien de plus pénible que de chercher à chaque mot complexe sa signification dans le lexique final par renvoi avec astérisque.

Réduisez l'encombrement de votre glossaire à deux pages, en le composant sur deux colonnes et/ou dans un corps inférieur à celui du texte, afin qu'il puisse prendre place en tête de votre texte principal.

Où que vous le placiez, le glossaire ne vous dispense pas, à la première utilisation d'un mot spécifique (et parfois même aux suivantes), d'avoir la courtoisie d'expliquer ce dernier, dans le texte, entre tirets, parenthèses ou en note de bas de page. Demandez à vos correcteurs de vous signaler les mots ou abréviations qui leur poseront problèmes et n'hésitez pas, alors, à remettre une explication en note infrapaginale ou entre parenthèses, si celle-ci fait redite, vos correcteurs vous le feront remarquer.

Votre lecteur vous remerciera de faire de lui un complice ; il vous reprocherait de le submerger de mots difficiles qui, non expliqués par vous, lui demanderaient trop de recherches dans votre ouvrage ou dans un dictionnaire.

En effet, plus la lecture est hachée, plus elle est lente et pénible, moins le message passe. Facilitez donc la tâche de votre lecteur et montrez-vous courtois. Vous gagnerez à le mettre à l'aise...

Les post-textes

Après ces avant-textes viennent l'introduction, le texte principal et la conclusion. Annexes, appendices, addenda, postface, index, résumé, mots clés, tables de figures, des matières, etc., sont communément rassemblés en fin d'ouvrage : ils constituent ce que nous appelons les post-textes.

Le *Lexique des codes typographiques* recommande de composer ces différentes parties de texte en belle page et dans l'ordre suivant : la postface, les notes, la bibliographie, le ou les index, les tables d'illustrations (figures, tableaux, photos), la table des matières.

Pour un travail universitaire, il faut ajouter des annexes diverses, un résumé et des mots clés.

Les annexes ou appendices

Souvent, pour alléger le texte principal, il est bon de rassembler, en une ou plusieurs **annexes**, les informations utiles mais non indispensables à la compréhension du texte principal. Ces annexes peuvent être des tableaux de chiffres, des documents d'archives (avec citation des sources), des figures ou des tableaux, des généalogies, des cartes, des rapports de visites, des programmes informatiques mis au point pour le travail qui fait l'objet du mémoire, etc.

Si elles représentent une véritable richesse d'information, leur diversité est très vite source de désorganisation. À vous de les structurer habilement afin que le lecteur puisse les consulter aisément.

Il est judicieux - bien que non obligatoire - de paginer texte et annexes en une seule foliotation, surtout s'ils sont réunis en un seul volume.

Puisque vous gardez la macrotypographie du texte principal, rien ne vous empêche, pour guider le lecteur, de composer en référence constante de ces pages "Annexe 1", "Annexe 2", etc.

Les annexes méritent un titre et une présentation aussi soignée que le reste de l'ouvrage. Ce n'est pas parce qu'il est hors-texte qu'un document doit être plein de fautes d'orthographe, d'erreurs de calcul, de figures bâclées et ne plus répondre aux normes de composition précédemment décrites. Plus vous homogénéiserez vos annexes, mieux elles s'intégreront à votre écrit.

La bibliographie

Annexe obligatoire dans les travaux universitaires, elle est conseillée dans tous les types d'écrit abordés dans ce guide. Elle représente souvent le seul post-texte d'un article, d'un mémoire, d'un dossier. Elle se compose selon des normes très strictes : voilà pourquoi nous lui consacrerons un paragraphe particulier (voir p. 251).

L'addenda[1]

L'auteur le rédige en complément à son écrit déjà composé : les éléments de l'addenda auraient dû (mais n'ont pu) prendre place dans le corps du texte principal. À l'heure du traitement des textes par l'outil informatique, les addenda ne devraient plus avoir cours : si un auteur a passé dix ans à rédiger une thèse, il devrait pouvoir consacrer une journée supplémentaire à l'insertion, en bonne place, des compléments au texte principal, même s'il lui faut alors refaire un tirage original du document repaginé.

L'errata[2]

Comme l'addenda, l'errata devrait être en voie de disparition : liste des erreurs relevées mais qui n'ont pu être corrigées avant l'impression, l'errata est composé sur une feuille libre glissée dans l'ouvrage relié. Si vous suivez bien les conseils du chapitre "Les corrections", vous ne devriez pas avoir besoin d'adjoindre un errata.

Donné à la hâte juste avant l'exposé de votre thèse, l'errata ne sert plus à rien, il vaut mieux corriger votre original après la soutenance, en y portant vos propres corrections et celles suggérées par vos jurés, avant de refaire des tirages.

En revanche, imaginons que vous ayez expédié un article à une revue et qu'en relisant votre texte après son envoi vous y trouviez des fautes : faites parvenir aussitôt par courrier, téléphone ou télécopie, un errata au comité de rédaction.

L'index ou les index

Très utile et très apprécié, l'index aide à la lecture. C'est une liste alphabétique de mots avec indication des numéros des pages du texte où chaque mot apparaît.

Il fait de votre écrit un document à double entrée. Votre lecteur pourra chercher dans l'index le folio des pages qui correspondent aux thèmes qui l'intéressent.

Selon le sujet traité, vous serez amené à composer un ou plusieurs index (par matières, par noms de personnes, par noms de lieux, etc.).

Adoptez une présentation qui facilitera le repérage et la lecture de recherche : dans la même police de caractères que le texte principal,

[1] Nom masculin invariable : un addenda, des addenda.

[2] Un errata (des errata) est la liste de fautes ; un erratum (des errata) est la faute elle-même.

le même corps ou un corps inférieur, avec débord à gauche (de deux lettres) des mots relevés, si possible composé sur deux colonnes, ce qui réduira considérablement les pertes de place par retour à la ligne.

Certains documents ont des index inutilisables car trop fournis en numéros de pages. Au moment de composer l'index, demandez-vous si le mot est suffisamment bien défini ou s'il faut affiner son libellé.

Si vous écrivez, par exemple, une histoire de la musique et si vous mettez en index une entrée "musique", chaque page de votre texte sera notée sous cette rubrique. Il vaut mieux composer un index emboîté, c'est-à-dire subdiviser l'entrée "musique" en plusieurs sous-entrées comme "musique classique", "musique baroque", "musique contemporaine", etc.

Même avec un traitement de texte, **c'est vous qui faites le choix des mots qui entreront** dans votre liste finale. Donc, ciblez les mots importants, assurez-vous que le renvoi est utile, c'est-à-dire informatif par rapport au mot lui-même.

Si un mot renvoie à plusieurs endroits, marquez en gras les pages principales abordant ce sujet. Si un même mot apparaît sur plusieurs pages successives, regroupez-les pour raccourcir l'information préférez à "25, 37, 38, 39, 40, 41, 42, 57, 75" une formule moins complexe "25, **37-42**, 57, 75".

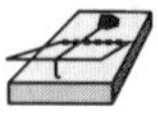

Méfiez-vous des traitements de texte ayant une fonction *Index automatique*.

Il est bon de lancer la fonction *Index* sur la version finale de votre document, version dont la pagination tient compte des pages blanches, des pages de figures, etc.

Si le texte est volumineux, il va falloir réunir ou lier tous vos fichiers. Faites-le prudemment en vous assurant que vous gardez bien une version "petits fichiers" de tous les dossiers que vous rassemblez.

Assurez-vous que votre logiciel intègre sous une unique rubrique les mots au pluriel et au singulier. De toute manière, il vous faudra vérifier manuellement les résultats du traitement informatique.

Méfiez-vous des classements alphabétiques automatiques. La plupart des logiciels ayant cette fonction ignorent que "œ" se place après "od" et avant "of" et que ñ et ø sont à classer dans les N et dans les O, etc. Toutes les lettres non reconnues sont renvoyées en fin d'alphabet. Non seulement un mot commençant par Œ peut se retrouver après les Z, mais la liste alphabétique elle-même sera perturbée car, par exemple, "Grœnberg" sera rangé après "Gruzick". Si vous entrez en index un mot précédé d'un astérisque, il sera renvoyé, comme toutes les lettres non reconnues, en fin d'alphabet.

La table des figures, des tableaux, des photos

Disposée en fin d'ouvrage, juste avant la table des matières, la **table des figures** est libellée ainsi :

Figure 1 son titre n° de page

Les **tableaux** ont une numérotation à part et nécessitent donc une liste séparée composée sur le même modèle :

Tableau 1 son titre n° de page

Il en va de même pour les **photographies**, si vous les avez numérotées. Ce peut être en même temps l'occasion d'en indiquer les auteurs. La liste peut alors s'appeler "Crédit photographique".

Photo 1 son titre auteur et/ou agence n° de page.

N'oubliez pas de répertorier également dans ces trois tables les figures, tableaux et photos qui sont dans les annexes, d'où l'intérêt, pour le repérage global, de conserver une pagination continue d'un bout à l'autre du document.

Veillez à ce que les titres des figures, tableaux et photos soient libellés en table finale dans les mêmes termes que dans le fil du texte principal ou périphérique.

La table des matières, le sommaire

Traditionnellement, en France, c'est la table des matières qui boucle l'ouvrage. Les Anglo-saxons préfèrent la mettre en tête.

Les spécialistes ne sont pas plus d'accord que les dictionnaires sur l'acception des termes "sommaire" et "table des matières"[1].

Sauf pour un roman où elle n'est pas vraiment utile, **la table des matières** (ou le sommaire) **est un outil indispensable dans tout type d'écrit,** n'eût-il que dix pages.

[1] S'il semble acquis par tous que la "table des matières", listant les titres des sections et leur numéro de page, est plutôt située à la fin de l'ouvrage, les définitions du nom "sommaire" sont des plus fantaisistes. Selon les auteurs, c'est *"un bref résumé des chapitres, en table des matières"* (Le *Petit Robert*) ou un *"abrégé, résumé contenant seulement les notions principales" (Lexis Larousse)*. Les universitaires parlent volontiers de sommaire quand la liste est en début d'ouvrage et de table des matières lorsqu'elle est à la fin.

Puisque les stratèges de la lisibilité ne s'accordent pas sur la place optimale de cette table, le mieux est d'adopter une **solution mixte :**

- un **sommaire** en **début** de document : plus court que la table des matières (deux pages au maximum) et ne portant pas l'indication des numéros de page ;
- une **table des matières** à la **fin** de l'ouvrage souvent composée sur plusieurs pages. En respectant la hiérarchisation des subdivisions, elle reprend de façon détaillée tous les titres et sous-titres et indique les numéros de page. La micro- et la macrotypographie aideront à l'organisation des titres de cette table.

Un sommaire en début de chaque partie ou chapitre du texte principal sera souvent bienvenu. C'est une annonce du plan, du raisonnement, plutôt qu'un outil de repérage : les indications de page sont inutiles.

Certains logiciels de traitement de texte permettent de composer directement la table des matières, selon le même principe que l'index. Vous traitez aussi sur l'ensemble du document, donc effectuez avec prudence le regroupement de vos fichiers. Une erreur est vite commise ; puisque c'est vous qui, à un moment donné, indiquez le niveau du titre, soyez vigilant au moment de la correction.

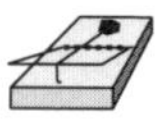

Et puis, en manuel ou en automatique, si vous modifiez un titre dans le texte principal, n'oubliez pas de porter les mêmes changements dans le sommaire et la table des matières (voir chap. "Les corrections").

Le résumé, les mots clés

Nous traitons sous une même rubrique le résumé et les mots clés puisqu'il est judicieux de les présenter sur une même page.

L'idéal est de les composer sur la quatrième page de couverture ; on les trouve parfois sur la deuxième ou troisième de couverture. Cela ne vous interdit pas de consacrer aux mots clés et au résumé une page en début ou en fin d'ouvrage (après la table des matières). Guides pour le lecteur et carte de visite de votre travail, résumé et mots clés ne doivent pas être négligés. De leur pertinence dépendra le classement de l'ouvrage dans les bibliographies internationales : banques de données établies par copie du résumé et des mots clés de chaque document répertorié.

Il est bienvenu de traduire sur cette même page le résumé et les mots clés dans une (ou deux) langues, comme vous le faites lorsque vous envoyez un article à une revue ou à un congrès.

Selon le type d'écrit, il y a des normes pour les résumés et les mots clés. Les revues spécialisées indiquent généralement ces consignes dans les "Conseils aux auteurs". En général, il est demandé 5 à 8 mots clés et une dizaine de lignes de résumé, ainsi que leur traduction dans deux langues.

Si ces traductions ne vous sont pas imposées, vous gagnerez à les (faire) rédiger tout de même : votre article ou votre ouvrage n'en sera que mieux perçu.

Résumés de subdivision
Il arrive, en particulier dans les thèses, que l'auteur rédige un résumé après chaque partie. À notre avis, l'idéal est que le lecteur pressé trouve la substantifique moelle de chaque division à la lecture de son introduction et de sa conclusion qui sont donc à rédiger avec la plus grande attention.

Résumés à "géométrie variable"
Certains auteurs de travaux universitaires composent et insèrent plusieurs résumés de leur ouvrage : en plus des quelques lignes qu'ils positionnent tout à la fin de l'écrit avec les mots clés, ils rédigent un compte rendu plus important (deux à dix pages) et donc plus détaillé de leur travail.

À vous de voir quelles sont les traditions de votre univers professionnel. Mais, n'est-ce pas le rôle de l'introduction et de la conclusion que de brosser un portrait de votre écrit incitatif à la lecture et suffisamment informatif pour en donner une idée générale résumant bien votre travail ?

La postface

Toujours en périphérie, on trouve parfois la **postface**, commentaire placé à la fin d'un ouvrage. En ce qui concerne les écrits que notre guide vous aidera à rédiger, la postface est à éviter : mieux vaut concentrer votre énergie à la rédaction d'une conclusion digne de ce nom.

Le signet

Personne n'en parle, cependant un **signet** glissé dans votre ouvrage relié sera sans doute bienvenu. En plus de son rôle convivial de marque-page, cette feuille cartonnée, aux dimensions plus petites que l'ouvrage, peut devenir - par ce qui est inscrit sur son recto et son verso - une double page précieuse d'aide à la lecture. Selon le sujet que vous traitez, ce signet peut être tout simplement le plan de votre ouvrage, une carte géographique sur laquelle votre lecteur peut à tout moment situer l'action, une généalogie des personnages dont vous racontez l'histoire, une traduction des principaux mots étrangers ou étranges que vous employez tout au long de votre texte, un schéma général du produit dont vous présentez l'étude de marché, l'organigramme de la société dont vous exposez les activités... : n'importe quel repère visuel, graphique ou typographique qui aiderait votre lecteur.

Peu onéreuse, la réalisation du signet n'est pas compliquée. Il vous suffit de reproduire à la photocopie, en recto-verso, sur autant de feuilles cartonnées que vous tirerez d'exemplaires de votre ouvrage, les documents que vous souhaitez mettre en marque-page. Ensuite, découpez les feuilles cartonnées au massicot, à un format un peu inférieur (en hauteur et en largeur) à celui du document.

Un conseil cependant : même si vous prenez soin de le fixer à la tranche de votre ouvrage par un ruban, un signet peut être perdu ; veillez à ce que le texte ou les figures qui y sont imprimés apparaissent aussi (et en bonne place) dans le cours du texte principal.

Les pages de notes du lecteur

Pour les documents appelés à être lus par un jury, pourquoi ne pas insérer, à la fin des exemplaires de soutenance, quelques feuilles blanches (portant ou non l'indication "notes du lecteur") : vos jurés pourraient les utiliser pour écrire les commentaires que leur inspire votre texte ? Même si elle n'est pas utilisée, cette petite attention sera appréciée.

Les notes

Nous avons déjà donné notre avis négatif à propos des notes regroupées en fin d'ouvrage ou pire en fin de chapitre. Nous ne les mentionnons ici que pour vous décourager de les rassembler en un post-texte supplémentaire qui ne sera pas consulté.

Vous disposez désormais d'outils vous permettant de présenter les notes en bas de page, ce qui représente un considérable confort de lecture.

Si vous ne pouvez faire autrement que de présenter vos notes groupées en fin d'ouvrage[1], classez-les par ordre d'apparition dans le texte, en n'oubliant pas de mentionner leur numéro d'appel.

Comme pour sa rédaction en bas de page, le texte explicatif d'une note commence par une capitale et se termine par un point.

Même si dans les articles courts, les notes sont souvent groupées en fin de texte, présentez-les en bas de page sur le texte que vous envoyez au comité de lecture de la revue : l'éditeur décidera de leur composition.

---

[1] Le *Lexique des règles typographiques* précise que les notes groupées se placent juste après la conclusion (ou la postface s'il y a lieu) et avant la bibliographie.

La bibliographie

> *Quand vous copiez un écrivain, c'est du plagiat, quand vous en copiez plusieurs, c'est de la recherche.* (Wilson Migner)

Présenter vos sources, c'est rendre hommage à ceux qui vous ont précédé dans votre travail (voir p. 236).

La façon la plus simple de faire l'appel dans le texte est la suivante : la citation est composée entre guillemets ou en italique, elle est suivie, en romain et entre parenthèses, du nom de l'auteur et de la date de publication[1].

"........................" (Duraton, 1978).

Votre lecteur doit retrouver dans votre document les références de ce Duraton et de ses écrits.

On distingue deux sortes de bibliographies : les références bibliographiques et la bibliographie proprement dite.

Les références bibliographiques répertorient uniquement les ouvrages que vous citez dans votre texte : écrits dont vous avez repris des phrases *in extenso* ou œuvres dont vous vous êtes inspiré pour formuler votre propos.

La **bibliographie** proprement dite est la liste la plus fournie possible de tout (ou presque) ce qui se rapporte, de près ou de loin, à votre sujet (que vous ayez ou non consulté et/ou cité ces auteurs et leurs écrits).

Travail de recherche en soi, la bibliographie peut être accompagnée, pour chaque ouvrage, d'un commentaire plus ou moins long : on parle alors de "**bibliographie commentée**".

À vous de voir ce que vous devez présenter. Attention, la bibliographie est la première source de critiques. On vous reprochera de n'avoir pas cité Untel, d'avoir ignoré les ouvrages en langue étrangère, etc.

> Ménagez les susceptibilités : mentionnez quelques œuvres des membres de votre jury ou des éminences grises de votre entreprise... surtout si elles sont vos supérieurs hiérarchiques.

La présentation de la bibliographie

La tendance est à l'allégement. Quand on est "moderne", on cite désormais dans le texte l'auteur et la date de parution de l'ouvrage.

---

[1] Bien que la plus performante (car hachant le moins la lecture), cette méthode dite "simplificatrice", "moderne" ou "scientifique" n'est pas appréciée de tous.

Selon la formulation de votre phrase, vous mettrez entre parenthèses la date seulement ou la date et le nom de l'auteur.

> "................" : le fondement de nos travaux est résumé dans cette phrase de J. Duraton (1978).
>
> ou
>
> Le fondement de nos travaux peut se résumer dans cette phrase : ".................." (Duraton, 1978).

Sans appel de note, cette présentation sous-entend que vous avez établi en fin d'écrit une liste de références bibliographiques. À l'entrée "DURATON J. 1978", votre lecteur trouvera les références complètes de l'ouvrage.

Par courtoisie, particulièrement dans les gros documents, mentionnez les références en note de bas de page et répétez-les dans la bibliographie finale. Dans ce cas, vous faites un appel de note dans le texte qu'il est inutile alors d'alourdir par la date.

> Comme dit J. Duraton*, "................".

et en bas de page vous indiquez ainsi qu'en fin d'ouvrage :

> * DURATON J. : ... et la référence complète.

Si vous n'avez que trois ou quatre références à citer (c'est souvent le cas pour un article), faites-le à la fin du document, selon l'ordre d'apparition dans le texte.

Si vous avez une liste importante, vous pouvez adopter dans la bibliographie finale une **organisation** par chapitres, par thèmes, par disciplines, par catégories de sources (livres, articles, congrès) ou mieux, un **classement alphabétique par auteurs.**

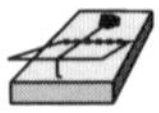

Comme pour l'index, méfiez-vous des classements automatiques alphabétiques et numériques : les lettres non reconnues sont parfois repoussées en fin d'alphabet, un nombre précédé d'un astérisque ou de tout autre signe non numérique peut ne pas être identifié (voir p. 34).

Si vous doublez vos références bibliographiques par une disposition en notes et en liste globale, attention : corriger une faute dans la première référence, nécessite de le faire dans la seconde. Une correction comparative s'impose (voir chap. "Les corrections").

La rédaction de la référence bibliographique

La norme AFNOR Z 44-050 d'octobre 1980 définit les codes (conseillés mais non obligatoires) pour la *rédaction de description bibliographique.*

Si vous voulez tout savoir sur la question, plutôt que de perdre votre latin dans la lecture des normes internationales souvent rebutantes, reportez-vous aux vingt pages de résumé clair qu'en fait J.C. Rouveyran dans *Mémoires et thèses* : il y expose les différentes manières de rédiger les références bibliographiques et termine par les "techniques simplificatrices" que certains appellent le **système auteur-date**. Cette méthode dite "moderne" ou "scientifique" nous semble la plus judicieuse, la plus performante quant à la recherche d'un ouvrage dans une liste finale, celle qui contient le moins de signes typographiques brouilleurs.

Dans notre guide, nous vous exposons les deux principales méthodes, la traditionnelle et la moderne ; à vous de voir celle que vous préférez. Sachez que le système auteur-date dit "moderne", s'il se répand de plus en plus, n'est pas apprécié de tous. Avant de faire un choix, renseignez-vous sur les us et coutumes de votre discipline en matière de bibliographie.

• **Méthode dite "traditionnelle"** (ordre préconisé par les normes internationales[1]) :

1) pour les livres, dans l'ordre :
- **nom** puis **prénom** (ou initiale du prénom) du ou des **auteurs** (nom en petites capitales, prénom en minuscules) ;
- **titre de l'ouvrage** complet, dans la langue d'origine en **italique** (ou en romain souligné si votre machine à écrire ne permet pas l'italique), éventuellement suivi de la traduction française ;
- **lieu de parution**, **maison d'édition**, **année de parution** ;
- éventuellement le nombre de pages ;
- éventuellement la référence à un chapitre ou à une ou plusieurs pages.

2) pour les articles de revues :
- **nom** puis **prénom** (ou initiale du prénom) du ou des **auteurs** (nom en petites capitales, prénom en minuscules) ;
- **titre de l'article** dans la langue d'origine (en romain et non souligné, mais souvent entre guillemets) ;
- **nom de la revue** en **italique** (ou romain souligné) ;
- **année, numéro de volume** s'il existe (souligné ou en chiffres romains) ;
- **date du numéro** ;
- éventuellement les numéros de la première et de la dernière page de l'article.

[1] D'après le *Manuel de typographie et de mise en page* de François Richaudeau et d'après le *Lexique des règles typographiques en usage à l'Imprimerie nationale.*

- **Méthode auteur-date**[1] (dite "moderne") :
  1) pour les livres, dans l'ordre :
     - **nom** puis **prénom** (ou initiale du prénom) du ou des **auteurs** (nom en petites capitales, prénom en minuscules) ;
     - **année de parution** (suivie de a, b, c, etc., s'il y a plusieurs titres du même auteur la même année) ;
     - **titre de l'ouvrage** complet, dans la langue d'origine en **italique** (ou en romain souligné), éventuellement suivi de la traduction française ;
     - **lieu de parution, maison d'édition** ;
     - éventuellement le nombre de pages ;
     - éventuellement la référence à un chapitre ou à une ou plusieurs pages
  2) pour les articles de revues :
     - **nom** puis **prénom** (ou initiale du prénom) du ou des **auteurs** (nom en petites capitales, prénom en minuscules) ;
     - **année de parution** (suivie de a, b, c, etc., s'il y a plusieurs titres la même année) ;
     - **titre de l'article** dans la langue d'origine (en romain et non souligné, mais souvent entre guillemets) ;
     - **nom de la revue** en **italique** (ou romain souligné) ;
     - **numéro de volume** (souligné ou en chiffres romains)
     - **date du numéro** ;
     - éventuellement les numéros de la première et de la dernière pages de l'article.

Les spécialistes ne sont pas d'accord sur la ponctuation et la typographie des références. Cela vient d'une confusion d'usage entre bibliothèque et édition. Dans les bibliothèques, on répertorie les ouvrages par un système informatique qui doit être universel : les références sont très codées, chaque signe a une fonction. Dans l'édition, on présente au lecteur les références d'un ouvrage : la tendance est à un allègement de la typographie.

Dans l'une ou l'autre méthode, traditionnelle ou auteur-date, nous vous conseillons d'opter pour la présentation la plus simple, avec le moins possible de signes typographiques qui sont autant d'éléments brouilleurs.

présentation traditionnelle	présentation auteur-date
• livres	
NANSEN F. : *Vers le pôle,* Paris, Flammarion, 1897, 423 p.	NANSEN F., 1897 : *Vers le pôle,* Paris, Flammarion, 423 p.

[1] D'après J. Cl. Rouveyran, *op. cit.*

• revue

BROSSARD T. et WIEBER J.C. : « Le paysage, trois définitions, un mode d'analyse et de cartographie », *L'Espace Géographique*, 1984, n°1, pp. 5-12.	BROSSARD T. et WIEBER J.C., 1984 : « Le paysage, trois définitions, un mode d'analyse et de cartographie», *L'Espace Géographique*, n° 1, pp. 5-12.

On ne peut vous en vouloir d'avoir mis des points là où les puristes conseillent l'usage du trait, du point-trait ou de la virgule. En revanche, on est en droit d'exiger de vous de la cohérence : donc, adoptez une présentation et gardez-la pour tout l'écrit.

Le classement à l'intérieur des différentes œuvres d'un auteur

Si vous citez plusieurs références d'un même auteur, adoptez une chronologie croissante des années. Si vous répertoriez différentes œuvres du même auteur pour une même année, classez-les par ordre alphabétique du titre et attribuez-leur une lettre après l'année, que vous donnez dans le texte. Si un article (ou un ouvrage) a été rédigé par plusieurs auteurs, il apparaît sous le nom du premier auteur, après ses œuvres individuelles.

DURATON J., 1977...
DURATON J., 1984...
DURATON J., 1987a...
DURATON J., 1987b...
DURATON J. et DULAVEUR F., 1975...
DURATON J., DULAVEUR F. et ROYON-CHALENDARD S., 1973...

Vous noterez dans les deux derniers exemples qu'un ouvrage signé de plusieurs personnes n'est pas forcément libellé dans l'ordre alphabétique de leurs noms. Contentez-vous de reproduire la liste d'auteurs originale sans chercher à comprendre ce qui a pu motiver l'organisation interne de cette liste.

Si le nombre d'auteurs d'un même ouvrage est très important, vous pouvez, dans le texte, ne citer que le premier auteur et ajouter "*& al.*" (ce qui signifie et autres) : DURATON *& al.*, 1984. Dans les références finales, mettez toute la liste si possible.

Certains documents n'ont pas d'indication de nom d'auteur : soit il n'est pas connu, on les range alors sous la rubrique "anonyme", soit il n'est pas mentionné (ce peut être un colloque, un document réalisé à la suite d'une exposition, etc.), on le range alors à l'ordre alphabétique du titre du colloque, puis du titre de l'article.

Si vous vous servez de documents tels que photo aérienne, fond de carte, image satellite, non seulement vous devez demander à leurs auteurs-éditeurs l'autorisation de les utiliser, de les reproduire ou de vous en inspirer, mais en plus vous devez les citer en bibliographie, par ordre alphabétique du titre. Pour les cartes portant le même nom, classez-les par ordre chronologique croissant ou par échelle. Les photos aériennes et les images satellites sont datées : il vous est donc facile, même si plusieurs portent le même titre, de les classer par ordre chronologique croissant. N'oubliez pas, comme pour tout ouvrage, de citer l'organisme auteur de ces documents. Souvenez-vous que votre lecteur doit avoir de vos sources des références suffisamment précises pour pouvoir les retrouver par lui-même.

LE MONTAGE

C'est volontairement que nous emploierons des termes du jargon cinématographique, tant, à ce stade de réalisation, la similitude est grande entre un film et un document écrit. Nous appellerons donc **"copie zéro"** l'original, c'est-à-dire la matrice qui servira à la reproduction de votre écrit.

Que votre écrit soit mince ou volumineux, les consignes de base sont communes. Allons donc au plus difficile et considérons l'organisation d'un gros document.

L'ordre des éléments

Reportez-vous à la section précédente ("La périphérie du texte principal", p. 234 et suivantes) en ce qui concerne les définitions des différents textes périphériques à l'écrit principal. Nous ne ferons ici qu'un rappel de l'ordre de leur composition dans le montage d'un gros document de type mémoire ou thèse (entre parenthèses sont indiqués les avant et post-textes à éviter dans un travail universitaire).

1 - Avant-textes :
- page de titre
- dédicace, épigraphe
- (préface)
- sommaire
- avant-propos, remerciements
- avis, avertissement
- glossaire

2 - Texte principal :
- introduction générale
- développement des différentes parties du texte
- conclusion générale

3 - Post-textes :
- (postface)
- (notes)
- annexes
  - annexe 1 = bibliographie
  - annexe 2
  - annexe 3, etc.
- (addenda)
- index
- table des figures
- table des tableaux
- table des photos
- table des matières
- résumé et mots clés
- pages blanches de "notes du lecteur" pour les exemplaires de soutenance

4 - Sur feuilles séparées, libres ou fixées à l'ouvrage :
- (errata)
- signet

La pagination définitive

L'ordre des éléments du texte étant établi, vous pouvez à présent paginer le document, c'est-à-dire porter sur chaque page son numéro d'ordre, appelé aussi "folio".

Une pagination unique et continue facilite le repérage dans un écrit.

Le folio se place au même endroit à la périphérie de vos pages, symétriquement si le document final est produit en recto-verso (voir p. 199).

Les pages de titre, de dédicace, d'épigraphe (parfois d'avant-propos et de préface) ne portent pas de folio ; cependant, la pagination est comptée à partir de la première page de titre qui représente la page 1. Il n'est donc pas surprenant que la numérotation n'apparaisse effectivement qu'avec le glossaire ou l'introduction et débute à 7, 9 ou 11.

Vous avez fait depuis longtemps le choix d'une présentation finale en recto simple ou en recto-verso.

Même si le produit final est prévu en recto-verso, votre original doit être tiré sur un seul côté des feuilles, en respectant alors les règles de symétrie du recto-verso. Ce n'est qu'à la reproduction que sera reconstitué le recto-verso.

Ainsi vous réaliserez la reproduction dans les meilleures conditions. Faites l'essai : à la photocopie, un original imprimé en recto-verso donne de moins bons résultats au tirage que deux originaux en recto seul : le grisé du texte au verso est perceptible sous l'éclair de flash de la machine et se transmet à la copie.

Si vous avez opté pour le recto-verso, pensez à insérer parmi les feuilles de texte qui seront reproduites les feuilles blanches correspondant aux fausses pages blanches (pages de gauche, paires) qui, dans le document final, seront des versos sans impression.

Avec le micro-ordinateur, utilisez la fonction "saut de page" pour que ces pages blanches entrent dans la composition de votre texte : à l'impression, les pages sautées sortiront vierges ou simplement avec les références constantes. Apparente ou non, la pagination se poursuivra en tenant compte des pages blanches.

C'est l'occasion de préparer, pour les exemplaires de soutenance, les feuilles de "notes du lecteur" destinées aux commentaires de vos jurés. Elles peuvent porter comme référence constante "notes du lecteur" mais ne nécessitent pas de pagination.

composition en recto simple

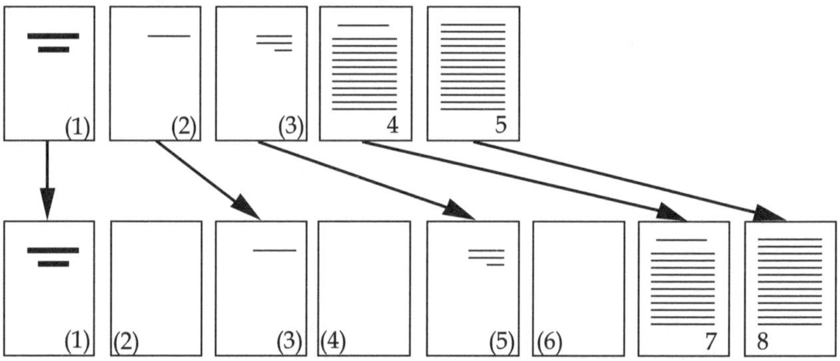

composition en recto-verso

Les numéros de page entre parenthèses sont pris en compte dans la pagination mais n'apparaissent pas au tirage.

Vous travaillez à la machine à écrire : le moment fastidieux est venu de paginer votre texte, en repassant une par une dans la machine toutes les feuilles ; tenez compte des pages blanches si vous reproduisez en recto-verso. N'oubliez pas, s'il y a lieu, d'effacer la pagination que vous auriez notée préalablement.

La tâche est plus simple sur micro-ordinateur : il suffit, fichier après fichier, d'indiquer par la fonction *Pagination* le premier numéro que vous souhaitez donner à la première page du texte. Soyez vigilant, notamment en ce qui concerne les changements de chapitre et de partie qui supposent, si vous prévoyez de tirer le document en recto-verso, de commencer en belle page, donc d'inclure si nécessaire de fausses pages blanches à la fin du chapitre précédent.

Ce n'est que lorsque cette pagination définitive est faite que vous pouvez lancer la fonction *Index* (sur les fichiers réunis en un seul dossier ou liés), puis indiquer les numéros de page dans les tables des matières, des figures, etc.

Les renvois à des pages précises que vous avez faits dans votre texte doivent être retrouvés pour y porter la numérotation définitive.

Puisque vous en êtes à l'homogénéisation de votre document, c'est le moment de vérifier **la numérotation de vos appels de note.** À vous de choisir (si ce n'est déjà fait) de présenter vos notes sous une numérotation unique ou d'en recommencer une à chaque chapitre. La composition des notes en bas de page encourage grandement ce second choix qui évite le ridicule d'appels de note à trois chiffres et plus (ex : note[278]).

N'oubliez pas d'homogénéiser les **références constantes** et de vérifier que ce sont bien celles prévues pour le lecteur, et non vos références de travail, qui sont inscrites à chaque page (voir p. 196).

Même si vous composez sur micro-ordinateur, il serait illusoire de penser que vous allez préparer sur disquette (ou sur disque dur) votre travail tel qu'il sera reproduit.

Les logiciels de traitement de texte ne sont pas tous aptes à intégrer des figures : quand ils le sont, ce n'est pas toujours dans les meilleures conditions. De plus, l'insertion des figures au texte, quand elle est possible, demande une mobilisation de mémoire très importante, qui alourdit considérablement les fichiers.

Généralement, même pour de petits dossiers, vous serez contraint de composer votre "copie zéro" avec une imprimante laser d'une part, mais aussi avec les bons vieux ciseaux, le cutter, la colle et le Scotch. Il n'y a pas de honte à cela, les maquettistes procèdent ainsi. Vous gagnerez souvent du temps à séparer l'impression des textes de celle des figures. Avec le Scotch et la colle repositionnables (voir p. 26), vous pourrez monter vos pages, en vous accordant un certain droit à l'erreur.

Réservez dans votre texte l'emplacement de vos figures : cela vous évitera une pénible repagination. C'est sur le tirage original du texte que vous collerez l'original de vos figures, confectionnées ou non à l'ordinateur.

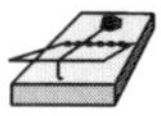

Pour les articles envoyés à une revue, le comité de rédaction vous demandera souvent de présenter à part l'original des figures. Dans ce cas, donnez un texte avec les figures en place (qui sont donc des copies) et joignez l'original des figures tel qu'il vous est demandé.

Quand procéder au montage ?

Le montage final est, bien sûr, la dernière chose à effectuer juste avant la reproduction. Il ne se fait pas en une seule étape : à propos de sa réalisation, les avis, comme les habitudes, divergent.

Certains "écrivent le texte au kilomètre" (selon l'expression consacrée) et ne font la mise en page et le montage que tout à la fin. D'autres cherchent à composer dès le départ dans une forme proche de celle du document final.

Nous vous encourageons à rédiger votre écrit dans une présentation et un format proches de ceux du document final (police et corps du caractère, cadre, références constantes). L'un des avantages est de pouvoir visualiser, à tout moment, le volume de votre écrit. Cette façon de travailler permet de créer les figures en fonction de la place dont on dispose (et non le contraire).

Cependant, nous le verrons au chapitre "Les corrections", une présentation très aérée (double interligne en particulier) est judicieuse tant que le texte n'a pas atteint un stade minimum de perfection (style, correction de la langue). À vous de voir à quel moment votre écrit doit passer de l'état de brouillon (double interligne, pas de macrotypographie) à celui de document composé.

Ne vous désaisissez jamais de votre copie zéro. C'est elle, et elle seule, qui doit servir de base à la reproduction. Même si vous êtes à court d'exemplaires, ne donnez pas cet original.

Souvenez-vous que la reproduction par photocopie est plus rapide et moins onéreuse qu'un tirage à l'imprimante laser ; c'est d'autant plus vrai si le montage de la copie zéro suppose un positionnement manuel des figures.

Si vous portez des corrections sur l'original, si vous en tirez une nouvelle copie zéro, détruisez les copies intermédiaires (ou biffez-les pour les recycler en brouillon), ce qui vous évitera, à la reproduction, de dupliquer un original périmé.

La sagesse voudrait qu'on fasse **deux copies zéro**, en recto simple : il suffit pour cela de faire deux impressions laser de votre texte et de vos figures. Pour les illustrations réalisées à la main, gardez précieusement les originaux, faites-en des copies de la meilleure qualité possible que vous collerez sur vos deux tirages laser de texte.

Par mesure de sécurité, ne gardez pas ces deux copies zéro au même endroit.

Si vous devez envoyer à une revue les originaux sur calque, prenez soin de les faire préalablement reproduire sur film et gardez en réserve ces supports qui ont valeur d'originaux.

L'EMBALLAGE

Sous ce terme un peu rustique d' "emballage", nous groupons tous les éléments qui vont vous permettre de transformer votre écrit, encore à l'état de pile de feuilles, en un tout cohérent et solidaire, le produit fini.

Avant d'emballer votre document reproduit, il faut avoir tenu compte des consignes du chapitre "Les corrections".

La couverture

Même composée sur une seule feuille de carton, la couverture compte quatre pages appelées première, deuxième, troisième et quatrième (ou dernière) de couverture.

Que votre ouvrage soit publié ou non, que le public visé soit important ou restreint, vous avez intérêt à soigner la **première de couverture** qui est la **vitrine de votre document** et en assure donc la promotion.

Quand le lecteur a votre écrit sur son bureau, la couverture est la première chose qui le frappe et l'incite, ou non, à ouvrir le document et à entrer dans votre texte. Monsieur Tout-le-monde, super P.-d.g. ou ministre, votre lecteur est d'abord un être humain qui doit être attiré dès le premier coup d'œil.

Nul n'est besoin d'être grand artiste. Essayez de définir clairement vos objectifs au moment de concevoir votre couverture. Quelle information voulez-vous transmettre ? Une présentation illustrée pourrait-elle aider à la perception globale du message ? Tout en vous mettant à la place de votre lecteur, essayez de raisonner en maquettiste pour composer.

Même avec de faibles moyens, vous pouvez parvenir à d'excellents résultats. Du choix d'un fond coloré (clair) pour reproduire votre page de titre, à l'illustration quadrichromie pleine page, tout est possible. De simple valorisation esthétique d'un titre, l'image, bien utilisée, devient un raccourci visuel de l'information écrite (voir chap. "Les images").

L'illustration pleine page peut servir de fond au texte bien composé de votre titre, à condition que les mots se dégagent clairement de l'image. Si l'illustration est plus petite, le texte de la couverture sera alors composé en fonction de la taille et de la situation de l'image dans la page.

Une photo du produit dont vous avez assuré la promotion pendant votre stage en entreprise, une belle image scanner d'une lésion au cerveau si vous soutenez une thèse de médecine sur ce sujet, une carte situant le champ de vos investigations, tout est possible : à vous de trouver ce qui, dès la couverture, distinguera favorablement votre écrit de celui du voisin.

Si vous utilisez en couverture une photo ou une illustration qui n'est pas de vous, n'oubliez pas (comme pour les autres illustrations de votre écrit) de citer vos sources, nom de l'auteur, agence photographique, document d'origine, titre du tableau pour une reproduction d'art, références et date pour une image satellite, etc. ; ménagez les susceptibilités en portant ces indications - même discrètement - sur la deuxième ou la troisième page de couverture par exemple.

Comme pour les diverses options de composition que vous avez choisies, faites de nombreux essais, très différents, et demandez conseil à plusieurs personnes autour de vous.

Le propos de notre guide est de vous aider à composer des documents qui, en général, n'ont pas une couverture très élaborée. Les moyens techniques actuels permettent d'améliorer la qualité de cette fenêtre de votre écrit.

Le soin, le temps et le budget que vous consacrerez à l'emballage de votre travail seront différents selon les objectifs visés. **Trois feuilles** de rapport envoyées à un supérieur hiérarchique peuvent être réunies dans **une feuille A3 pliée en deux**, sur laquelle vous aurez reproduit en première de couverture votre page de titre. Si le dossier est plus volumineux, au-delà de la dizaine de feuilles, passez au stade supérieur qui est le **Rhodoïd** transparent sur la page de titre bien composée ; ajoutez-y une **quatrième de couverture en carton de couleur**, et de nouveau un **Rhodoïd**, reliez le tout avec une **baguette en U ou à anneaux,** et votre dossier de feuilles volantes deviendra un document proprement présenté.

Selon votre milieu professionnel, l'aspect général de votre document sera ou non déterminant.

Dans le monde universitaire, thèses et mémoires sont encore souvent présentés de façon désuète ; vous gagnerez à faire un effort, à moderniser le "look" ; certes vous surprendrez : une présentation agréable de votre travail devrait être un atout ; au préalable, informez-vous : à vouloir surprendre on risque parfois de mécontenter.

Si vous êtes dans l'univers des affaires, on attend de vous performance et action : soignez le plus possible la présentation globale de votre écrit. Dussiez-vous y investir un peu de temps et d'argent, vous avez tout à y gagner.

La reliure

Dès l'instant où un document a plus d'une page, vous devez en faire un tout homogène : c'est le rôle de la reliure.

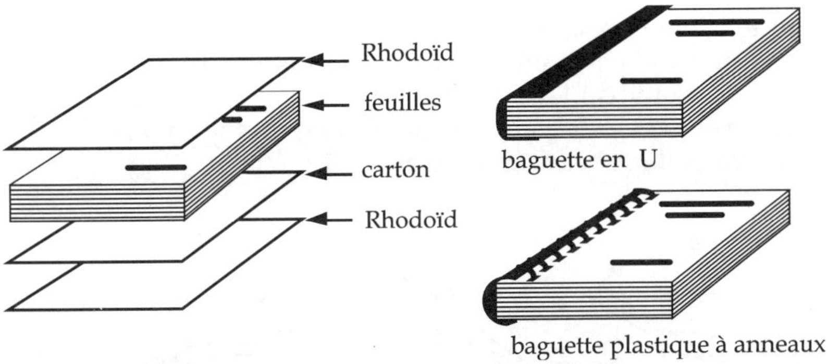

Selon le nombre d'exemplaires que vous aurez à fournir, vous pouvez opter pour une **baguette plastique en U** (sorte de pince qui enserre les feuilles sur toute la hauteur) ou sa version plus moderne qui est la **baguette à anneaux** (souvent abusivement appelée spirale) ; toutes les boutiques de reproduction offrent désormais ce service peu coûteux : les feuilles sont perforées puis réunies par la baguette dont les anneaux traversent le document de part en part. Choisissez le diamètre d'anneaux qui convient au nombre de pages que vous avez à relier : trop large, la reliure est ridicule ; trop serrée, elle est inefficace, les feuilles tendant à s'échapper.

La reliure à anneaux supporte bien les ouvertures et fermetures répétées. Ce système permet d'ouvrir complètement le document, ce qui n'est pas le cas des reliures par baguette en U.

Plus traditionnel, le **collage** est le système courant de reliure des mémoires et thèses. Autrefois, il fallait confier ce travail à des professionnels, désormais, la machine à relier par thermosoudure est devenue un équipement courant dans les entreprises et les administrations.

Pour renforcer le collage et pour le cacher, la tranche est recouverte d'un support entoilé souvent disgracieux.

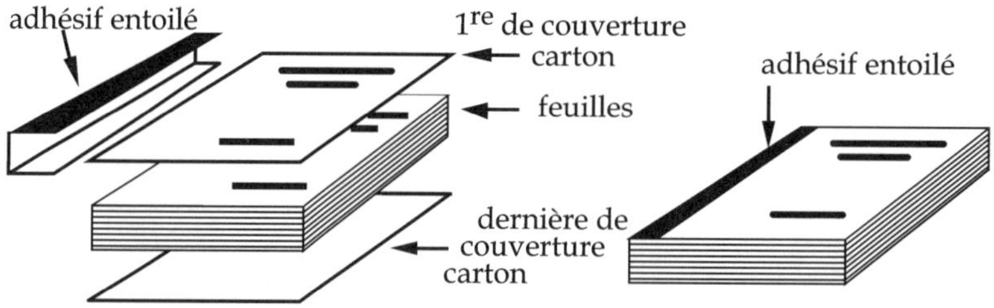

Il peut être évité si vous choisissez de réaliser la couverture entière sur une seule feuille. Cela demande un petit investissement car le tirage cartonné en grande dimension ne peut se faire que chez des professionnels. Si vous avez travaillé des années sur un sujet, votre texte mérite un emballage beau, efficace et solide.

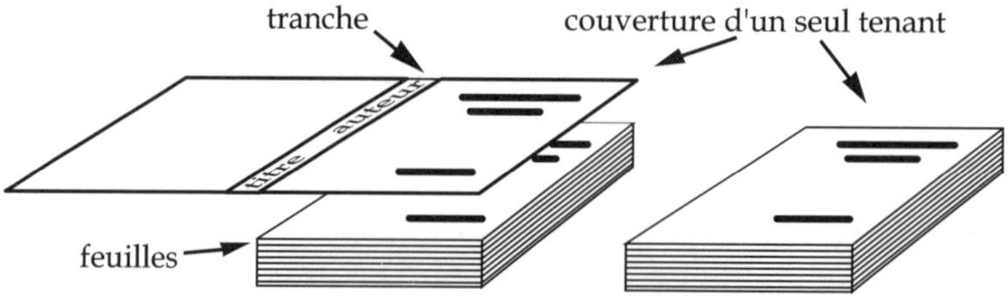

Le spécialiste qui confectionnera votre couverture pourra, du même coup par simple tirage recto-verso, y reproduire les textes que vous destiniez à la deuxième, troisième et quatrième de couverture (mots clés, résumé, etc.).

Ainsi réalisée, une couverture d'un seul tenant permet de composer la tranche (ou dos), seule partie visible d'un ouvrage lorsqu'il est rangé verticalement sur un rayon.

Veillez à respecter la mode française : le texte de la tranche se lit de bas en haut, quand le livre est debout. C'est plus une tradition qu'une obligation. La tranche des ouvrages étrangers (anglo-saxons en particulier) se lit le plus souvent de haut en bas quand le livre est rangé verticalement.

Le texte de la tranche doit être très court : il se limitera à un titre simplifié, aux nom et prénom de l'auteur et, s'il y a lieu, au nom ou au logo de la maison d'édition.

Enfin, si vous optez pour une présentation moderne, "branchée", pourquoi ne pas adopter les techniques des commerciaux, des publicitaires, des services de presse ?

Les quelques feuilles non reliées d'un dossier sont glissées dans une chemise cartonnée personnalisée par un titre, une illustration. Cet artifice peut ne pas coûter très cher. Il suffit de reproduire sur feuille cartonnée un peu plus grande qu'un format A3, le texte et les illustrations de couvertures : les boutiques de reproduction vous feront à peu de frais le tirage du nombre d'exemplaires que vous souhaitez. Demandez que soit effectué un rainurage qui facilitera la pliure, puis collez un petit biais de carton qui fera pochette.

Parfois, les documents sont constitués de plusieurs éléments (deux volumes ou plus, des planches photos, une maquette, des plans, une cassette vidéo, un échantillon, etc.) : pourquoi ne pas les présenter groupés, dans une même pochette plastique ou valisettes, comme celles qui sont régulièrement offertes lors des congrès et autres manifestations. Pour quelques dizaines de francs par dossier, quelle attention pour vos lecteurs qui, sans aucun doute, apprécieront !

Présentation
si vous deviez ne retenir que 5 points

- Utilisez une seule police de caractères par document.
- Choisissez un cadre unique, pour texte ET figures.
- Bannissez le souligné (simple ou double) et les caractères en relief ou ombrés.
- Respectez cette règle incontournable : recto = impair, verso = pair.
- Utilisez la fonction *Insécable* pour les signes de ponctuation à séparer par une espace du mot les précédant.

CHAPITRE 5

LES CODES TYPO

LA CAPITALE OU MAJUSCULE

Communément, la capitale est aussi appelée majuscule, alors que la minuscule est dénommée, dans le monde de l'imprimerie seulement, le bas de casse.

Voici les cas de l'emploi de la capitale.

- **Le début de phrase**

La capitale est employée après les points (points ordinaires bien sûr, mais aussi points d'exclamation, d'interrogation, de suspension) quand ils marquent une fin de phrase :

> Le jour pointe, c'est l'aube ! Le soleil se lève et teinte de rose le ciel, c'est l'aurore...

- **Le nom propre et le nom de nationalité**

La capitale est employée pour composer la lettre initiale des noms propres : noms patronymiques, prénoms, noms de plume, pseudonymes, surnoms, noms géographiques de régions, de continents, de races, d'habitants, de lieux.

> *Le Français chante faux et pense juste*
> *L'Allemand chante juste et pense faux*
> *L'Italien ne pense pas, mais il chante.* (H. de Régnier)

les Allemands	les Européens	les Franc-Comtoises	les Lorrains
les Anglais	les Français	les Francs-Comtois	les Touaregs

le golfe de Gascogne	l'océan Arctique	le pont de Tancarville

Attention : devenus adjectifs, ils sont composés en bas de casse.

Il a été naturalisé américain.	les fromages francs-comtois
la démocratie française	la reine anglaise
la démographie chinoise	la sidérurgie lorraine
l'économie allemande	la volonté européenne

Les noms de langue se composent en bas de casse.

> La plupart des Belges parlent trois langues : le français, le néerlandais et l'anglais.

Les noms de nationalité composés de deux noms prennent deux capitales.

les Austro-Hongrois les Sud-Africains
les Nord-Américains les Anglo-Saxons.

Certains noms de nationalité sont composés d'un nom et d'un adjectif : le nom prend une capitale, l'adjectif un bas de casse.

les Suisses allemands les Noirs zoulous les Basques français.

• Le titre

Le titre d'une œuvre, d'un journal commence par une capitale.

Son livre fétiche était *Sans famille.*

• Le vers, la citation

Un vers, une citation commencent par une capitale.

Et s'il n'en reste qu'un, je serai celui-là ! (Victor Hugo)

• L'énumération superposée

On la matérialise de trois manières différentes :

- soit on dispose directement le texte : les premières lettres sont des capitales

L'ordre du jour de la réunion est :
La répartition en équipes de travail ;
Le brainstorming ;
La définition du groupe.

- soit on commence par un numéro suivi d'un point : les premières lettres sont des capitales

L'ordre du jour de la réunion est :
1. La répartition en équipes de travail ;
2. Le brainstorming ;
3. La définition du groupe.

- soit on commence par un tiret : les premières lettres sont des bas de casse

L'ordre du jour de la réunion est :
- la répartition en équipes de travail ;
- le brainstorming ;
- la définition du groupe.

Notez bien la ponctuation : le point-virgule à la fin de chaque membre de l'énumération et le point ordinaire à la fin du dernier.

L'énumération en cascade :

L'ordre du jour de la réunion est :
- la répartition en équipes de travail :
  - équipe A avec André,
  - équipe B avec Béatrice,
  - équipe C avec Charles-Henri ;
- le brainstorming ;
- la définition du groupe.

Dans ce cas, on met une virgule à la fin de chaque membre de l'énumération positionnée en cascade sauf à la dernière qui retrouve un point-virgule.

• Le sigle

C'est un groupe de lettres représentant un groupe de mots, lesquels sont abrégés.

Il est formé de la (ou des) première(s) lettre(s) de chacun des mots constituants ou des plus importants. Il remplace un nom long et complexe qu'il rend beaucoup plus maniable aussi bien à l'écrit qu'à l'oral. À présent, son emploi est très généralisé. Le plus souvent, il est formé de capitales. Les points abréviatifs qui devraient suivre ces lettres ne sont pas nécessaires (ils allongent inutilement le mot) et sont de plus en plus souvent supprimés[1].

P.T.T. ou PTT, KLM[2], TWA[3], KGB[4], TGV[5]

Parfois, le sigle composé de consonnes et de voyelles peut être prononcé comme tout autre mot. Il s'appelle alors acronyme.

Benelux[6], Onu[7], Sabena[8]

• Le nom de marque

On compose en capitale l'initiale des noms de marque déposés et passés dans le langage courant comme noms communs.

Cataphote, Cellophane, Cinémascope, Citroën, Coca-Cola, Cocotte-minute, Durit, Frigidaire, Lockheed, Martini, Scotch, Skaï, Sopalin, Thermos, K Way, Solex, etc.

Un canapé en Skaï était le seul mobilier de la pièce.

Je dois changer deux Durit sur ma vieille Citroën. Je dois aussi y mettre un peu de Lockheed.

Ils sont invariables.

• Les points cardinaux

Nord, sud, est, ouest, midi (= sud), centre, occident (= ouest), couchant(= ouest), ponant(= ouest), orient (= est), levant (= est), septentrion (= nord)...

Employés adjectivement, ils sont composés en bas de casse :

l'hémisphère sud
les ententes est-ouest, l'axe nord-sud

---

[1] Cela ne signifie pas qu'on peut omettre le point abréviatif dans toutes les abréviations.
[2] Köninklijke Luchtwaart Maatschappij N.V.
[3] Trans World Airlines.
[4] Komitet Gossoudarstvennoï Bezopasnosti.
[5] Train à Grande Vitesse.
[6] BElgique NEtherlands LUXembourg.
[7] Organisation des Nations Unies.
[8] Société Anonyme Belge d'Exploitation de la Navigation Aérienne.

Employés substantivement :

- ils prennent une majuscule lorsqu'ils désignent une partie du monde ou d'un pays :

  L'Est et l'Ouest des États-Unis sont montagneux, le Centre est une plaine.
  Les Vosges sont dans l'Est de la France.

- ils ont une initiale bas de casse lorsqu'ils désignent une direction, une orientation, une exposition :

  L'appartement est plein sud.
  Pour les Marseillais, le Midi se termine au nord d'Avignon.
  Besançon est au sud-est de Paris.

S'ils sont intégrés dans un nom propre de géographie, ils prennent une majuscule :

la mer du Nord	le pôle Nord
les pays de l'Est	le pôle Sud

Voilà pour les généralités de l'emploi de la capitale. Malheureusement, le sujet est loin d'être épuisé car la capitale est employée – ou pas – dans un grand nombre de cas, sans qu'il soit possible d'en dégager une quelconque règle.

Consultez votre bibliothèque de base[1] pour savoir s'il convient de mettre une capitale ou un bas de casse aux noms de :

allégorie, personnification, symbole	les flèches de l'Amour
astres	la Grande Ourse
bibliothèques	la bibliothèque municipale de Clamart
	la Bibliothèque nationale
conférences, congrès, conciles	la conférence des Six
Dieux et divinités	un christ en bronze
	un Christ de Titien
écoles	Polytechnique
	l'Ecole polytechnique
	l'université de Besançon
ères, époques historiques	voir ci-dessous
fêtes	voir ci-dessous
géographie	voir ci-dessous
monuments	voir ci-dessous
organismes d'Etat	le ministère des Affaires Etrangères
	l'Assemblée nationale
organismes internationaux	le Marché commun
	la Croix-Rouge

[...]

[1] Les dictionnaires sémantiques sont insuffisants (voir pp. 13 à 19).

Ce ne sont que quelques cas parmi les 47 soulevés par le *Lexique des règles typographiques en usage à l'Imprimerie nationale* dont voici quelques extraits.

Exemple de composition :

- des noms de monuments historiques :

  l'abbaye de Port-Royal — le pont du Gard
  la statue de la Liberté — la tour Eiffel

  mais

  l'Arc de Triomphe — la Cour carrée — le Salon carré
  la Tour (à Londres, à Paris)
  la chapelle Sixtine — la Sainte Chapelle

- des noms d'ères, d'époques historiques :

  le Tertiaire — la Renaissance — la Belle Epoque

  mais

  l'âge d'or — l'âge du fer — l'ère quaternaire
  les grandes invasions — l'époque contemporaine

- des noms de fêtes :

  le mercredi des Cendres

  mais

  le Vendredi saint

- des noms de géographie :

  le mont Blanc — le massif du Mont-Blanc
  le Bassin parisien — le Massif central
  le bois de Boulogne, le Bois — la terre Adélie
  le Mont-Dore (massif) — Le Mont-Dore (commune)
  le Pays basque — le pays de Galles
  les Pays-Bas — le Proche-Orient

Vous découvrez là toute la complexité de l'emploi de la majuscule. Condenser et simplifier n'aboutiraient qu'à fausser les informations. N'essayez pas, non plus, de tirer des généralités de l'observation de ces quelques exemples, vous ne pourriez que vous fourvoyer. Il est évident, dans certains cas, que vous devrez consulter un ouvrage spécialisé.

Nous avons attiré votre attention sur l'emploi de la majuscule. Vos lecteurs ne sont pas tous des typographes avertis. Ils ne vérifieront pas systématiquement si on écrit Mont Saint Michel ou mont Saint Michel. En revanche, il leur sera très facile de vérifier - parce qu'ils l'auront mémorisée - la graphie adoptée pour un même mot deux pages auparavant. Soyez donc vigilant. Restez cohérent avec vous-même, adoptez une orthographe et conservez-la. Vous pouvez pour cela vous aider de votre dictionnaire informatique en y introduisant ces noms que vous utilisez souvent - dans la mesure où il tient compte des majuscules (voir p. 33).

Entre nous (mais il ne faudra pas le répéter) : vos lecteurs vous pardonneront beaucoup plus facilement une faute de capitale (dans les cas où cet emploi ne fait pas partie des généralités que nous avons vues plus haut) qu'une erreur d'accord de participe passé ou l'emploi d'un barbarisme. Cependant, dans la mesure du possible, restez exigeant, ce sera un moyen comme un autre de placer votre écrit au-dessus de la moyenne.

LA COUPURE DES MOTS OU CÉSURE

La césure répartit les lettres : dans un texte justifié, couper un mot en bout de ligne équilibre les blancs entre les mots de la ligne (voir pp. 32 et 208).
La césure est matérialisée par un trait d'union en bout de ligne.

Pour les mots simples, elle se fait syllabe par syllabe :

pro- duit	tech- nique

Pour les mots composés, la coupure étymologique est préférable à la coupure syllabique :

bi- bliographie	ou : bibliogra- phie	mieux : biblio- graphie

La coupure des mots à trait d'union se fait au trait d'union.

- **Les césures à éviter**

- plus de trois coupures l'une au-dessus de l'autre ;
- les coupures courtes qui isolent la première ou les deux premières lettres d'un mot

  re-
produit
- une coupure dans le dernier mot d'une page.

- **Les césures à proscrire**

- la coupure qui rejette les deux dernières lettres d'un mot

  coupu-
re
- la coupure de l'abréviation d'un titre et du nom qui le suit

M. Durand	Mgr Dupond	Dr Gevrey

- la coupure des initiales de prénoms et des particules du nom de famille

N. Bonaparte	De Gaulle	Van Hooten

- la coupure d'un nombre (en chiffres arabes ou romains) du nom qui le suit ou le précède

300	l'an	500
kilomètres	XX	FHT

- la coupure des nombres entiers ou décimaux

53	53,	53
25	25	250

- la coupure entre le taux et le pourcentage

100	100 pour	100
%	cent	pour cent

- la coupure après l'apostrophe

la répartie de l'	aujourd'	presqu'
élève Dupond	hui	île

- la coupure d'un nom propre, d'un prénom, d'un pseudonyme

Boileau et Narce-	Mari-	M. Gré-
jac	on	visse

- la coupure après le T euphonique, malgré le trait d'union

écoute-t-	acceptera-t-
il	il

c'est la coupure avant le T qui est correcte

écoute-	acceptera-
t-il	t-il

- la coupure dans un sigle

UNES-	EURA-
CO	TOM

- la coupure dans les abréviations

Ml-	un vent de N-
le	E

- la coupure incongrue

cul-	con-	con-
tiver	gru	trarier

- la coupure de etc. du mot qu'il précède

des pommes, des poires,
etc.

- la coupure avant et après le X et le Y intervocaliques

ex-	ba-	bay-
ergue	yadère	adère

Tous ces exemples sont à ne pas suivre. Vous couperez avant ou après le mot entier, vous jouerez sur la justification et avec la fonction *Insécable* de votre ordinateur.

L'ITALIQUE

Nous avons parlé de l'italique à plusieurs reprises dans ce livre. Nous donnons rapidement ci-après les principaux cas où il est conseillé de l'employer :

- la mise en valeur d'un mot, d'une phrase, d'un passage. Mais souvenez-vous que l'abus de l'effet annule l'effet : sachez en user avec parcimonie afin de rester efficace (voir pp. 193 et 227) ;
- la préface quand elle n'est pas écrite par l'auteur de l'ouvrage préfacé ;
- les titres d'un journal, d'une revue, d'une œuvre littéraire ou artistique ;
- la dédicace ;
- les citations (voir p. 236) ;
- les mots étrangers (voir p. 75) ;
- les locutions latines non francisées (voir p. 75) ;
- les renvois.

La ponctuation du texte (ou de la portion de texte) en italique est mise également en italique

Il disait : *Je ne la reverrai jamais !* mais ne parvenait pas à en être sûr.

Il prétend qu'il a déjeuné à *L'auberge du cheval blanc* !

(Notez bien la différence de typographie entre les deux points d'exclamation.)

LES NOMBRES

Quand écrire en chiffres et quand écrire en lettres ?

Quand employer chiffres arabes (1, 2, 3 ...) et chiffres romains (I, II, III ...) ?

• Les âges

Un âge est écrit en toutes lettres, une durée de vie est exprimée en chiffres arabes :

Lorsqu'il eut dix ans, Mooglie fut présenté au roi de la jungle.

mais

Pendant les 10 premières années de sa vie...

• La date

Alice est née le 13 juin 1991.

Le jour est en chiffres arabes,
le mois est en lettres sans capitale,
l'année est en chiffres arabes collés (sans espace).

Excepté quelques expressions consacrées par l'usage (La guerre de 14-18), l'abrégé 1986/87 ou 1986-87 est incorrect ; les années doivent être écrites en entier 1986-1987.

• La durée

La durée s'écrit en lettres.

Nous avons patiné pendant deux heures trente avant de nous arrêter pour manger une de ces queues de castor dont les Québecois sont si friands.

Elle s'écrit en chiffres s'il y a une idée de comparaison, de complexité, si elle devient mathématique.

Le record fut battu de 5 minutes, 4 secondes et 30 centièmes.

• La fraction

Elle s'écrit en lettres.

La citation en épigraphe n'excède pas les deux cinquièmes de la justification.

Mais lorsqu'elle prend une valeur mathématique, elle s'écrit en chiffres, numérateur et dénominateur sur la même ligne, séparés par une barre oblique – dite barre de fraction – sans espace ni avant ni après et sans exposant ^{e}, ^{me}, ^{ième}.

L'échelle de cette carte est 1/200 000.

Le record fut battu de 35/100 de seconde, quelques misérables centièmes.

C'est seulement dans les écrits scientifiques qu'elle s'écrit sur deux lignes.

• L'heure

Si l'heure est une durée, elle s'écrit en toutes lettres, ce que nous avons vu plus haut.

Si c'est un moment précis de la journée, on écrit en chiffres les nombres des heures, minutes et secondes.

Il est 13 h 30, nous avons raté le journal télévisé.

Si le mot minute est écrit en entier, le mot heure l'est aussi. Si le mot minute est abrégé ou supprimé, le mot heure est abrégé (h sans point).

Il est 13 heures 30 minutes...

La notation de l'heure 10:45 est employée dans certains milieux professionnels. Elle n'est pas française mais anglo-saxonne.

Lorsqu'on introduit les mots quart, demi, trois quarts, midi, minuit, on compose en lettres.

• Les mesures et les degrés

Les longueurs, surfaces, volumes, poids, vitesses, longitudes, latitudes, angles, températures, densités... s'écrivent en chiffres arabes

L'expédition partit de 83° de latitude Nord.

mais,

une brûlure au troisième degré.

• Les numéros de dynasties, congrès, réunions, salons, millénaires, siècles, olympiades, actes et scènes de théâtre

Ils s'écrivent en chiffres romains, grandes capitales.

le Ve salon du Tourisme et des Voyages

les IIIes Entretiens de Bichat

Lorsqu'il y a hiérarchie, on utilise grandes et petites capitales.

millénaire et siècle : le IIe millénaire et le IIe siècle

acte et scène de théâtre : L'Avare, Acte III scène IV.

• Le numéro de téléphone

Ils se composent en chiffres arabes : 5 groupes de 2 chiffres séparés par une espace, sans tiret ni point.

02 41 52 75 66

Pour les numéros de l'étranger vers la France, on fait précéder les neuf derniers chiffres du nombre 33 noté entre parenthèses.

(33) 2 41 52 75 66

En ce qui concerne les numéros de nos amis étrangers, nous respectons leur façon d'écrire.

(00) 1 819 770 35 83 est un numéro canadien.

• Les pourcentages

Ils se notent avec une espace insécable entre le nombre et le signe pourcentage %.

10 % 150,87 %

• Les prix, les sommes

Ils se composent en chiffres arabes.

Groupés par trois chiffres, une espace sépare chaque trio. Le point, le tiret sont abusifs. Évitez d'adopter la composition anglo-saxonne qui met une virgule entre milliers et millions et un point avant les décimales.

français : 1 350 000,55 anglo-saxon : 1,350,000.55

• Les unités écrites au long

Elles s'écrivent en toutes lettres dans un texte qui en comporte peu.

Elles s'écrivent en toutes lettres lorsqu'elles ne sont pas précédées d'un nombre

Plusieurs centimètres de dentelle ornaient la coiffe.

Elles sont composées au long lorsque le nombre est composé au long

Cinq centimètres, trois heures et demie

Elles ne prennent pas de majuscules même si elles dérivent d'un nom propre. Elles prennent la marque du pluriel

deux becquerels trois ampères vingt watts

• Les unités de mesures abrégées ou symboles

Elles s'écrivent en romain, sans point abréviatif.

Elles prennent une majuscule – pas toujours l'initiale – si elles dérivent, de façon simple ou composée, d'un nom propre.

2 Bq	3 A	20 W
500 F	3 km	50 000 eV

(Il s'agit de becquerels, d'ampères, de watts, de francs, de kilomètres, d'électronvolts.)

Elles ne prennent pas la marque du pluriel.

Selon le type d'écrit, les nombres sont composés différemment.
Écrits ordinaires : il y a diversité de cas, c'est ce que nous avons vu.
Écrits scientifiques : ils sont écrits en chiffres arabes.
Écrits littéraires : ils sont écrits en toutes lettres, exception faite des dates.
Écrits juridiques : ils sont le plus souvent écrits en toutes lettres.

Si vous hésitez (sauf pour les écrits scientifiques), écrivez en toutes lettres.

Dans le doute, prenez exemple sur un ouvrage publié, par exemple une revue, car les nombres sont partout très utilisés.

LA PONCTUATION

La ponctuation, c'est la respiration d'un texte (pause, rythmique).

La ponctuation précise la pensée.

Les enfants qui sont malades iront à l'hôpital (= dans un groupe d'enfants, seuls les malades iront à l'hôpital).
Les enfants, qui sont malades, iront à l'hôpital (= les enfants sont tous malades et vont tous à l'hôpital).

Une ponctuation différente peut modifier le sens d'une phrase.

À la bataille de Fontenoy, le comte d'Anterroche dit :
Messieurs les Anglais, tirez les premiers !...
(C'était une invitation faite aux Anglais par un Français à tirer les premiers.)

On aurait pu ponctuer ainsi :

Messieurs ! Les Anglais ! Tirez les premiers !
(C'eût été une interpellation affolée, indiquant l'irruption anglaise et ordonnant aux soldats de prendre l'offensive...)

Les signes de ponctuation

le point .
le point d'interrogation ?
le point d'exclamation !
la virgule ,
le point-virgule ;
les deux points[1] :
les parenthèses ( )
les crochets [ ]
les guillemets « »," "
le tiret -
l'astérisque *
les points de suspension ...

Quelques définitions de typographie vous sont nécessaires pour comprendre mieux les règles concernant la ponctuation (voir aussi pp. 184 et suivantes).

La **typographie** consiste à composer un texte, à organiser les lettres, les mots, les phrases, les signes de ponctuation, les paragraphes, les chapitres...

Une **espace** (en langage typographique, espace est féminin) est le blanc placé entre les mots, entre les lettres, entre les signes.

Les typographes ont défini les valeurs des espaces à partir des mesures typographiques : ces blancs ont des valeurs fixes ou variables.

Espaces à valeur fixe

Le **cadratin** est un blanc "carré" dont le côté est égal à la force de corps (taille) du caractère utilisé. C'est une valeur fixe dans un caractère défini.

Le **demi-cadratin** est égal à la moitié d'un cadratin

Le **quart de cadratin**, égal au quart, est appelé aussi espace fine.

Espace à valeur variable

L'**espace-mots** : c'est l'expansion de l'espace entre les mots qui permet la justification de la ligne.

L'espace normale entre deux mots est de l'ordre du tiers du corps du texte (1/3 de cadratin), ex : 4 points typo pour un texte en corps 12.

Une espace trop serrée compromet la lisibilité ; trop large, elle nuit à la régularité du grisé de la page.

En micro-informatique, les logiciels de traitement de texte, sauf exception, ne proposent qu'un type d'espace : l'espace-mot. Elle est variable si le texte est justifié : c'est **l'espace justifiante.**

---

[1] Petit piège orthographique : *le deux-points*, nom masculin invariable, est le caractère d'imprimerie qui imprime le signe de ponctuation appelé *les deux points* (pluriel et sans trait d'union).

Selon qu'elle est ou non solidaire du mot qui la précède, une **espace** est **sécable** (peut être coupée du mot) ou **insécable**.

Souvent, les traitements de texte ont la fonction *Insécable*. Utilisez-la systématiquement, chaque fois que vous tapez un signe de ponctuation précédé d'une espace insécable. Chaque fois veut bien dire chaque fois, et pas seulement lorsque vous arrivez en bout de ligne. Car lors des modifications que vous apporterez à votre texte pendant la mise en page, un début de ligne pourra tout à fait se retrouver en fin de ligne et *vice versa* (voir p. 32).

Le renvoi à la ligne d'un signe de ponctuation précédé d'une espace insécable comme les deux points, le point-virgule... est une des maladresses qui choquent le plus. Ne dévalorisez pas votre travail par un tel petit détail : apprenez à utiliser les aides de votre logiciel.

Ce vocabulaire spécifique des typographes vous sera utile si vous consultez des ouvrages spécialisés. Cependant, dans ce qui suit, nous ne distinguerons pas "espace fine" et "espace-mots" car la plupart des logiciels ne font pas cette distinction : nos machines sont très simplifiées par rapport aux photocomposeuses d'imprimerie.

• **Le point**

Il a deux fonctions principales :
- soit il marque une grande pause dans la lecture, il indique la fin d'une phrase et il a valeur d'élément grammatical ;
- soit il indique une abréviation et il a valeur de signe typographique.

Les cheveux gris sont des archives du passé. (Edgar Poe)
N.B. est l'abréviation de *nota bene,* locution latine.

Le point
Pas d'espace avant une espace après
mot. Mot

Dans les abréviations : M., F., id., les points remplacent les lettres terminales.

Dans les abréviations : Dr, St, Mgr, bd, les lettres omises ne sont pas terminales mais médianes : on ne met pas de point.

Si le point abréviatif termine la phrase, il se confond avec le point final.

Et cetera (qui s'écrit aussi *et cætera*) se note : etc. Une virgule le précède le plus souvent. Il ne peut être ni précédé ni suivi de points de suspension, puisqu'ils ont la même signification. Quand il se trouve en fin de phrase, il est noté : , etc.

Quand "etc." se trouve en cours de phrase, il est noté : , etc.,
"Etc." n'est jamais renvoyé, seul, à la ligne : l'espace qui le précède est insécable.

• Le point d'interrogation

Il s'emploie après toute phrase exprimant une interrogation directe.

– De quelle couleur sont les petits pois ?
– Les petits poissons rouges. (Georges Perec)

Il ne peut être suivi d'une virgule, d'un point-virgule, ou d'un point puisqu'il a, dans ce cas, valeur de point final.

Il n'est pas employé dans une interrogation indirecte :

Elle ne savait pas de quoi demain serait fait.

Parfois, il est mis entre parenthèses et il exprime le doute :

Grévisse, *Le Bon Usage*, onzième (?) édition.

Le point d'interrogation
Une espace insécable avant une espace après
mot ? mot

• Le point d'exclamation

Il se met après une exclamation (interjection, locution interjective, proposition).

Hélas ! Eh bien ! vous me reconnaissez ! Ce qu'il est beau parleur !

Mis entre parenthèses, il exprime une surprise de la part du rédacteur :

Grévisse, *Le Bon Usage*, onzième (!) édition.

Le point d'exclamation
Une espace insécable avant une espace après
mot ! mot

Les interjections sont toujours suivies d'un point d'exclamation.

ah !	hé !	hi !	oh !
eh !	hep !	ho !	ohé !
ha !	hélas !	hop !	ouf !

S'il y avait des oh !, c'est qu'il y avait débat. (Dictée de B. Pivot, 1991)

On ne ponctuera que la dernière d'une suite d'interjections semblables :

Oh oh ! Oh ! la la !

Dans les locutions interjectives, le point d'exclamation ne se met qu'après le deuxième mot :

Hé bien ! Hé quoi !

• La virgule

Elle marque une petite pause.

Elle sépare des éléments semblables dans une phrase

> *Ne jamais cesser d'être un enfant, avoir sept ans toute sa vie.* (Winston Churchill)
> Léo, Lilas, Mariane, Alice joueront bientôt ensemble.
> Il étudiait patiemment, régulièrement, assidûment.
> Elle avait décidé de son voyage : la Côte d'Azur, l'Espagne, le Maroc et... le désert.

Virgule ou absence de virgule entre principale et relative peuvent être correctes mais ne sont pas sans conséquence : le sens de la phrase s'en trouvera modifié. Nous avons déjà vu cet exemple dans l'introduction

> Les enfants, qui sont malades, iront à l'hôpital.
> Les enfants qui sont malades iront à l'hôpital.

Une virgule ne peut séparer un verbe transitif de son complément d'objet :

> Qui trop embrasse manque le train.

mais :

> Qui trop embrasse manque, à coup sûr, le train.

On comprend ici l'emploi des deux virgules : elles ont la valeur de parenthèses légères : ce qui est mis entre virgules pourrait être supprimé sans que le sens de la phrase soit altéré.

Une virgule ne peut séparer une proposition subordonnée complément d'objet de la principale.

> Elle disait qu'elle partirait tôt.

La virgule s'emploie dans les mises en apposition, les propositions incises :

> *Ô toi, Grand Esprit, aide-moi à ne jamais juger autrui sans avoir marché quinze jours dans ses mocassins.* (Prière sioux)
> Quand nous reviendrons au pays, disait-il, nous achèterons la plus belle maison du village.

La virgule
Pas d'espace avant — une espace après
mot, mot

• Le point-virgule

Il marque une pause de moyenne durée.

Il s'emploie pour séparer dans une phrase les parties dont une au moins est déjà subdivisée par la virgule.

> Des chercheurs qui cherchent, on en trouve ; des chercheurs qui trouvent, on en cherche.

Il sépare des propositions plus ou moins liées par le sens qui ont une certaine étendue.

> Les voyages forment la jeunesse ; ils déforment les valises.

Dans une énumération superposée, il se met à la fin de chaque membre (voir ci-dessous).

Le point-virgule
Une espace insécable avant une espace après
mot ; mot

• Les deux points

Ils servent à annoncer une citation, une sentence, une maxime, un discours direct, ou parfois un discours indirect :

L'optimiste :
– *Elle est en retard, c'est qu'elle viendra.* (Sacha Guitry)

Ils annoncent l'analyse, l'explication, la cause, la conséquence, la synthèse de ce qui précède :

Le patriotisme a au moins ceci de bien : le héros ne sait jamais qu'il est mort pour rien. (Pierre Perret)

Ils introduisent l'énumération avec retour à la ligne :

Les deux points annoncent :
- l'analyse ;
- l'explication ;
- la cause ;
- la conséquence ;
- la synthèse.

Vous noterez, dans cet exemple, le point-virgule à la fin de chacun des membres de l'énumération et le point à la fin du dernier.
En revanche, attention : l'énumération dans le texte, ne demande ni les deux points ni le point-virgule mais seulement des virgules :

Les deux points annoncent l'analyse, l'explication, la cause, la conséquence, la synthèse.

Vous pouvez voir d'autres dispositions de l'énumération superposée, page 268.

À éviter : deux fois le signe des deux points dans une même phrase.

Les deux points
Une espace insécable avant une espace après
mot : mot

• Les points de suspension ou trois petits points

Ils indiquent que la phrase est inachevée ; ils suspendent l'idée ; ils marquent une suppression, une interruption, une hésitation, un sous-entendu :

– Pourriez-vous me...
Élise comprit son embarras :
– ... Vous permettre de le rencontrer ?

Ils peuvent suivre ou précéder le point d'exclamation et le point d'interrogation :

Hé !... Toi, là, le grand !...
Ne penses-tu pas... ?

Ils servent à éluder le nom d'une personne qui ne sera pas cité :

À ce moment-là, Monsieur A... est entré

ou encore,

À ce moment-là, Monsieur ... est entré.

Disposés entre crochets, ils indiquent une suppression dans une citation :

T'as une chute de reins [...] c'est mieux que les chutes du Niagara. (P. Perret)

Ils permettent au rédacteur de suspendre le fil de la pensée afin de créer un effet de surprise :

Joe Dalton dégaina, épaula, visa... et s'enfuit en courant.

Les points de suspension
On distingue trois cas :
- ils remplacent le début d'une phrase et ils sont suivis de l'espace-mot normale ;
- ils remplacent la fin d'une phrase ou d'un mot et ils sont collés à la dernière lettre ;
- ils sont mis pour un mot unique (sans l'initiale du mot) et ils sont précédés puis suivis d'une espace. Avec initiale du mot, on retrouve le deuxième cas.

On les confond avec le point final lorsqu'ils se retrouvent en fin de phrase ; on les confond avec le point abréviatif lorsqu'ils arrivent après lui car, contrairement aux Trois Mousquetaires, ils ne sont jamais quatre.

• **Les parenthèses**

Elles servent à isoler une idée, une réflexion, une précision accessoires, qui pourraient être supprimées sans altérer le sens de la phrase.

Avec la quarantaine (et nul ne sera épargné) commence l'âge de métal : de l'argent sur la tête, de l'or dans la bouche, du plomb dans les jambes. (Ricardo Pesetas)

On ne peut emboîter des parenthèses dans des parenthèses. On utilise alors les crochets : les parenthèses sont la boîte, les crochets sont ce qu'on y met.

Les parenthèses

1re :	une espace avant	pas d'espace après
2e :	pas d'espace avant	une espace après

Les parenthèses sont collées au texte qu'elles enferment.

mot (mot) mot

• **Les crochets**

Ils ont la même fonction que les parenthèses mais sont moins usités. On les emploie particulièrement pour isoler une indication qui est déjà contenue dans des parenthèses.

Il irritait son auditoire à ne parler que par citations datées :
- Comme dit Jacques Brel (*Ne me quitte pas* [1959]) : "Tout peut s'oublier."

Dans les citations, on les utilise pour signaler les suppressions, pour marquer les restitutions ou pour isoler des ajouts indispensables au sens et qu'on ne veut pas mettre en note.

Dans les références bibliographiques, il est d'usage de placer entre crochets le lieu et la date d'édition lorsqu'ils ne sont pas mentionnés sur l'ouvrage mais qu'ils ont pu être établis.

Dans un texte, on inclut les crochets dans les parenthèses.

En mathématiques, c'est l'inverse : on inclut les parenthèses dans les crochets.

Les crochets
1er : une espace avant pas d'espace après
2e : pas d'espace avant une espace après
Les crochets (comme les parenthèses) sont collés au texte qu'ils enferment.

mot [mot] mot

• **Les guillemets**

Ils s'emploient pour encadrer une citation :

Elle le pensait poète lorsqu'il lui écrivait : « Ma plus belle histoire d'amour c'est vous », jusqu'à ce qu'elle découvre qu'il plagiait Barbara.

Les Verts, galants, ont retenu la formule « faux frère » dans sa seule version masculine. (Bruno Masure)

Ils s'emploient pour isoler une partie de phrase : un titre de film, d'œuvre, une expression étrangère, une expression régionale, une expression familière, voire incorrecte ou argotique, une pensée rapportée, une parole qui a été prononcée antérieurement :

Dans vos yeux noisette, j'ai vu ma binette, alors j'ai pensé : « Mon gars, t'es fait comme un rat ». (P. Perret)

Les Anglais parlent souvent d'« understatement », mot intraduisible en français.

Il y a expression incorrecte et expression incorrecte. Les guillemets ne vous autorisent pas à construire une phrase incorrecte, utiliser un terme impropre, commettre une faute de grammaire. Il vous arrivera peut-être d'avoir à transcrire une incorrection (discours rapporté), en ce cas les guillemets s'imposent.

En revanche, si vous sentez qu'à un certain moment votre texte est insuffisant, si vous ne parvenez pas à trouver le mot juste, peut-être est-il judicieux de ne pas utiliser de guillemets. La mise entre guillemets est une mise en valeur, c'est un signal qui appelle l'œil.

Il n'est sans doute pas utile d'attirer l'attention sur une insuffisance de style ou une incorrection sémantique.

Ils s'emploient pour encadrer un discours direct :

Il arriva en coup de vent :
« Les Anglais sont à huit lieues !
– Comment le savez-vous, Comte ?
– Je les ai vus, de mes yeux, vus. »

Il arrive que les guillemets soient omis ; les tirets seuls, alors, montrent qu'on est en discours direct.
Notez que les guillemets ouvrants («) remplacent le tiret (–) lors de la première citation du dialogue.
Notez que dans le dialogue, on met le point final **avant** le guillemet fermant (»).
On le met **après** le guillemet fermant dans le cas de la mise entre guillemets d'une partie de phrase seulement (expression rapportée, régionale ou familière).
On emploie désormais d'autres guillemets, ce sont les guillemets anglais : "........". Ils devraient être utilisés plus spécialement en cas d'emboîtement de guillemets : ainsi dans la citation de B. Masure ci-dessus, on aurait dû écrire :

« Les Verts, galants, ont retenu la formule "faux frère" dans sa seule version masculine. » (Bruno Masure)

En fait, ils se généralisent. Deux raisons à cela : leur typographie est légère et perturbe peu la lecture, leur accès sur les traitements de texte est aisé alors que les guillemets français sont très souvent sous option.

Les guillemets français « »
1er : une espace avant — une esp. insécable après
2e : une esp. insécable avant — une espace après
mot « mot » mot

les guillemets anglais " "
1er : une espace avant — pas de blanc après
2e : pas d'espace avant — une espace après
mot "mot" mot

• Le tiret

En imprimerie, le signe "tiret" (–) est différent du signe "trait d'union" (-). Il en est de même en informatique : pour réaliser un tiret (sur Macintosh par exemple), effectuez : *Majuscule option trait d'union.*

Le tiret s'emploie dans un dialogue pour indiquer le changement d'interlocuteur :

Quand je te pose une question qui t'embarrasse, tu la répètes toujours avant de me répondre.
Si je te demande :
- Qu'est-ce que tu as fait de 5 à 6 ?
Tu te reposes la question :
- Ce que j'ai fait de 5 à 6 ?
C'est ainsi que tu prends ton élan pour mentir. (Sacha Guitry)

Ainsi, en disposition simplifiée, le guillemet ouvrant est remplacé par un tiret et le guillemet fermant est tout simplement omis.

Les tirets se mettent aussi, de la même manière que les parenthèses, avant et après une proposition, une expression ou un mot, qu'on veut séparer du contexte pour le mettre en valeur : ils sont préférables aux parenthèses quand on veut ne pas trop marquer la coupure.

Il l'appelait "Franz" - elle adorait Schubert - et personne ne savait l'origine de ce prénom masculin.

Les tirets ayant valeur de parenthèses :

1er : une espace avant	une espace après
2e : une espace avant	une espace après

mot - mot - mot

Les tirets du dialogue :

Contre la marge sans esp. avant	une espace après

- mot

Si le tiret fermant arrive avant un point final ou un point-virgule, il est omis au profit de ces derniers (ce n'est pas le cas de la parenthèse fermante ni du crochet fermant).

• **L'astérisque** (mot masculin)

Il indique un appel de note : il est noté seul ou entre parenthèses. Pour éviter la confusion, ne pas dépasser trois appels dans une même page (*) (**) (***).

En dehors de l'appel de note, l'astérisque triple remplace un nom propre qu'on ne veut pas faire connaître (sinon parfois par la simple initiale). Il équivaut exactement, dans cet emploi, aux points de suspension.

Madame K*** ou Madame ***
Madame K... ou Madame ...

Triple et disposé en triangle, il indique une rupture de texte importante, d'un alinéa à un autre.
Cette rupture de texte peut être matérialisée par deux autres procédés :

– une ligne entière de points ordinaires allant de la marge de gauche à la marge de droite ;
– un filet ou succession de tirets, sur une longueur variable de quelques dizaines de cadratins.

Nous préconisons les astérisques qui sont certainement les plus élégants (voir p. 213).

En dehors de l'appel de note, évitez d'employer plusieurs types d'astérisques dans votre travail. Les astérisques sont des codes ; d'une part leur signification doit être expliquée en début ou fin d'ouvrage, d'autre part leur trop grand nombre compliquerait le décodage et le lecteur serait vite perdu.

L'astérisque (quel que soit le nombre)
Pas de blanc avant une espace après

mot* mot mot** mot mot*** mot

Lorsqu'ils remplacent un nom ou quelques lettres d'un nom, ils s'écrivent de la même façon que les points de suspension (voir plus haut).
Lorsqu'ils représentent une rupture de texte importante, ils sont positionnés en triangle, centrés sur la ligne.

*
* *

• **Règles sur la ponctuation**

Après les points qui terminent la phrase, il faut une majuscule.

La phrase impérative se termine par un point ordinaire.

Dessine-moi un mouton. (Saint-Exupéry)

Les signes simples (le point, la virgule) sont faits d'un "dessin".
Les signes composés (le point-virgule, les deux points, le point d'interrogation, le point d'exclamation) sont faits de deux "dessins".

Un signe de ponctuation fait d'un dessin est suivi d'une espace.
Un signe de ponctuation fait de deux dessins demande deux espaces, une avant qui est insécable, l'autre après.

• Récapitulatif des règles de disposition des espaces avant et après les signes de ponctuation

	Avant	Après
le point .	pas de blanc	une espace
la virgule ,	pas de blanc	une espace
le point-virgule ;	une espace insécable	une espace
les deux points :	une espace insécable	une espace
le point d'interrogation ?	une espace insécable	une espace
le point d'exclamation !	une espace insécable	une espace
la parenthèse ouvrante (	une espace	pas de blanc
la parenthèse fermante)	pas de blanc	une espace
le crochet ouvrant [	une espace	pas de blanc
le crochet fermant]	pas de blanc	une espace
le guillemet «	une espace	une esp. insécable
le guillemet »	une espace insécable	une espace
le guillemet ouvrant "	une espace	pas de blanc
le guillemet fermant "	pas de blanc	une espace
le tiret ouvrant –	une espace	une espace
le tiret fermant –	une espace	une espace

La typographie des points de suspension varie selon leur emploi : reportez-vous au paragraphe qui leur est consacré (p. 282).

Pour ponctuer correctement, lisez votre phrase à voix haute *en mettant le ton* et en l'exagérant : les arrêts de votre voix seront autant d'indices de ponctuation.

Utilisez modérément les points de suspension : vous donneriez l'impression d'un rédacteur paresseux.

Les points de suspension indiquent que le rédacteur se donne la liberté de ne pas citer un certain nombre d'éléments. Attention, donc, à l'effet d'accumulation. Quelques-uns, ça va. Trop nombreux, ils lasseraient.

Utilisez modérément les points d'exclamation ou d'interrogation. Là encore, votre style offre une image de vous-même.

Si vous vous exclamiez à chaque fin de phrase, vous passeriez pour un naïf ; si vous vous interrogiez trop souvent, vous passeriez pour un inquiet, un angoissé. Prudence...

Pour la ponctuation finale des titres :
le point, les deux points, le point-virgule sont supprimés ;
le point d'interrogation, le point d'exclamation, la virgule, les parenthèses, les crochets, les guillemets subsistent.

En effet, la ponctuation est indispensable, dans une phrase, pour marquer l'évolution d'une idée, traduire des nuances, préciser des détails, lever des ambiguïtés.

Un titre, qui ne remplit pas la même fonction, ne nécessite pas cette organisation.

Les codes typo
si vous deviez ne retenir que 4 points

- L'emploi des capitales est très rigoureux : vérifiez.
- Les césures courtes sont à proscrire ainsi que les césures successives au-delà de trois.
- Les signes de ponctuation : un dessin donc une espace, deux dessins donc deux espaces.
- Dans les titres, la ponctuation est réduite.

CHAPITRE 6

LES CORRECTIONS

Pour composer votre document par la voie directe auteur-ordinateur-lecteur, vous avez effectué seul toutes les étapes de la chaîne d'édition : il a manqué le concours des divers membres d'une équipe qui, spécialistes ou non de la correction, auraient posé leur regard sur votre écrit.

Dans votre solitude éditoriale, à vous donc de compenser en redoublant de vigilance tout au long de votre travail.

Hâtez-vous lentement ; et sans perdre courage,
Vingt fois sur le métier remettez votre ouvrage :
Polissez-le sans cesse et le repolissez ;
Ajoutez quelquefois, et souvent effacez. (Nicolas Boileau)

Parce que le "métier" s'appelle désormais micro-ordinateur et imprimante, il vous sera plus facile d'y remettre votre ouvrage. La micro-informatique permet d'atteindre des niveaux de correction bien plus élevés que l'écriture manuscrite.

Même la veille de reproduire votre travail vous pourrez, en quelques minutes, modifier une phrase, ajouter un s, supprimer une répétition, etc.

Le stylo rouge est de rigueur.

À tous les stades de la correction, par vous-même ou par un autre que vous, employez (et faites employer) le stylo rouge. Au risque de réveiller le traumatisme des sanctions des copies de notre enfance, l'emploi de cette couleur est le seul moyen de ne pas laisser échapper les fautes vues par vous ou par vos correcteurs.

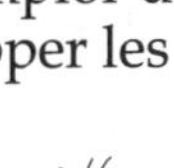

Chaque fois que vous voyez une faute, même si vous n'êtes pas spécialement en train de corriger, marquez-la en rouge dans le texte et dans la marge. L'erreur qui vous a sauté aux yeux en cet instant vous échappera peut-être à la lecture suivante.

La correction est un exercice pénible, astreignant, décourageant : après dix lectures on trouve encore des fautes graves et des répétitions ; raison de plus pour y consacrer du temps et la plus grande rigueur : quelques fautes d'orthographe, d'accord ou de syntaxe suffisent à jeter le discrédit sur votre travail, si pertinent soit-il.

L'AUTOCORRECTION

C'est vous qui corrigez votre écrit. Même (et surtout) si vous vous sentez mauvais en orthographe, obligez-vous à vous relire : doutez souvent et vérifiez dans votre bibliothèque de base. Cette rigueur vous fera progresser dans la langue : plus on écrit, plus on doute, et plus on vérifie. À force d'exercices, trouver le mot juste, vérifier un accent, un accord, une conjugaison, deviendront un réflexe ; vous douterez de plus en plus, c'est alors que vous serez en progrès.

La relecture à l'écran est nécessaire mais insuffisante.

Dans un premier temps, vous relisez à l'écran : nécessaire, cette relecture vous permet de détecter des fautes, mais elle est totalement insuffisante. Il vous faut imprimer votre texte et le relire sur le papier.

On ne peut pas atteindre la perfection d'un coup. Morcelez vos corrections.

Vous allez tout d'abord relire pour le style, corrigez-vous sur le papier, portez vos corrections à l'écran et imprimez. À la lecture suivante, d'autres fautes vous apparaîtront, notez-les en marge du texte, corrigez-les, imprimez.

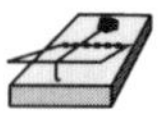

Aide précieuse à la rédaction, les correcteurs d'orthographe intégrés aux logiciels de traitement de texte en micro-informatique sont cependant insuffisants. Ils laissent passer des fautes et ne dispensent en aucun cas d'une correction manuelle (voir p. 33).

Imprimez vos épreuves en qualité moyenne : bannissez la qualité "brouillon" qui ignore les accents, les césures, les tabulations, les en-têtes, la pagination, etc.

• **Double ou simple interligne ?**

Tant que vous travaillez sur la rédaction, vous avez tout intérêt à composer en double interligne, avec de grandes marges : vous disposerez ainsi de place pour corriger, réécrire une phrase, en ajouter une autre, etc.

Par la suite, votre texte commence à ressembler à sa mouture finale : vous pouvez le composer tel qu'il sera présenté, les corrections à ce stade devant être moindres.

• **La relecture à haute voix**

Relire à haute voix vous aidera à perfectionner le style. Attention cependant, votre lecteur n'aura pas le ton de votre voix dans l'oreille : judicieusement employée, c'est la ponctuation qui remplace les intonations (voir p. 277).

• **Débuts et fins de chapitre**

Lorsque vous écrivez un document long, méfiez-vous des inégalités de corrections. Les débuts de chapitre sont toujours plus corrigés que les fins car, à mesure qu'on avance dans la rédaction, on a tendance à relire depuis le début. Obligez-vous à morceler la relecture. Quand les premières pages d'une partie sont prêtes, mettez-les de côté, travaillez aussi profondément la suite du texte, et ne revenez au début que lorsque l'ensemble du chapitre, de la section ou de la partie est au même niveau, prêt pour une relecture globale.

LA CORRECTION PAR D'AUTRES QUE VOUS

Les éditeurs disent qu'il n'y a pas de livres publiés sans coquilles. Et pourtant les ouvrages édités sont lus, relus, corrigés et recorrigés par tous les professionnels de la chaîne d'édition.

Imaginez ce qu'il en sera de votre texte : vous en êtes seul correcteur et après trois ou quatre lectures vous le connaissez par cœur et n'êtes donc plus juge. Seul, vous ne pouvez venir à bout d'une correction efficace.

Quand votre travail, même partiel, vous semble avoir atteint votre niveau de perfection, confiez-le à d'autres pour qu'ils y jettent un regard neuf, critique et virulent. C'est un prêté pour un rendu : vous-même serez le correcteur pertinent d'un autre que vous, y compris sans doute de celui qui vous corrige aujourd'hui.

On voit mieux la coquille dans le texte du voisin que la faute de participe passé qu'on a dans le sien.

Il vous faut au minimum trois aides : un **candide**, un **adepte de votre discipline** et une personne "**bonne en français**".

• Le candide

Même s'il *fait des fautes à tuer les loups*[1], le candide est un prélecteur indispensable. C'est lui qui, ne connaissant rien au sujet, va porter sur votre texte un regard naïf. Demandez-lui d'indiquer, quand il juge que votre propos n'est pas clair, si vous vous répétez, si un mot nécessite une explication dans le texte ou si au contraire elle est superflue, si les figures sont lisibles, etc. À l'occasion, s'il trouve des fautes d'orthographe, de césure ou de composition, qu'il les note.

• L'adepte de votre discipline

L'adepte de votre discipline, même s'il est strictement du même niveau que vous, aura sur votre travail un regard critique. Parfois, pour de gros documents, vous serez amené à soumettre chaque partie à des spécialistes différents.

• Le littéraire

Enfin, lorsque vous avez tenu compte des remarques de vos deux premiers correcteurs, que vous avez porté ces corrections et effectué un nouveau tirage, soumettez la nouvelle version de votre texte à une personne réputée bonne en français. Son regard sera strictement celui du correcteur. À elle de chasser les fautes, les répétitions, les maladresses de style qui vous auraient échappé. Un bon correcteur mentionne la faute et propose une autre formulation. Même si son niveau littéraire est bon, demandez-lui de vérifier ses sources.

• Guidez vos correcteurs

Lorsque vous soumettez votre écrit à vos correcteurs, indiquez-leur sur une feuille ce que vous attendez d'eux. Incitez-les à corriger en rouge, dans le texte ET dans la marge. Demandez-leur d'être sévères, votre amour-propre dût-il en souffrir. C'est un service qu'ils vous rendent pour un meilleur rendu final. Afin d'éviter les recherches ou les malentendus, signalez-leur les consignes qu'ils ne connaissent peut-être pas comme l'accord du

[1] Expression familiale dont nous ne pouvons attester l'origine, peut-être meusienne.

nous de modestie (masculin ou féminin singulier dans les travaux universitaires, voir p. 74) ; à la personne qui corrige la langue, fournissez le ou les dictionnaires de votre discipline (ou une liste des mots difficiles ou des noms propres) pour lui éviter une perte de temps.

Au moment où vous relisez, indiquez dans la marge, à l'attention de vos correcteurs, vos propres problèmes non résolus : un mot qui ne vous satisfait pas, un doute d'orthographe, une hésitation sur une information de fond... le candide, le spécialiste ou le littéraire auront peut-être une solution.

• **Et ensuite...**

Reportez une à une ces corrections, effectuez un nouveau tirage et relisez.

Il serait trop beau que ce système de correction soit infaillible. Si vous visez la perfection, il vous faudra relire, faire relire et relire encore. Obligez-vous à imprimer vos textes, à les relire sur le papier, à porter les corrections à l'écran, à imprimer la nouvelle version, avant de relire encore.

Alors seulement vous pourrez présenter votre travail à l'instance qui vous dirige (votre directeur de recherche par exemple), dont le rôle est de guider votre propos et non de corriger vos maladresses de style et vos fautes de participes passés.

N'accumulez pas les fautes, une copie couverte de ratures et de stylo rouge n'est plus lisible. Certaines erreurs et corrections vous échapperaient s'il y en avait trop à la fois. De même pour les textes que vous donnez à vos correcteurs : moins ils comporteront de fautes au départ, moins vos correcteurs seront perturbés et plus leurs corrections seront pertinentes.

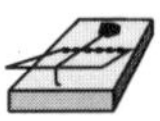

Le report des corrections est une tâche fastidieuse qui demande une extrême rigueur. Si vous travaillez à l'ordinateur, pensez à enregistrer fréquemment vos corrections.

CONSEILS POUR DE BONNES CORRECTIONS

Chacune de vos relectures vous fera tendre vers la perfection, surtout si vous vous efforcez de respecter les conseils suivants.

• Lorsque vous **butez sur une phrase**, vos lecteurs auront toutes les chances d'être également arrêtés : il est judicieux d'en modifier la formulation.

• Vous **doutez de l'orthographe** d'un mot ? Ne laissez pas traîner : cherchez dans vos dictionnaires généraux ou spécialisés jusqu'à ce que vous trouviez. Si le doute subsiste, signalez ce mot en l'entourant de rouge dans le texte et mettez une note dans la marge à l'attention de vos correcteurs : ils auront peut-être la solution.

• **Si un mot n'existe dans aucun dictionnaire**, cherchez dans des ouvrages spécialisés ou des articles publiés : comme ces textes ont été corrigés par des professionnels de l'édition, ils sont plus sûrs que des travaux tels que mémoires ou rapports à tirage limité.

• La **grammaire, la conjugaison, les accords de participes passés** sont autant de pièges dont il faut se méfier. En vous obligeant à vérifier systématiquement, vous acquerrez de la rigueur.

• Si vous avez été amené à **créer des mots**, soyez cohérent dans leur graphie d'un bout à l'autre de votre document.

• Pourquoi ne pas faire **une liste des mots qui vous résistent** ? simples mots de la langue courante, mots spécifiques, noms propres, locutions étrangères. Introduite dans votre dictionnaire personnel d'ordinateur, cette liste peut être aussi manuscrite et vous aidera à la correction. Fournissez-la à vos correcteurs, mais assurez-vous que les mots y sont écrits sans fautes.

• **Si vous corrigez le texte d'un autre** : appliquez ces mêmes principes et efforcez-vous, comme pour vous-même, de chercher l'information, de vérifier l'orthographe d'un mot, etc. Citez éventuellement vos sources si vous avez dû faire des recherches pour trouver la solution à un problème. Si une formulation vous paraît maladroite, essayez d'en proposer une ou plusieurs autres. Soyez extrêmement vigilant dans la tâche qu'on vous a assignée : en ce qui concerne la correction de la langue, veillez à ne pas introduire de nouvelles fautes par manque de vérification.

LA CORRECTION FINALE : PRÉPARATION DE LA COPIE ZÉRO

Travail pénible mais indispensable, la correction finale est à effectuer avec le plus grand soin.

• **Gestion de votre temps**

Revoir intégralement et attentivement un document de plusieurs centaines de pages demande du temps et de la concentration. Pour une thèse de trois cents pages, il faut bien une semaine à temps plein pour relire l'ensemble et à peu près autant pour reporter les corrections. Il est bon de prévoir, dans votre emploi du temps, quinze jours qui seront consacrés à la relecture définitive. Mieux vaut différer une date de soutenance que de produire un document plein de fautes.

Même pour un petit texte, pour une simple lettre, vous devez acquérir le réflexe d'une relecture finale complète et attentive. Le survol visuel d'un écrit ne permet pas de le corriger.

Si vous avez procédé par étapes successives de correction, la relecture finale de votre document sera plus facile.

La plupart des fautes d'un document final ont été introduites au cours du report des corrections.

Soyez très vigilant : si l'ordinateur permet de corriger facilement, il n'exclut pas l'introduction de fautes nouvelles. Lorsque vous modifiez un mot, une portion de phrase ou une phrase entière, relisez l'ensemble du paragraphe. Il est courant d'introduire une nouvelle répétition en ayant voulu en enlever une. De même, changer un verbe, un sujet, demande la plus grande prudence : on voit souvent traîner des prépositions ou des accords incongrus, subsistance d'une précédente formulation.

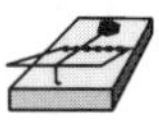

Méfiez-vous de la fonction *Rechercher-remplacer*. Utilisez-la pour corriger des fautes répétitives mais procédez au cas par cas afin de ne pas introduire de nouvelles erreurs.

- **Travaillez sur la présentation finale**

Il est important de procéder à la vérification finale de votre document sur sa présentation définitive : format et impression. Gérant ses polices de caractères et ses marges, une imprimante laser donne d'un même texte des tirages différents de ceux obtenus à partir d'une imprimante matricielle (voir p. 38).

Effectuez cette ultime vérification sur une photocopie du tirage final, figures en place, ce qui vous permettra d'utiliser le stylo rouge sans gâter l'original du texte et des illustrations.

- **Un premier coup d'œil**

Pour chaque page, avant de vous plonger dans la lecture attentive, vérifiez que le **cadre du texte** et la **justification** soient bien respectés. Un coup d'œil sur les marges latérales suffit pour détecter la faille. Il arrive en effet que des paragraphes soient composés différemment : c'est le cas notamment pour les portions de texte importées d'un autre fichier.

Cette vérification latérale est l'occasion de voir les successions de césures : il ne faut pas plus de trois lignes successives se terminant par un mot divisé. Le coup d'œil latéral à gauche est également un moyen pratique de trouver les signes de ponctuation isolés en début de ligne. Cette erreur ne doit pas se trouver si vous avez pris soin d'utiliser une espace insécable, systématiquement, pour chaque signe de ponctuation devant être solidaire du mot qui le précède (voir p. 279).

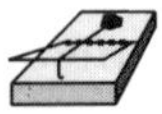

Si vous modifiez un mot où une phrase dans la page, il peut y avoir restructuration de paragraphe : cela nécessitera une nouvelle vérification des césures et des signes de ponctuation isolés.

- **La lecture attentive**

Ces premières vérifications effectuées, vous allez commencer à **lire attentivement votre page**, veillant à la fois au sens, à l'orthographe, à la grammaire, aux répétitions, à la justesse des césures (il s'agit cette fois de vérifier dans le fil du texte si les mots coupés l'ont été selon les règles), à la ponctuation, aux accents, aux majuscules, à la cohérence de graphie des noms propres, des mots et locutions en langues étrangères, au respect des codes typographiques, etc.

Page à page vous avancez. **Ne sautez pas les titres** : malgré leur taille, c'est souvent eux qui contiennent les plus grosses fautes.

Veillez aussi à **relire le texte des figures, leur légende et leur titre**. Il est fréquent de trouver des incohérences de graphie entre le texte à proprement parler et celui des illustrations.

De même pour les **tableaux** : vérifiez la graphie des mots mais aussi la justesse des **calculs élémentaires** comme les additions des nombres en colonne. Si les lecteurs appelés à juger votre écrit prennent une calculatrice, ils auront tôt fait de déceler ce genre de faille qui sèmerait le doute sur la rigueur de votre travail.

- **En-têtes, pagination, renvois**

Les gros documents nécessitent plus encore que les petits des corrections vigilantes en ce qui concerne leur globalité. Vérifiez la **pagination, les en-têtes, les pieds de page**, la numérotation des notes de bas de page, des renvois bibliographiques s'il y en a.

Il est nécessaire de **collationner**[1] **toutes les tables de figures, de matières**, etc., afin de vous assurer que le libellé des titres est identique. De même pour les références bibliographiques si elles sont redondantes. On trouve souvent des discordances de graphie ou de date entre l'appel dans le texte et la référence inframarginale ou en fin d'ouvrage.

[1] Comparer les textes similaires pour vérifier la concordance de forme.

Sur l'édition finale de votre document, assurez-vous de la justesse des **renvois à des pages, à des numéros** de tableaux ou à des figures. Sur un long travail, peut-être avez-vous été amené à modifier l'ordre ou la numérotation des illustrations.

Assurez-vous point par point que la **foliotation finale** du document a bien été prise en compte pour les indications de pages dans l'**index** et les **diverses tables.**

Vérifiez l'**orthographe du titre général et du texte de la quatrième de couverture**. Plus d'un ouvrage comporte des fautes dans ces deux pages capitales.

Enfin, **méfiez-vous des pages écrites à la hâte**, comme les avant-propos, remerciements, etc. Rédigées tout à la fin de votre travail, elles n'ont plus le temps d'être lues par vos correcteurs et sont généralement cousues de fautes de frappe et d'orthographe.

Même en utilisant le micro-ordinateur, l'auteur intègre parfois des **signes manuscrits** dans son texte. Assurez-vous qu'ils **ne sont pas oubliés** sur la version finale qui sera reproduite, notamment pour les formules mathématiques, ou pour certains schémas construits à partir de textes qui perdraient tout leur sens s'il manquait un cadre ou une flèche.

Si vous avez choisi de reproduire votre document en recto-verso, assurez-vous que la numérotation respecte bien l'incontournable règle de **recto = impair.** Le cas échéant, pensez à ajouter des pages blanches pour retomber sur cette configuration.

• L'ultime relecture

Une fois la relecture finale effectuée, portez une à une ces ultimes corrections et retirez les pages modifiées. Commencez le report par la page 1 et avancez page à page dans l'ordre : le moment est venu de chasser les veuves et les orphelines (lignes isolées en haut ou en bas de page). Sauf si chaque page du document comporte des erreurs, effectuez un à un le tirage des pages modifiées, ce qui vous permettra, avant de passer à la page suivante, de vérifier cette version définitive, en particulier les césures qui ont pu être bouleversées par l'introduction d'une lettre ou d'un mot.

"**N**e vous désespérez pas" reste le maître mot de la correction.

LES SIGNES CONVENTIONNELS DE LA CORRECTION

Et puisque le micro-ordinateur fait de vous un auteur-éditeur, pourquoi ne pas utiliser dans vos corrections, dans celles que vous ferez pour d'autres, et celles que d'autres effectueront pour vous, les signes conventionnels de la correction dont voici les plus couramment employés[1] : les adopter vous fera gagner du temps, et vous dispensera de longues explications en marge du texte.

Corrections

si vous deviez ne retenir que 4 points

- Corrigez au stylo rouge dans le texte ET dans la marge.
- Corrigez, portez vos corrections à l'écran, réimprimez relisez, corrigez, etc., autant de fois qu'il le faudra.
- Trouvez-vous trois correcteurs : un candide, un spécialiste de votre discipline, un littéraire.
- Doutez et vérifiez jusqu'à ce que le doute soit levé.

[1] Vous trouverez la liste complète de ces signes dans le *Dictionnaire de l'orthographe* de Nathan, dans l'*Abrégé du code typographique* de CFPJ et dans le *Lexique des règles typographiques en usage à l'Imprimerie Nationale.*

Abrégé des signes conventionnels de correction

opération	signe dans le texte	indication en marge
lettre à changer	Aux confins du patit bois, à cinq cents mètres	e /
mot à changer	de dans nous, naissait le plateau appelé	chez H
lettre ou signe à ajouter	absivement "la Plaine" : quelques kilomètres	u λ
mot à ajouter = bourdon	carrés deouverts que les hommes désertaient, les	champs ⊤
supprimer une lettre	laboures terminés. Pas un arbre, pas une maison,	℘ /
supprimer un mot	rien qui qui puisse arrêter mon regard d'enfant :	℘ H
supprimer avec blanc	dès que lasgelée blanche avait durci la terre,	℘ #
faire un alinéa	c'était... l'Infini décrit par mes héros. Au fil de	[
bourdon important	l'hiver s'accumulaient les neiges que s'essouf-	voir copie p. 17 ⊤
	flaient à sculpter en congères.	
supprimer l'alinéa	Le bois devint taïga. Tour à tour Oural ou	
espace à créer	Rocheuses, lecrassier dominait de toute sa	# /
à réunir	majesté ce s terres sibériennes, canadiennes ou	/
à rapprocher	lapones, vaste étendue de steppe changeant de	/
corrections multiples	lonjitude au grés de mes jedis. Il suffisait de si	g / ℘ / u λ
	peu de rêves pour voir Oulan-Bator ou	
intervertir des lettres	Verkhoïansk se profiler ne cheminées de hauts	/
intervertir des mots	fourneaux fond sur d'un ciel qu'embrasaient	/
	deux fois par jour les coulées des aciéries. La	
correction annulée	Plaine fut mon atlas : mon esprit vagabond s'y	bon
apostrophe	laissait bercer, je rêvais plus que je nexplorais. Je	' λ
	montai tout de même quelques expéditions pour	
caractères différents	retrouver les restes de Scott et de Sir FRANKLIN :	bdc
composer en italique	les cabanes de jardin étaient la tente du héros du	ital
composer en romain	pôle Sud ou l'épave *prisonnière* des glaces du	rom
	passage du Nord-Ouest.	
rentrer	Avec l'âge mon imaginaire ludique se fana. Je	/
composer en gras	persistai cependant à aller à la Plaine, drogue	gras
	douce dans laquelle je puisais une certaine	
	sérénité, inconsciente des méfaits d'une accou-	
	tumance qui me mènerait tôt ou tard à une totale	
sortir	intoxication : les grands espaces, vierges	/
	si possible tout autant que froids, devenaient	
composer en exposant	insidieusement ma future héroïne1.	1 /

[1] *Huit femmes pour un pôle*, Madeleine GRISELIN, Albin Michel, 1988.

CHAPITRE 7
LA POST-PRODUCTION

LA PRÉPARATION ET LA SAUVEGARDE DE L'ORIGINAL

Votre copie zéro est prête. Si vous n'y avez pas inséré les images par la voie informatique, le moment est venu d'effectuer les collages d'illustrations ou de textes rapportés d'ailleurs, en tenant compte des consignes du chapitre "Les outils" (voir p. 39) :
- ne pas découper aux ciseaux mais déchirer les bords des papiers à coller ;
- utiliser de la colle ou du Scotch repositionnables ;
- etc.

Vous avez donc entre les mains l'original de votre travail, dont il ne faudra pas vous dessaisir, même si vous l'avez engrangé sur disquette ou sur disque dur : rappelez-vous qu'un tirage à l'imprimante est plus long et plus onéreux qu'une photocopie.

Pour un écrit d'une certaine ampleur, vous avez tout intérêt à **sauvegarder votre travail en deux copies zéro** (en recto simple). Par sécurité, comme pour vos disquettes, conservez les exemplaires originaux dans deux locaux différents.

LES QUESTIONS À VOUS POSER AVANT DE REPRODUIRE

- Combien d'exemplaires ?
- Destinés à qui ?
- De quelle qualité ?

Des réponses à ces trois questions dépendent le mode de reproduction et le choix de la qualité du rendu final.

• Combien d'exemplaires ?

Avant de reproduire, faites un tour d'horizon des destinataires de votre travail. Comptez largement car la reproduction d'un seul exemplaire prend presque autant de temps que celle de dix.

Ajoutez toujours un ou deux exemplaires au nombre de tirages nécessaires.

• Quel procédé de reproduction ?

À partir d'une centaine d'exemplaires, la compétition est serrée entre la photocopie et l'offset[1] : à vous de faire une étude de coût pour choisir le procédé le mieux adapté à vos besoins et à votre budget.

Étant donné que la reproduction offset est effectuée par des professionnels, nous n'aborderons, dans ce guide, que les problèmes liés à la photocopie.

• Qui sont vos destinataires ?

Ce paragraphe concerne plus particulièrement la reproduction de gros documents comportant des photos ou des illustrations en couleurs.

La reproduction d'une illustration couleur en photocopie noir et blanc ne donne pas toujours d'excellents résultats, mais peut être suffisante pour faire comprendre votre propos.

Avant de vous lancer dans une coûteuse reproduction de la couleur, demandez-vous si tous les destinataires ont besoin de ce luxe ou si vous le réservez à quelques-uns seulement.

• Quelle qualité de reproduction ?

Vous n'avez pas besoin de la même qualité pour des copies intermédiaires et pour votre travail terminé : les premières toléreront du papier jauni, un cadrage approximatif et un encrage irrégulier... qui gâteraient l'édition finale de votre travail.

Même si elle vous coûte un peu plus cher, essayez de trouver pour la reproduction du document fini la meilleure qualité possible.

Les tarifs sont dégressifs le plus souvent : il n'y a donc que pour la reproduction de la couleur que se posera la question de la qualité à donner ; elle est fonction des besoins de vos destinataires, d'où l'intérêt de bien cerner votre public. Vous pouvez alors envisager une reproduction à deux vitesses : tirages couleur pour les privilégiés, et noir et blanc pour les autres.

[1] Procédé de reproduction à plat utilisant le report sur caoutchouc.

LA PHOTOCOPIE

Les progrès immenses des vingt dernières années ont fait des photocopieurs de véritables outils d'impression.

• **Quelques astuces** vous permettront de tirer le meilleur parti de cet auxiliaire de la micro-édition.

Vous améliorerez considérablement la qualité des photocopies si vous pensez à donner un petit coup de torchon imbibé de produit pour glace sur la vitre du copieur avant d'entreprendre vos copies.

Si vous reproduisez vous-même et si vous alimentez votre copieur en papier, veillez, pour la reproduction finale, à utiliser le même papier du début à la fin (qualité et marque identiques) pour éviter les différences de ton du blanc.

Si vous copiez feuille à feuille, gagnez du temps en commençant la reproduction par la dernière page : ainsi, les copies s'entasseront dans l'ordre.

Si votre document est gros et que vous devez le reproduire en grand nombre, cherchez un copieur avec fonction *Tri automatique* : cela vous évitera la fastidieuse épreuve du classement manuel de vos feuilles.

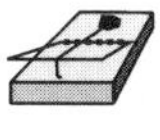

L'automatisme n'est pas sans danger. Deux feuilles peuvent se coller, une manœuvre peut échouer. Le tri mécanique ne vous dispense donc pas, avant la reliure, d'une vérification manuelle de chaque exemplaire en ce qui concerne l'ordre des pages.

• **La photocopie recto-verso**

Ce mode de reproduction peut être effectué à partir d'un copieur simple, mais demande alors beaucoup de manipulations. Désormais, la plupart des boutiques spécialisées sont équipées d'appareils effectuant automatiquement la photocopie en recto-verso.

Votre document original est imprimé sur une seule face des feuilles : pour obtenir un recto-verso dans les règles (recto = n° impair), si vous n'avez pas paginé par informatique, n'oubliez pas d'insérer des feuilles blanches dans l'original correspondant aux versos que vous voulez laisser blancs.

LA REPRODUCTION DES PHOTOS ET DE LA COULEUR

Pour photocopier des photos noir et blanc ou couleur, vous obtiendrez les meilleurs résultats à partir de tirages photographiques mats : le reflet du flash du copieur sera réduit.

Vous réaliserez une économie certaine si, plutôt que de reproduire en photocopie couleur chaque page comportant une illustration colorée, vous regroupez ces images sur une ou plusieurs feuilles, en effectuez le nombre de tirages nécessaires, découpez les copies et les insérez par collage dans les exemplaires reproduits en noir et blanc.

Une autre façon de réduire les coûts consiste à grouper, à l'intérieur de votre document, les illustrations en couleurs en une ou plusieurs planches. Ce mode de présentation a l'inconvénient de reléguer les images en milieu ou en fin d'ouvrage, ce qui les éloigne forcément du texte les concernant.

Vous pouvez, pour certains de vos lecteurs (membres de jury, par exemple) donner une qualité plus grande encore à votre travail en faisant reproduire individuellement par procédé photographique les photos couleur ou noir et blanc. Coller les vues en bonne place vous demandera un peu de patience, mais les lecteurs ainsi privilégiés ne manqueront pas d'apprécier.

LE MONTAGE, LE MASSICOTAGE, LA RELIURE

Les exemplaires de votre texte sont prêts mais ne constituent pour le moment que des paquets de feuilles.

Avant de relier ces feuilles, effectuez quelques vérifications ; il serait dommage de gâcher votre travail par une distribution anarchique des feuillets : automatique ou manuel, le classement des copies n'est pas sans failles.

Assurez-vous que l'**ordre des pages** est respecté. Un coup d'œil rapide vous permettra de voir s'il n'y a pas eu d'oubli ou de doublon, si une feuille blanche ne s'est pas malencontreusement glissée dans le paquet, s'il n'y a pas eu retournement d'une page.

Si vous avez procédé à un tirage à part des pages couleur, n'oubliez pas de les insérer en bonne place.

Si vous avez prévu des pages vierges destinées aux notes des lecteurs, n'oubliez pas de les ajouter en fin d'ouvrage.

Pour un document fini de dimensions différentes des formats standards de papier, s'il fait une certaine épaisseur, vous gagnerez à confier le **massicotage** à un professionnel équipé d'un massicot autrement plus puissant et précis qu'une simple rogneuse manuelle.

Sauf si vous reliez avec une baguette plastique en U ou à anneaux, vous avez également tout intérêt à confier la reliure de votre travail à un professionnel.

Un conseil cependant, prévoyez, à la réception de vos documents reliés, un ou deux jours de séchage avant d'expédier vos exemplaires, ce qui évitera que le brochage cède à la première manipulation par vos lecteurs.

LA REPRODUCTION HAUT DE GAMME

Vous souhaitez peut-être diffuser largement votre travail et faire appel à un imprimeur. Si vous avez travaillé sur ordinateur, sachez que de nombreuses imprimeries sont désormais équipées d'ordinateurs et peuvent intégrer directement votre document sur disquette pour le convertir en films prêts à clicher. C'est le passage au **banc de flashage** : la qualité du tirage est alors très supérieure à celle d'une imprimante laser (la résolution par pouce étant de 2 400 points pour le banc de flashage, contre 300 à 1 400 pour une imprimante laser).

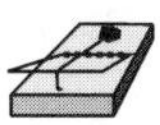

Les bancs de flashage, comme les imprimantes laser, gèrent leurs propres marges et polices de caractères. Il peut y avoir des décalages importants entre l'impression laser de votre travail et l'épreuve issue du banc de flashage.

Fournissez à votre imprimeur, en plus de la disquette, un tirage sur papier de votre travail afin qu'il puisse contrôler la mise en page.

Demandez-lui une épreuve de chaque page que vous relirez attentivement (avec un regard particulièrement vigilant pour les figures) avant de lui donner le feu vert pour tirer, feu vert qu'en édition on appelle le bon à tirer (BAT).

LA POST-PRODUCTION

Sous cette rubrique nous rangerons quelques conseils concernant la diffusion plus large de vos écrits.

• La reproduction en deux temps

Si votre document est lu par une instance appelée à le juger, vous avez tout intérêt à effectuer sa diffusion en deux temps : dans une première phase, reproduisez le nombre d'exemplaires nécessaires pour les membres du jury, de la commission ou du comité de lecture (+ 1, on ne sait jamais), attendez les remarques de ces derniers, corrigez votre copie zéro et alors seulement effectuez la reproduction en grand nombre de votre travail.

Cette reproduction en deux temps vous permettra, le cas échéant, de modifier l'interlignage (passer de double à simple), la présentation (passer de recto à recto-verso), etc.

• L'envoi d'un texte à une revue, à un éditeur

Si votre travail, ou une partie de celui-ci, est appelé à être **publié dans une revue ou par une maison d'édition**, adoptez les consignes de présentation imposées par la revue dans les "Conseils aux auteurs" ou celles que vous aura données l'éditeur.

Cependant, rien ne vous empêche - par courtoisie et pour faciliter la tâche de mise en page - d'envoyer, **en plus** de l'exemplaire de votre texte aux normes fixées, un tirage en simple interligne dans une police de caractères et un format proches de ceux du rendu final, figures et photos en place.

Les revues et les livres sont de plus en plus souvent réalisés par moyens informatiques. Si vous avez utilisé l'ordinateur, joignez à votre texte sur papier une disquette du **même** texte, en précisant à votre destinataire sur quel type d'ordinateur vous avez travaillé et avec quel logiciel. Sur cette disquette peuvent être également engrangées les figures réalisées sur ordinateur.

En ce qui concerne les photos, demandez au comité de rédaction à partir de quel support il souhaite faire la reproduction : négatif, tirage papier, diapositive.

Plus le texte que vous confiez à l'éditeur est proche de la forme finale que vous souhaitez qu'il ait, plus vous avez de chances que le document édité ressemble à ce que vous préconisiez.

LA PRÉSENTATION ORALE D'UN DOCUMENT ÉCRIT

Cette rubrique à elle seule pourrait faire l'objet d'un guide. Dans ce chapitre sur la reproduction, nous voulons simplement faire une remarque concernant la confection des **transparents** qui permettent de présenter des images à l'aide d'un rétroprojecteur.

On a souvent tendance, puisque la photocopie permet le transfert d'images sur transparent, à reproduire les illustrations et les tableaux tels qu'ils sont composés dans le document écrit ; avant de céder aveuglément à cette facilité, prenez en compte cette remarque de Gene Zelazny[1] :

"Un graphique [ou un tableau] utilisé pour une présentation visuelle doit être au moins deux fois plus simple et quatre fois plus gros que celui qu'on utilise dans un rapport écrit."

La post-production
si vous deviez ne retenir que 2 points

- Photocopie : faites toujours un tirage de plus que nécessaire.
- Ne vous séparez jamais de votre original.

[1] *Dites-le avec des graphiques, op. cit.*

EN CONCLUSION

Si vous deviez ne retenir que dix points

- Rédaction : ayez toujours un bon dictionnaire à proximité.
- Logiciels : mieux vaut en connaître un seul à fond que d'en sous-exploiter plusieurs.
- Orthographe, grammaire : doutez et vérifiez.
- Style : mettez-vous à la place de votre lecteur.
- Figures : simplifiez.
- Typographie : une seule police de caractères par document.
- Présentation : un cadre unique pour texte et figures.
- Codes typo : appliquez avec rigueur les règles typographiques.
- Corrections : corrigez au stylo rouge.
- Reproduction : tirez toujours un exemplaire de plus.

... Et surtout, surtout : ne vous découragez pas.

BIBLIOGRAPHIE

NOTRE BIBLIOTHÈQUE DE BASE POUR RÉDIGER CET OUVRAGE

Dictionnaires sémantiques

Lexis : dictionnaire de la langue française, Paris, Larousse, 1992.
Petit Robert 1 : dictionnaire alphabétique et analogique de la langue française, Paris, Le Robert, 1990.
Petit Robert 2 : dictionnaire universel des noms propres alphabétique et analogique, Paris, Le Robert, 1989.

Dictionnaires d'orthographe et difficultés du français

Dictionnaire de l'orthographe : tous les pièges et difficultés de la langue française, JOUETTE A., Paris, Nathan, 1989.
Dictionnaire des difficultés de la langue française, THOMAS A.V., Paris, Larousse, 1995.
Nouveau dictionnaire des difficultés du français moderne, HANSE J., Paris-Gembloux, Duculot, 2000.
Correspondance, expression écrite : huit guides en un, Paris, Larousse, 1991.

Dictionnaires analogiques et dictionnaires des synonymes

Dictionnaire des synonymes, BÉNAC H., Paris, Hachette, 1994.
Nouveau dictionnaire analogique, NIOBEY G., Paris, Larousse, 1986.

Codes typographiques

Lexique des règles typographiques en usage à l'Imprimerie nationale, Paris, Imprimerie nationale, 1993.
Abrégé du code typographique à l'usage de la presse, Paris, CFPJ, 1997.

Grammaires

Le bon usage : grammaire française, GRÉVISSE M., Paris-Gembloux, Duculot, 1993.
Cours supérieur d'orthographe, BLED É. et O., Paris, Hachette, 1992.
Les rectifications de l'orthographe : dossier spécial édité par le Conseil supérieur de la langue française, Paris, Hachette, 1990.

Citations

Le dictionnaire des citations du monde entier, PETIT K., Verviers, Marabout, 1990.
Dictionnaire des citations françaises, Tomes 1 et 2, OSTER P., Paris, Le Robert, 1997.
Dictionnaire des citations du monde entier, MONTREYNAUD F. et MATIGNON J., Paris, Le Robert, 2000.
et, entre autres,
GAGNIÈRE C. : *Au bonheur des mots,* Paris, Robert Laffont, 1989.

GRISELIN M. : *Huit femmes pour un pôle*, Paris, Albin Michel, 1988.
GUITRY S. : *Pensées, maximes et anecdotes*, Paris, Le Cherche midi, 1989.
MASURE B. : *Dictionnaire analphabétique*, Paris, Olivier Orban, 1990.
PERRET P. : *Les pensées*, Paris, Le Cherche midi, 1997.

Informatique et micro-édition

LILEN H. : *P.A.O. : tout ce qu'il faut savoir pour bien débuter. Le guide pratique de la P.A.O.*, Paris, Radio, 1988.
Recommandations pour la frappe de manuscrits sur micro-ordinateur. Saisie décentralisée simple, Paris, Syndicat national de l'édition, 1991.
VIRGA : *L'indispensable pour la micro-édition*, Alleur (Belgique), Marabout, 1990.

Graphique et cartographie

BERTIN J. : *Sémiologie graphique : les diagrammes, les réseaux, les cartes*, Paris, Gauthier-Villars, 1967.
BERTIN J. : *La graphique et le traitement graphique de l'information*, Paris, Flammarion, 1977.
BONIN S. : *Initiation à la graphique*, Paris, Épi, 1975.
BOURSIN J.L. : *Comprendre les statistiques descriptives*, Paris, Armand Colin, 1988.
BORD J.P. : *Initiation géo-graphique ou comment visualiser son information en 20 séances*, Paris, CDU-SEDES, 1984.
BRUNET R. : *La carte mode d'emploi*, Paris, Fayard-Reclus, 1987.
GROUPE CHADULE : *Initiation aux pratiques statistiques en géographie*, Paris, Masson, 1987.
RIMBERT S. : *Cartes et graphiques*, Paris, SEDES, 1964.
ZELAZNY G. : *Dites-le avec des graphiques. L'excellence visuelle en communication professionnelle*, Paris, InterÉditions, 1989.

Mise en page et typographie

DREYFUS J. et RICHAUDEAU F. (sous la direction de) : *La chose imprimée*, Paris, Retz, 1985.
GUÉRY L. : *Manuel de secrétariat de rédaction (de la copie à la maquette de mise en page)*, Paris, CFPJ, 1986.
RICHAUDEAU F. : *La lisibilité*, Paris, Retz, 1976.
RICHAUDEAU F. : *Manuel de typographie et de mise en page*, Paris, Retz, 1989.

Guides de rédaction et de communication

BÉAUD M. : *L'art de la thèse. Comment préparer et rédiger une thèse de doctorat, un mémoire de DEA ou de maîtrise ou tout autre travail universitaire*, Paris, La Découverte, 1990.
FRAGNIÈRE J.P. : *Comment réussir un mémoire*, Paris, Dunod, 1996 pour la nouvelle édition.
GREUTER M., *Bien rédiger son mémoire ou rapport de stage*, L'étudiant, 1995.
JUCQUOIS G. : *Rédiger, présenter, composer. L'art du rapport et du mémoire*, Bruxelles, De Boeck-Wesmael, 1989.
Le signalement et la varlorisation des thèses, Paris, Ministère de l'Éducation nationale, 1990.
PLOT B. : *Écrire une thèse ou un mémoire en sciences humaines*, Paris, Champion, 1986.
RICHAUDEAU F. : *Linguistique pragmatique*, Paris, Retz, 1981.
ROUVEYRAN J.C. : *Mémoires et thèses. L'art et les méthodes*, Paris, Maisonneuve et Larose, 1989.
SARTOUT C. : *De l'écrit universitaire à l'écrit professionnel*, Paris, Les Éditions d'Organisation, 1990.
VAIREL H. : *La présentation matérielle d'un manuscrit dactylographié*, Paris, Nathan, 1989.
WATZLAWICK P. : *Une logique de la communication*, Paris, Seuil, 1986.

INDEX

Les mots renvoyant aux difficultés du français sont composés en *italique*.

D

E

U

V

Y

Z

TABLE DES MATIÈRES

Chapitre 5 : LES CODES TYPO